ケアの脱家族化

統合失調症者と親双方の自律を支援するソーシャルワーク

塩満 卓 著

法律文化社

まえがき

　親によるケアは，必ず消滅する。わが国の障害者施策は，この自明性を直視した制度設計を採っていない。その結果，「地域移行」とは，全く逆の現象が潜行している。親によるケアの消滅後，地域から施設や病院へという「施設病院移行」という現象である。親のケアに過度に依存するわが国の「残余的福祉」システムは，結果として，ソーシャル・インクルージョン（社会的包摂）とは対極にあるソーシャル・エクスクルージョン（社会的排除）をつくるシステムとして機能している。筆者は，「親亡きあと」問題の本質は，親のいる間にケアを脱家族化する制度と実践の不在にある，と考えている。本研究の出発点はそこにある。

　本書は，筆者の博士論文「統合失調症ケアの脱家族化を志向するソーシャルワーク実践―親・本人・精神保健福祉士へのインタビュー調査の分析から」を修文し，書籍化したものである。本書の主題である統合失調症ケアの脱家族化の特徴を明らかにしていくために，第3章では，全身性障害，知的障害，薬物依存症ケアの脱家族化実証研究のメタデータ分析を行い，それぞれのケアの脱家族化の特徴を抽出している。それゆえ，統合失調症だけでなく，隣接する領域におけるケアの脱家族化実践に関係する読者をも射程としている。

　本書は，以下のとおり序章と終章を含む全7章で構成している。博士論文の体系は，序章第4節図序－4－1に示しているので，本書を手にした読者は，それぞれの知識や問題意識に応じて，好きな章から読み始めてもらえればと考えている。以下，それぞれの章の概要について，簡潔に記しておきたい。

　序章は，研究の動機，研究の背景，研究目的・方法・意義，論文の体系と主な内容，の4節で構成している。第1節の研究の動機では，なぜ，「ケアの脱家族化」実践モデルが必要なのか。筆者の実践現場で出会ったいくつかの事例をもとに述べた。

　第2節の研究の背景では，4点について論じた。1点目は，時代とともに変容していく家族の規範意識（杉井：2018）を紹介し，精神保健福祉法が現代の

i

家族規範ではなく，近代の家族規範に基づいていることを言及した。2点目は，統合失調症親の幸福追求権が阻害されていることについて，家族会の大規模調査結果をもとに紹介し，憲法上，国連の女性差別撤廃条約及びILO156号条約，障害者権利条約，4点の視角から論究した。3点目は，実践課題としての「親元からの自立」について，社会保障審議会障害者部会の報告書（2008，2022）において言及していることを紹介し，未だ施策化されていない問題について触れた。4点目は，家族周期説及びライフコース理論を紹介し，なぜ「ケアの脱家族化」支援が必要なのかを論じた。

第3節では，研究目的・方法・意義について述べ，第4節では，論文の体系と主な内容について，述べた。

第1章統合失調症家族は，統合失調症の家族研究，統合失調症家族の制度的位置，家族会とニーズ調査，の3節で構成している。第1節の統合失調症の家族研究では，家族病因論，EE（Expressed Emotion）研究，ストレスコーピングモデルを紹介した。家族は治療の対象から教育の対象へと立ち位置を変え，再発防止に寄与したが，いつまで教育の対象とするのか，期間の定めが無いことの問題を言及した。

第2節の統合失調症家族の制度的位置では，監護義務者制度（1900）から現行の「家族等」に至るまでの家族に対する呼称と課せられる義務・任務について，経時的に紹介した。そのうえで，家族等が強制入院の一形態である医療保護入院の代諾権を持つことの問題について，家族会大規模調査結果及び諸外国の強制入院との比較から批判的に論じた。

第3節の家族会とニーズ調査では，ライシャワー事件を契機に家族会が全国組織化していく経緯，家族会の大規模調査結果から本人疾患名で統合失調症の比率が高いこと等，大規模調査の概要を紹介した。

第2章統合失調症の生活障害と家族によるケアは，統合失調症の生活障害，ケアの先行研究と用語の定義，同居家族による統合失調症ケア，の3節で構成している。第1節の統合失調症の生活障害では，統合失調症の生活障害に焦点化し，ICIDH，ICF，IADLの視角から先行研究をレビューした。

第2節ケアの先行研究と用語の定義では，「ケア」及び「ケアの脱家族化」に関する先行研究をレビューし，それぞれを操作的に定義した。J.Twigg&K.

Atkin（1994）の「ケアラー支援の4つのモデル」，上野（2011）の「ケアの人権アプローチ四元モデル」，諸外国におけるケアラー支援の法制度と実態等について，紹介した。

第3節同居家族による統合失調症ケアでは，家族会の大規模調査結果から，家族による本人へのケアの実態について紹介し，ICIDH，ICF，IADLの知見から，統合失調症に求められるケアについて，演繹的に考察した。

第3章隣接領域におけるケアの脱家族化をめぐる実証研究は，ケアの脱家族化実証研究の抽出，全身性障害ケアの脱家族化実証研究のレビュー，知的障害ケアの脱家族化実証研究のレビュー，薬物依存症ケアの脱家族化実証研究のレビュー，3領域におけるケアの脱家族化の比較検討，の5節で構成している。

第1節では，実証研究の抽出を行い，質的研究のメタ統合の方法について，Patersonら（2001=2010）の分析の方法論を述べた。

第2節では，全身性障害ケアの分析対象文献3本の概要を記し，5つの着眼点に基づき，メタデータ分析し，メタ統合を行い全身性障害ケアの脱家族化の特徴に言及した。第3節知的障害及び第4節薬物依存症の実証研究についても，第2節と同様の分析を行い，それぞれの特徴に言及した。

第5節では，全身性障害，知的障害，薬物依存症ケアの脱家族化について，比較検討した。共通するのは，以下の3点である。1点目は，本人と親のパワーバランスの優位な方が起点となっている。2点目は，親がケアすべきという社会的文化的背景があること。3点目は，ケアの脱家族化において，ピアの影響が大きいということである。

第4章統合失調症ケアの脱家族化実証研究は，統合失調症母親6名への質的調査，統合失調症本人9名への質的調査，統合失調症ケアの脱家族化の特徴，の3節で構成している。

第1節統合失調症母親6名への質的調査では，ケアを脱家族化した母親のインタビューデータを分析した。分析の結果，親がケアを丸抱えする「孤軍奮闘期」，親自身が「ピアな仲間と交流する期」，手段的ケアを「社会的ケアへ委ねる期」の3期に時期区分された。起点は，全身性障害，知的障害，薬物依存症と異なり，本人，姉，主治医と多様である。

第2節統合失調症本人9名への質的調査では，ケアの脱家族化のパターンと

して「一般的なパターン」,「独立後に定位家族へ戻るパターン」,「親が転居するパターン」,「同病仲間と生殖家族となるパターン」の4つの類型を生成した。いずれのパターンにも共通するのは，以下の4点である。1点目は，頼りになる専門家との出会い，雰囲気の合う福祉施設という「人」と「場」の獲得がみられた。2点目は，ピアとの交流により，病気・障害を受けとめられるようになっている。3点目は，空間的に独立した暮らしを営むことにより，親と新たな関係を築いている。4点目は，独立後に定位家族に戻るパターンを除いて，親元からの自立後には訪問系の重層的なサービスを利用している。起点は，本人，専門職，親，姉と多様である。

　第3節統合失調症ケアの脱家族化の特徴では，第3章における3領域との比較検討を行いった。ケアの脱家族化における統合失調症固有の特徴として，起点が多様であること。親と本人の認識するパワーバランスにズレがあり，お互いに劣位にあると捉えていること。ソーシャルワーカー（MHSW）が親・本人双方へ伴走的に関与していること，3点があげられる。

　第5章統合失調症ケアの脱家族化ソーシャルワークの実践モデルは，統合失調症ケアの脱家族化実証研究の概要，ケアの脱家族化ソーシャルワークの実践モデル，親によるケアから社会的ケアへの移行プロセス，の3節により構成される。

　第1節統合失調症ケアの脱家族化実証研究の概要では，分析焦点者，研究方法，研究目的等について述べている。第2節ケアの脱家族化ソーシャルワークの実践モデルでは，M-GTAにより生成した28概念，5カテゴリーによる結果図とストーリーラインにより，実践モデルを提示している。現象特性である5カテゴリーは「家族ケアラーを発見」,「内在化された偏見へ寄り添う」,「現実的な目標を紡ぐ」,「本人と親の思いのズレの調整」,「本人・親・サービスへの目配り」である。統合失調症ケアの脱家族化実践モデルにおける本人と親との関係性は，本人の強い意思を要件とする全身性障害のように距離がある関係でもなく，グループホームから週末は必ず実家に泊まる知的障害のようにウェットな関係でもなく，「家族であっても私は私，あなたはあなた」という薬物依存症者のようにドライな関係でもない。換言すれば，ウェットとドライを足して2で割ったような関係ともいえる。

第3節親によるケアから社会的ケアへの移行プロセスでは，5つの現象特性ごとに，手段的ケア，情報的ケア，情緒的ケアが何を契機にどのように移行していくのかを図解とともに，論究している。親元からの自立を契機に親による手段的ケアが専門家へ委ねられ，親による情緒的ケアは保持されていることを明らかにしている。

　終章総合考察は，実践モデルの理論的妥当性の検討，ソーシャルワークへの示唆，本研究の意義と残された課題，の3節により構成されている。第1節実践モデルの理論的妥当性の検討では，現代家族の価値規範からの検討，家族周期説及びライフコース理論からの検討，ケアラー支援の4つのモデルからの検討（Twigg, Atkin：1994），ケアの人権アプローチ四元モデルからの検討（上野：2011），の4点から検討した。

　第2節ソーシャルワークへの示唆では，提示した実践モデルからミクロソーシャルワーク，メゾソーシャルワーク，マクロソーシャルワークについて，それぞれ論究した。第3節では，本研究の意義と残された課題について述べた。

　最後に，筆者を「ケアの脱家族化」研究に駆り立てた2つのことについて，記しておきたい。1点目は，家族教室や家族会での筆者は，親によるケアを続けさせることを目的としていたのではないかという反省である。統合失調症の親を主な対象としていた家族教室は，再発防止効果を肌で感じ，専門職として少しばかり自負もしていた。ところが，ある家族教室の終了時，手押し車で参加されていた高齢の母親が「塩満さん，これまで勉強させてもらい有難う。もっと若い時にこんな教室に出会っていたら……今月，高齢者施設へ入所するので，今日が最後になります。皆さんもお元気で」と，挨拶された。筆者はハッとした。高齢の親をも教育の対象とし，退院後の受け入れを準備させていた家族教室とは，一体何なのか。筆者は，親をケア提供者としてしか見ていなかったのではないか，と猛省した。

　また，80歳を過ぎた家族会の役員さんは，車の中で以下のように話された。「塩満さん，毎月1回，娘の入院費の支払いで病院へ行き，面会するの。面会室では，持って行ったお菓子を機嫌良く食べるのね。嬉しいのはその時だけ。お菓子を食べ終わったら，お母さん連れて帰って！とせがまれるの……私も年をとり，自分のことだけでたいへんなの。だから家へは連れて帰れないの……

そう伝えると，娘はプイっと横を向いて，面会室から出て行くの……毎月，同じことの繰り返し。塩満さん，実は私とっても辛いの……」，と。筆者は，返す言葉を持たなかった。家族会では，弱音を吐かない役員さんの胸のうちを初めて知った。

　親によるケアは，時間の限定を伴うものである。そのことを筆者に気づかせてくれた2つの出来事であった。例えば，子どもが急病で入院治療となった場合，親は集中的に子どもをケアする。ケアを続けられるのは，終わりが見えるからである。他方，子どもが統合失調症に罹患した瞬間から，親はゴールの無いマラソンのようなケアを強いられてしまう。筆者の行っていた家族教室は，そのことを促していたのではないか。自負が猛省へと変容した瞬間である。

　2点目は，海外の精神医療保健福祉の視察で得た気づきである。最も大きな影響を受けたのは，デンマークとイギリスである。デンマークの子どもは，成人すると親元から独立して暮らす。子どもに障害があっても同じである。成人後も親のケアを受けて暮らす日本の障害者のドミナント・ストーリーの対極にある。そのことを可能としているのは，所得保障，住宅保障，日中活動とパーソナルアシスタンスが制度整備されているからである。

　イギリスは，「ケアすることを強制されない権利」が親に付与されている。第2章第2節第6項で詳述しているように，イギリスは，世界初の介護者支援の単独法（Carers Act）を成立させている。統合失調症の子どもを「ケアする権利」と「ケアすることを強制されない権利」，親には選択権が保障されている。ケアする権利を行使すると，失職に伴う逸失利益の保障として，介護手当，年金や税の減免等の制度整備がなされている。また，ケアする権利を行使した後でも，親によるケアから社会的ケアへと移行することも可能としている。

　デンマーク，イギリスいずれの国も，親業に時間の制限を設け，ケアを社会化している。成人後も無償のケアを親に強い，ケアを私事化させている日本の対極にある。家族によるケアに依存する日本の「残余的」福祉システム，このシステムの自明性を疑う視座がソーシャルワーカーには求められている。悪い制度に誠実に従うソーシャルワーカーであってはならない。ソーシャルワーカーは，過去「是」としていたものを，次の時代「非」としていく中心的な存

在でなければならない。パールマンの 6 つの P のひとつ professional person（専門職）の profess には,「公言する」という含意がある。筆者を「ケアの脱家族化」研究に駆り立てたのは,筆者の職業としての本籍地がソーシャルワーカーであるからである。

2025 年 2 月

塩満　卓

目　次

まえがき

序　章　研究の背景・目的・方法・論文の体系 …… 1
　　第1節　研究の動機　1
　　第2節　研究の背景　2
　　第3節　研究目的・方法・意義　25
　　第4節　論文の体系と主な内容　29

第1章　統合失調症家族 …… 32
　　第1節　統合失調症の家族研究　32
　　第2節　統合失調症家族の制度的位置　36
　　第3節　家族会とニーズ調査　42

第2章　統合失調症の生活障害と家族によるケア …… 48
　　第1節　統合失調症の生活障害　48
　　第2節　ケアの先行研究と用語の定義　66
　　第3節　同居家族による統合失調症ケア　89

第3章　隣接領域におけるケアの脱家族化をめぐる実証研究 …… 97
　　第1節　ケアの脱家族化実証研究の抽出　97
　　第2節　全身性障害ケアの脱家族化実証研究のレビュー　102
　　第3節　知的障害ケアの脱家族化実証研究のレビュー　112
　　第4節　薬物依存症ケアの脱家族化実証研究のレビュー　138
　　第5節　3領域におけるケアの脱家族化の比較検討　160

第 4 章　統合失調症ケアの脱家族化実証研究 ……………… 167

　　第 1 節　統合失調症母親 6 名への質的調査　167
　　第 2 節　統合失調症本人 9 名への質的調査　192
　　第 3 節　統合失調症ケアの脱家族化の特徴　212

第 5 章　統合失調症ケアの脱家族化ソーシャルワークの
　　　　　実践モデル ……………………………………………… 222

　　第 1 節　統合失調症ケアの脱家族化実証研究の概要　222
　　第 2 節　ケアの脱家族化ソーシャルワークの実践モデル　226
　　第 3 節　親によるケアから社会的ケアへの移行プロセス　241

終　章　総合考察 ……………………………………………………… 251

　　第 1 節　実践モデルの理論的妥当性の検討　251
　　第 2 節　ソーシャルワークへの示唆　253
　　第 3 節　本研究の意義と残された課題　266

　あとがき
　文　　献
　索　　引

序　章

研究の背景・目的・方法・論文の体系

　序章では、「統合失調症ケアの脱家族化実践」研究の動機を第1節で述べ、第2節で研究の背景、第3節で研究の目的と方法、第4節で研究の体系について、述べる。

第1節　研究の動機

　筆者は、精神科病院及び保健所、精神保健福祉センターの精神医療保健福祉機関で、21年間臨床に携わった。そこでの対象は、統合失調症及びその家族が多くを占めた。本研究の動機となる3事例（x氏、y氏、z氏）について、以下に記しておきたい。

　x氏の母親とは、精神科病院の予診で出会った。精神衛生法の時代である。精神保健福祉士（当時は精神科ソーシャルワーカー、現在のMental Health Social Worker：以下、MHSW）は、医師との診察前に初診のインテークを行う。母親の職業は、看護師であった。母親は、面接の最中、「息子は分裂病じゃないですよね」と何回も訊いてきた。看護師という職業上、精神分裂病への忌避的感情がみられた。「診断は医者じゃないと……」と、筆者は応えに窮した。医師の診察後、入院を告げられたx氏は、病棟から駆けつけた男性看護師に抱えられ、閉鎖病棟へと消えていった。医師は、「確定診断は。経過をみたうえで……」と母親を慮り、説明した。

　y氏（40代前半、女性の統合失調症）とは、精神保健法時代に出会った。y氏は、母親と暮らしていたが、母親が急逝し、ひとり暮らしとなった。それまで母親は、統合失調症の娘を不憫に思い、誰にも頼らず、ひとりで娘のケアをしていた。食事、洗濯、服薬管理、金銭管理等の一切のケアを母親に委ねていた

y氏の在宅生活は，母親の死とともに途切れ，入院となった。

　z氏（50代，男性の統合失調症）とは，精神保健福祉法時代に出会った。z氏は，父親とふたり暮らしであった。アパートから異臭がするとの通報が役場の生活保護担当課にあり，役場職員がアパートへ赴いたところ，z氏の父親が居間で倒れ亡くなっていた。保健所へ臨場要請があり，筆者も駆けつけた。z氏は，父の死は理解していたが，どうすれば良いのか分からず放置していた。y氏と同様に，z氏の生活全般を支えていた父親の死は，z氏の入院生活の始まりとなった。y氏及びz氏に対する保健所のMHSWとして筆者が行った業務は，過去の入院既往のある病院への入院依頼である。「7040問題」，「8050問題」は，近年に始まったことではない。

　なぜ，統合失調症の子どもを持つ親は，親の生きている間に，社会的な支援を受けることに積極的でないのか。なぜ，統合失調症本人は，デイケアや作業所等の日中活動の場を利用していたとしても，暮らしに必要不可欠な食事，清潔の保持，金銭管理，服薬管理等は，同居の親に頼り続けるのか。なぜ，専門職とりわけMHSWは，親によるケアは必ず消滅するという自明性を直視せず，親によるケアから社会的ケアへ移行していくことに積極的でないのか。

　親元から自立することを選択し実行した本人，親，親元からの自立を支援したMHSW，この三者の本人へのケアをめぐる意識と行為を明らかにしていくことが，統合失調症ケアの脱家族化を志向するソーシャルワーク実践のモデル構築につながるのではないかと考えた。

第2節　研究の背景

　わが国の精神障害者対策は，隔離収容処遇を中心に進められてきた。1988（昭和63）年の精神保健法施行により，社会復帰施設が制度上位置づけられ，1995（平成7）年の精神保健福祉法施行により社会参加の促進が謳われ，地域生活支援が本格化した。しかしながら，何処で誰と暮らすかという生活の基盤は，定位家族か精神科病院という状況に大きな変化はない。

　本研究の背景は，以下の4点である。1点目は，精神障害者家族の制度的位置づけは，現代家族ではなく，近代家族の規範意識に依拠したものである。そ

の結果，精神障害のある子どもと親との同居率は，一般の成人した子どもと親との同居率の2倍以上となっている。2点目は，女性差別撤廃条約及び家族的責任を有する男女労働者の機会及び待遇の均等に関する条約を批准しているにも拘わらず，統合失調症をケアする親に対する支援制度は，未整備である。統合失調症親の労働権(憲法27条)及び幸福追求権(憲法13条)希求を阻害しており，憲法25条との関連から考察する。3点目は，厚生労働省は実践課題として「親元からの自立支援」の必要性を認識しているにも拘わらず，政策化に至っていない。4点目は，現行制度は親によるケアは必ず消滅するという自明性を直視した制度設計を採っていない。家族社会学の家族周期説及びライフコース理論から考察する。

序-2-1. 古い家族の規範意識に拠る制度設計

　家族とは何か。いくつかの定義があるが，本研究では，森岡ら(1997)の定義を借用し，「家族とは，夫婦・親子・きょうだいなど少数の近親者を主要な成員とし，成員相互の深い感情的なかかわりあいで結ばれた，幸福(well-being)追求の集団」と定義する。

　この家族が時代の変化とともに変容している。後藤(2006)は，家族の変容を4期に時期区分している。①「家」制度下における家族，②高度経済成長による人口移動と雇用者化に伴い核家族化していく家族，③高度経済成長終焉以降の育児・介護をめぐる生活・福祉問題を深刻化させていく家族，そして④少子高齢化が進行し小規模化した家族，と家族変容を時期区分し，家族変容の諸相について整理している。後藤(2006)の整理した家族変容の概要を以下に記しておく。

　「家」制度下における家族は，戸主権により戸主には，家族成員に関する婚姻・養子縁組等の身分行為の許可権や居住指定権が付与され，それを行使した。その一方で，戸主は，家族成員に対する扶養義務を負う。それゆえ，「家」制度下における家族は，高齢の親等，家庭内の弱者に対する生活を保障し，介護・世話といった役割を担う場として機能した。「家」制度は，1947(昭和22)年の民法改正により廃止されたものの，3世代同居率はしばらく高い水準で続き，そこでの家族機能も引き継がれていた。

図序-2-1 家族の価値規範の変容に伴う家族の変化

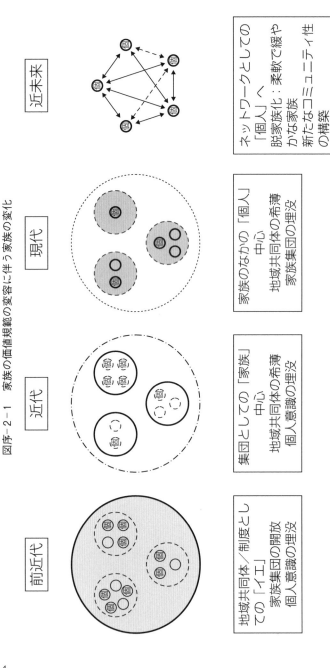

前近代：地域共同体／制度としての「イエ」／家族集団の開放／個人意識の埋没

近代：集団としての「家族」中心／地域共同体の希薄／個人意識の埋没

現代：家族のなかの「個人」中心／地域共同体の希薄／家族集団の埋没

近未来：ネットワークとしての「個人」へ／脱家族化：柔軟で緩やかな家族／新たなコミュニティ性の構築

出典：杉井（2018）より転載

核家族化は，1950年代後半から1970年代初めにかけての高度経済成長期に都市部で急速に進む。既婚女性は，妊娠・出産を契機に退職し，父親が稼ぎ，母親が育児と家事を担うという性別役割分業が定着する。しかしながら，1970年代半ばの高度経済成長期の終焉は，母親のパート労働や再就職が一般化し，育児や介護をどのようにしていくのかが社会問題化していく。少子高齢化が進行する1980年代後半には，家族の小規模化と多様化がみられ，家族による生活保障や心理的安定機能は弱体化していく。
　杉井（2018）は，家族の変容について，個々人の家族経験を切り離すことにより，時々の時代における家族の関係性を客観的に問い直し，相対化を試みている。図序-2-1は，家族の価値規範を，前近代，近代，現代，近未来，と時期区分し，どのように変容しているのかを示している。大谷（2020）は，社会規範の変容について，自分の価値意識が他者の存在により揺るがされると同時に他者の価値意識の転換も促していく。こういった相互承認を経ていくことにより社会規範が変容されていく，と説明する。
　杉井（2018）の図序-2-1の論を概説してみたい。前近代における家族の価値規範は，「ムラやイエのため」という価値を第一義とした規範である。前近代の家族は，地域社会や親族組織の強固な連帯により，地域共同体のなかで近隣とともに暮らし，個人及び家族集団という意識は高くない。次の近代における家族の価値規範は，「ムラやイエのため」から「家族のため」という価値へと変容していく。近代の家族は，私的領域としての家庭を軸に，家族と家族外を区別する家族境界を明確化する。近代家族のモデルが一般化したのは，高度経済成長期の1950，1960年代としている。現代の家族は，1980年代以降に価値規範が形成された。その価値規範は，家族の個人化現象が表出し，生き方やライフスタイルに関して個人の選択や選好が優先されるという価値である。つまり，個人本位の「家族であっても，わたしはわたし」という価値規範へと変容していく。杉井（2012）は，現代の家族規範について，以下のように述べている。

　　家族規範が変容し，家族規模も縮小するなか，家族の相対的位置づけは低下し，介護にせよ育児にせよ，さまざまな日常生活場面で他者をも巻き込まなければ，もはや

家族のみに頼れないのは自明の理である。昨今,「一緒にいるから家族」「血のつながりがあるから家族」ではなく,家族とは個人が日々育み努力して維持する関係性へと変化し,関係の質が追求されるようになってきている。

杉井は,家族の価値規範が近代の「家族のため」という価値から,現代は「家族であってもわたしはわたし」という価値へと変容していると説く。家族規模も縮小していくなかで,何らかのケアを必要とする者が家族内に発生した場合,他者の力を借りなければ,内在化された価値「家族であってもわたしはわたし」を実現していくことが困難であると指摘する。

斎藤(2010)は,このように家族の紐帯が薄れていく現代社会を,「家族は,『非政治的』であると政治的に判断されてきた領域である。私たちに必要なことは,家族が,いまや社会的な支援を要する関係に変化しつつあるという抜本的な認識の転換が必要」(傍点筆者)であると指摘する。そのうえで,無償で私的なケアを担っている家族介護者に対する支援をどうすべきかについて,以下のように提言している。

　無償で行われる私的な介護は,賃金・労働時間・休日・安全性といった面で,一般の有償労働には保障されている権利が,一切配慮されていない。介護を引き受けることが福祉システムの単なる「資源」として位置づけられることなく,積極的なライフチョイスになるためには,介護の受け手だけでなく,介護者自身の「生活のQOL」が包括的に保障されなければならない。介護の各段階に応じた支援や,介護者ニーズアセスメント,そして介護との両立といった視座は,QOLの観点から総合的に体系化される必要がある。

斎藤の提言は,「同居家族は福祉の含み資産」(厚生省:1978)とする行政思想ではなく,介護者の人権を保障し,介護を担うかどうかの選択権は介護者自身にあり,介護を担う選択をした場合,介護者のQOLが保障される施策の体系化が必要であるとする。

翻って,精神障害者家族はどうなのか。第1章第2節で詳述しているように,精神病者監護法による監護義務者制度から精神保健福祉法による保護者制度に至るまで,自傷他害監督防止義務(1999年改正により削除),措置解除者引取義務(2013年改正により削除),治療を受けさせる義務及び診断協力義務や医師の指示に従う義務(2013年改正により削除)が課せられていた。家族に付与さ

れている権利抑制任務である医療保護入院者の同意権及び移送の同意権は，現行精神保健福祉法に未だ存置されたままである。また権利擁護的任務として，財産上の利益保護義務（2013年改正により削除），措置入院退院時等に精神科病院，社会復帰施設へ相談する権利（2013年改正により削除），精神医療審査会等への退院請求等申立権が付与されている。塩満（2018）は，こういった法制度が家族に強いる現実の暮らしについて，以下のように述べている。

> （本人）の発症・入院・退院・在宅の時間軸で整理すると，精神障害者に対する意思決定支援や権利擁護システムが未整備な現状において，病状悪化時は治療の導入者として，入院中は権利擁護者として位置づけられるものである。そしてその延長線上に，退院時は受け入れ先として，在宅時はケアラーとして，施策や社会資源の不充足状態を補う人的資源として位置づけられる。

精神保健福祉法は，精神障害者家族を，疾病管理者兼家族介護者，強制入院の代諾者，入院中の権利擁護者，と様々な任務を強いてきた。先述した「家族であってもわたしはわたし」といった現代の家族の価値規範は，法制度上一文も存在せず，近代家族の「家族のため」といった価値規範に基づいた法体系となっている。

序-2-2．統合失調症親の幸福追求権

統合失調症の子どもを持つ親は，子どものケアのため，転職や退職をせざるを得ない状況に追い込まれる比率が高い。また，子どもの発病を契機に，楽しんでいた趣味等を諦めることも少なくない。

前述した調査を含む精神障害者家族を対象とした大規模調査（全国精神障害者家族会連合会他，1985，1991，1996，2005，2010，2017，2020）は，表序-2-1のとおり行われている。以後，調査名は，調査年を付した略語を用いる。1985調査から2017調査は，精神障害者家族会の全国組織が実施主体であり，2020調査は筆者が調査委員長を担い，奈良県精神障害者家族会連合会が実施主体として行った調査である。

表序-2-1　精神障害者家族を対象とする大規模調査

調査名	調査年	調査対象	有効回答数	回収率
家族福祉ニーズ調査（以下，1985調査）	1985-86年	15,673名	9,541名	57.3%
全国家族福祉ニーズ調査（以下，1991調査）	1991-92年	18,135名	8,322名	45.9%
第3回全国家族調査（以下，1996調査）	1996年	6,665名	3,362名	50.4%
第4回全国家族ニーズ調査(以下，2005調査)	2005-2006年	9,243名	2,844名	30.8%
平成21年度家族支援に関する調査研究プロジェクト（以下，2010調査）	2009-2010年	9,320名	4,419名	48.3%
平成29年度家族支援に関する全国調査（以下，2017調査）	2017年	7,130名	3,129名	43.9%
2020年度まほろば会精神障害者家族のニーズ調査（以下，2020調査）	2020年	1,097名	468名	42.7%

出典）筆者作成

　本人の疾患名を尋ねたこれまでの調査のなかで，統合失調症の占める割合は，1985調査で68.7％，2010調査で82.7％，2017調査で80.3％，2020調査で75.3％となっている。1985調査では，本人・家族から受診病院への情報入手の同意を得られた87例について，診断名（ICD-9）を確認したところ，精神分裂病（現疾患名：統合失調症）が93.1％であった。本人・家族が告知された診断名との乖離がみられる。1985調査の統合失調症の比率が68.7％と他の調査と比べて低いのは，精神分裂病のインフォームドコンセントの実施状況の低さを示唆している。

　表序-2-2は，本人へのケアを理由とする転職・退職及び趣味の継続を諦めた経験について尋ねた2回の調査結果である。転職・退職の経験は，2010調査が53.5％であり2020調査が28.8％となっている。2020調査が低い理由は，調査対象者が奈良県在住者に限定され，奈良県の女性の就業率が全国で最も低い（61.1％：平成27年総務省国勢調査）ことが関係していると思われる。

　2010調査では，家族による本人への支出の金額と内訳を尋ねている。それによると，家族による本人への平均支出額は6万5千円であり，内訳は食費，医療費，こづかい，光熱水費，衣服費，交通費，通信費等である。成人してもなお，多くの金銭的支出を行っている。親は，子どもの統合失調症ケアにより，①転職・退職することで，②家計収入が減少し，③収入の無い（少ない）本人

への金銭的な支出が続く，といった負のスパイラルがあることを示唆している。統合失調症の子どもへのケアの内容については，第2章第3節で詳述する。

表序-2-2　本人へのケアを理由とする転職・退職及び趣味等の諦めの経験

	転職・退職の経験	転職・退職による経済問題	趣味等を続けることの諦め
2010調査	53.5%	62.4%	67.6%
2020調査	28.8%	60.9%	64.0%

出典）調査結果から筆者作成

　転職・退職による経済問題は，6割の家族が経験している。2020調査における転職・退職に伴う象徴的な経済問題の自由記述を以下に記しておきたい。

・本人へのケアが必要となったため，勤務時間を減らし収入が減少した。衣料品の購入は先延ばしにし，食料品は割引されている物の購入や質や量を落とした生活に変更した。
・子のケアに伴い急な休日を取得するため，出世をあきらめた。
・入院する回数が増えたときにいろいろな費用が発生して困った。
・再雇用のチャンスもあったが，家でひきこもり，入院した息子のことを考え，就労を諦めた。老後の生活が不安。
・家族3人とも年金生活。なるべくお金を使わないようにギリギリの生活をしている。

　また，図序-2-2は，2010調査及び2020調査で，家族が仕事を継続するために必要と考える施策を尋ねた結果である。いずれの項目においても，その必要性を求める声は大きい。介護休暇制度は，「育児・介護休業法」を根拠とするが，対象は，専ら就学前の子の看護と高齢の要介護者を抱える労働者に限定され，統合失調症家族は対象となっていない。また，本人が受けられる訪問型支援は，アメリカで始まったPACT（Program of Assertive Community Treatment）

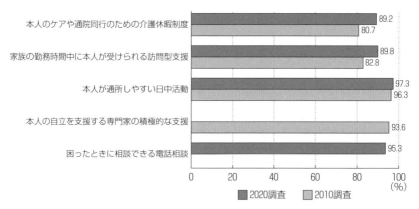

出典）2010調査報告書及び2020調査報告書をもとに筆者作成

やイギリスの AOT（Assertive Outreach Treatment）がある。脱施設化政策に伴い展開している「包括型地域生活支援プログラムと呼ばれ、医療と福祉の多職種からなるチームによる24時間体制で、生活現場の訪問を中心として援助する組織・体制」（高木：2020）のことである。日本でも2000年代に、厚生労働省の試行事業として国立精神・神経センターにおいて始められ、国内でも複数の民間チームが実践している。そういった包括型地域生活支援プログラムの必要性を尋ねている。2010調査では、29.4％がひきこもり状態にあり、全くサービスを利用していない。そのため、「本人が通所しやすい日中活動」と「本人の自立を支援する専門家の積極的な支援」のニーズも高い。病状悪化時に医療機関や保健所等の支援が得られず、家族だけで対応するか、警察に通報するしかない、という状況（2010調査）があり、「困ったときに相談できる電話相談」のニーズも高い。

　次に趣味等を続けることを諦めたのは、2010調査で67.6％、2020調査で64.0％となっている。図序-2-3は、趣味等を続けることを諦めた人の理由について尋ねた補問では、2010調査と2020調査は、同様の結果となっている。「精神的な余裕がなくなったから」が8割前後と最も高い。半数以上の人が「時間的な余裕がなくなったから」を理由とし、3人にひとりは、「経済的な余裕がなくなったから」と理由をあげている。

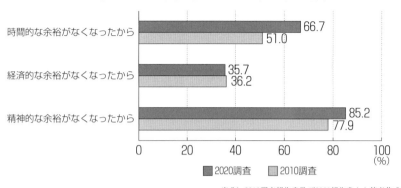

図序-2-3　趣味等を続けることを諦めた人の理由

なぜ,「精神的な余裕がなくなったから」の理由が最も多いのか。このことに関する解は,大規模調査における「家族の苦労」に関する調査結果から読み取ることができる。家族の抱える苦労について,1985調査,1991調査,1996調査で尋ねている。また,2010調査,2017調査,2020調査では,本人の病状悪化時における家族の苦労について,尋ねている。図序-2-4は,家族の抱える苦労について尋ねた1996調査の結果である。

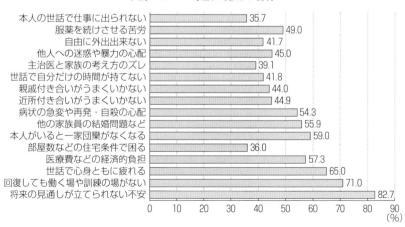

図序-2-4　家族の抱える苦労

序　章　研究の背景・目的・方法・論文の体系　11

家族の苦労の中で最も高いのは，「将来の見通しが立てられない不安」82.7％であり，「回復しても働く場や訓練の場がない」71.0％，「世話で心身ともに疲れる」65.0％となっている。50％を超えている選択肢は，高い順に「本人がいると一家団欒がなくなる」59.0％，「医療費などの経済的負担」57.3％，「他の家族員の結婚問題など」55.9％，「病状の急変や再発・自殺の心配」54.3％と続いている。最も低い選択肢が「本人の世話で仕事に出られない」35.7％であり，3人にひとりは，仕事に出られないと回答している。家族の苦労は，日々の本人への直接的なケア，服薬を続けさせる苦労，本人と一緒に居ることでの気疲れ，自身の時間が持てない，本人が居ることで団欒がなくなる，親戚や近所付き合いの苦労，先行きが見通せない不安等，多岐に渡っていることが分かる。

　また，2010調査，2017調査，2020調査においては，「本人の病状悪化時における家族の苦労」の経験について尋ねている。図序-2-5は，2017調査，2020調査結果をグラフ化したものである。最も多いのは，「本人がいつ問題を起こすか恐怖」で，60％を超えている。「家族の精神状態・体調が不調」は6割前後の家族が経験している。「仕事を休んで対応した」は，2017調査で39.9％，2020調査で28.7％となっている。先述した仕事の転職・退職した経験の直接的

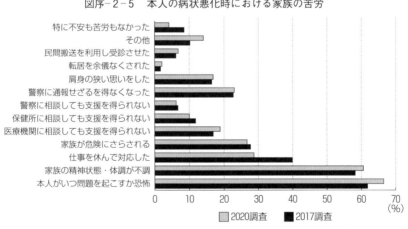

図序-2-5　本人の病状悪化時における家族の苦労

出典）2017調査報告書・2020調査報告書から筆者作成

な原因となる「病状悪化時における家族の苦労」であると考えられる。

　これまで，本人と暮らす家族の苦労及び病状悪化時の苦労について，述べてきた。こういった状況下において，家族自身が精神的安定を保つことは，容易ではない。2010調査及び2020調査では，家族自身の精神的不調により，睡眠薬や抗うつ薬の服用の経験を尋ねている。結果は，2010調査で37.9％，2020調査で33.0％が服用経験ありと回答している。この数値は，2020（令和２）年の患者調査における「Ⅴ精神及び行動の障害」受療率3.99％と比較すると，精神障害者と共に暮らす家族の受療率は，８～10倍となる。2017調査では，うつ病や不安障害の可能性を探る「Ｋ６日本語版」を用いて，家族の精神的健康状態を尋ねている。親では60.4％，きょうだいでは55.3％がうつ病や不安障害の可能性が高いという結果であった。

　また，2010調査報告書では，家族の労働権が侵害されていること及び趣味等を諦めてしまっていることについて，以下のように述べられている。

> 　家族も，就労やさまざまな活動を通して社会参加する権利があるにもかかわらず，その権利が保障されていません。介護のための有給休暇を保障し，就労を継続出来るように支援することや，ときには経済的な支援も必要です。家族の就労継続が困難となり，収入が減っていく中で，経済的に追い込まれても，家族が本人の生活を支え続けています。本人が一定の年齢になったら，親元を離れて独立した生活を営み，親が適度な距離をもちながら安心して見守れる体制が望まれます。（傍点筆者）

　このことは，成人した統合失調症の子どものケアを親が担うことにより，転職や退職に追い込まれ，楽しみにしていた自らの趣味等を諦めること，これらは，憲法25条２項「国の生存権保障義務」により，統合失調症の子どもを持つ親の「労働権」（憲法27条）を保障する施策が無いこと，子どものケアを一身に担わされることにより，「幸福追求権」（憲法13条）の希求を阻まれていることを意味している。

　竹中（1998）は，憲法13条「幸福追求権」理解の前提となる人間を「自己統合希求的個人」であるとし，人間の有する側面の例として，「①人間の個別的独自的存在（かけがえのない存在）としての側面，②社会的存在としての側面，つまり，他者（国家・公権力や私人）とのかかわり・交わりの可能性を否定されない存在としての側面，③身体的自律・精神的自律・経済的自律の可能性をもっ

た存在，自分なりの独自のかけがえのない人生を築きあげるべく自己決定を繰り返していく人間存在としての側面」(傍点筆者)の3点を例示し，こういった諸側面を持つ個々人が，まとまりのある人生（自己統合的生）をつくりあげようとしていると説明する。

髙野（2003）は，憲法13条の幸福追求権を保障していくためには，「自己統合の希求のための条件整備」が必要であると論じ，そのためには，25条1項が定める「健康で文化的な最低限度の生活」の保障する内容が生活保護法の生活扶助にとどまるものではなく，福祉サービスや健康保障などの領域にもおよぶと解釈すべきと指摘する。そのうえで，25条は，「個人が主体的に自分自身の人間らしい生を追求することができる条件整備を求める権利」(傍点筆者)であるとし，13条「個人の尊重と幸福追求権」と25条は，「協働的・補完的関係」(傍点筆者)であると説明する。

竹中及び髙野の論考から，統合失調症の子どもを持つ親の幸福追求権について考えてみたい。社会及び専門職は，統合失調症の子を持つ親も，社会的な存在として多面的に捉える必要があり，唯一無二のかけがえのない人生をどう生きていくのかについて，自己決定をしていく主体であることを認識しなければならない。親自身の希求する生き方が子どものケアによって阻害されるのであれば，国は，必要な施策を講じ，条件整備に努めなければならない。統合失調症の子どもを持つ親の多数が，そのケアのために転職や退職を余儀なくされ，楽しみにしていた趣味をも諦めざるを得ないという現状は，国による条件整備が整っていないからである。

では，家族という私的領域で行われているケア，つまり家族による私的ケアがケアの社会化へと政策変更を促進する国際的な動きについて，国連を中心に整理してみたい。そもそも，私的ケアを自明視していたのは，日本だけではない。Esping-Andersen（=2001：100）は，「脱家族化」概念を用いて，以下のように全ての先進諸国がそうであったと指摘する。

　戦後の数十年間，すべての福祉国家が根本的に家族主義的であり，一人の男性を一家の稼ぎ手とする古典的な家族を想定していたということである。保健ケアと教育を除けば，福祉国家は，1960年代を通じて，スカンジナヴィア諸国であれ，アングロ・サクソンの国々であれ，ヨーロッパ大陸の国々であれ，ほとんど所得維持だけに力を

注いでいた。高齢者のための社会サービスや保育ケアを1960年代末になってようやく構築し始めたのである。(傍点筆者)

　こうした状況は，ふたつの国際的な動向により，日本も変化を迫られることとなる。ひとつは，1985（昭和60）年に日本政府が批准した「女子に対するあらゆる差別の撤廃に関する条約（以下，女性差別撤廃条約）」であり，もうひとつが，1981（昭和56）年にILOが採択し，1995（平成7）年に日本政府が批准した「家族的責任を有する男女労働者の機会及び待遇の均等に関する条約（以下，ILO156号条約）」である。条約の批准は，批准国の国内法より優位とされることから，条約に抵触する法律は無効となる。したがって，条約の批准は，既存の国内法の改正や新たな法律の制定等と一体的に進められていく。

　まず，女性差別撤廃条約についてである。条約の前文には，「子の養育には男女及び社会全体が共に責任を負うことが必要であることを認識し，社会及び家庭における男子の伝統的役割を女子の役割とともに変更することが男女の完全な平等の達成に必要である」（外務省訳：傍点筆者）と記されている。ここでは，子の養育は，男女共に責任を負い，そのために伝統的な性別役割を見直すことを求めている。また，11条2ｃでは，「親が家庭責任と職業上の責務及び社会的活動への参加とを両立させることを可能とするために必要な補助的な社会的サービスの提供を，特に保育施設網の設置及び充実を促進することにより奨励すること」（外務省訳：傍点筆者）と記されている。つまり，子育てをする親の家庭責任と労働権，親の趣味等の社会参加，そのいずれをも可能とする施策として，保育施設を整備すべきとしている。児童福祉法2条では，「国及び地方公共団体は，児童の保護者とともに，児童を心身ともに健やかに育成する責任を負う」（傍点筆者）と子育てに対する公的責任を規定し，同法24条では，市町村に「保育提供義務」を課している。若尾（2017）は，児童福祉法2条及び24条について，「『保護者とともに担う』との表現には，『親の自己責任』論への批判が込められ，子どもの育ちにおける公的責任の具体化の一例が『保育提供義務』を定めた児童福祉法24条」であると説明する。

　次に，ILO156号条約についてである。3条で「各加盟国は，家族的責任を有する者であって職業に従事しているもの又は職業に従事することを希望する

ものが、差別を受けることなく、また、できる限り職業上の責任と家族的責任との間に抵触が生じることなく職業に従事する権利を行使することができるようにすることを国の政策の目的とする」(外務省訳：傍点筆者)とし、4条では、「(a) 家族的責任を有する労働者が職業を自由に選択する権利を行使することができるようにすること。(b) 雇用条件及び社会保障において、家族的責任を有する労働者のニーズを反映すること」(外務省訳：傍点筆者)としている。

わが国は、ILO156号条約に批准しているが、統合失調症家族のニーズを反映し、職業に従事する権利を保障しているとはいえない。統合失調症親の幸福追求権（憲法13条）を保障する国の生存権保障義務（憲法25条2項）が果たされていない。統合失調症者家族は、社会的な支援施策がないなかで、いつまでも本人のケアを担わされ、自らの生き方を希求することを断念させられている。

こういった家族のおかれている状況に対して、2010年4月3日、長妻昭厚生労働大臣臨席のもと、東京都立松沢病院にて発足式を行った「こころの健康政策構想会議」は、翌5月28日に提言書をまとめ、長妻昭大臣へ届けている。提言書は、「病状が悪化して自分から支援を求められなくなった患者を抱え、疲弊して気力が萎え、成り行き任せになった家族に対して何の支援も無い社会の現状は、あまりにも配慮に欠け過ぎている。それに耐えている状況はまさに人権の放棄であり、社会不安の温床である。家族に対する支援は、喫緊の課題である」(傍点筆者)と家族支援の必要性を説明している。そして、基本理念に「家族・介護者支援の充実」(傍点筆者)を掲げ、「精神疾患を有する者の家族その他の介護者が支援のためのサービスを受けることは、これらの者が有する権利である」(傍点筆者)と述べている。

また、2014年1月に日本が批准した「障害者権利条約」の前文(x)には、「家族が、社会の自然かつ基礎的な単位であること並びに社会及び国家による保護を受ける権利を有することを確信し、また、障害者及びその家族の構成員が、障害者の権利の完全かつ平等な享有に向けて家族が貢献することを可能とするために必要な保護及び支援を受けるべき」(傍点筆者)と記されている。条約の批准は、締約国の個別法より上位に位置することから、個別法は条約と齟齬があってはならない。しかしながら、わが国の精神障害者家族は、政策的に自傷他害監督防止義務等のポリスパワー的義務、治療を受けさせる義務等のパター

ナリズム的義務，医療保護入院の代諾権等の権利抑制的任務，退院請求権等のアドボカシー的任務，これらをひとりの家族に課し続けていた（池原：2011）。伊勢田（2008）は，「行政責任を放棄した家族への法外な責任転嫁」(傍点筆者)と指摘する。

　こういった歴史的経緯から，運動体である精神障害者家族会の全国組織であるみんなねっとは，2023（令和5）年6月，「みんなねっと精神保健医療福祉への提言（以下，提言）」を公表した。提言における「誰もが安心して暮らせる地域精神保健福祉の実現」の項目では，「ケアラーの役割を，家族が担うことを当然とする現在のあり方から，国・社会が責任を持って支えるという本来のあるべき姿への体制の転換を求める」(傍点筆者)としている。また，「長期的展望に立ち実現を目指すこと」の項目では，「成人した本人の保護者としての責務を家族に負わせないための法律の見直し」を求めると同時に，英国のケアラーズ法を念頭に「病気・障がいがある人をケアするすべてのケアラーが，人として尊重され，健康で文化的な生活を営むことができるよう支援するための法律の制定を求める」(傍点筆者)としている。

　伊勢田ら（2011）は，わが国の精神医療保健福祉の歴史において，家族に対する支援，援助が検討された形跡は認められず，家族が求める支援を開発しようとする国家的意思を見出すことはできない，と指摘する。統合失調症ケアは，家族にケアを強いることを前提としている。その結果として，統合失調症親は，自身の自己統合を希求することを断念し，幸福追求権が阻害されている状況にある。

序-2-3．実践課題としての「親元からの自立」

　これまで，厚生労働省の作成した2つの報告書では，「親元からの自立支援」に関する言及がある。ひとつは，2008（平成20）年12月の「社会保障審議会 障害者部会 報告―障害者自立支援法施行後3年の見直しについて」であり，もうひとつが2022（令和4）年6月の「障害者総合支援法改正法施行後3年の見直しについて―社会保障審議会障害者部会 報告書」である。

　「社会保障審議会 障害者部会 報告―障害者自立支援法施行後3年の見直しについて」報告書は，2008（平成20）年4月の第31回会議から同年12月の第49

回会議まで，計19回の会議を経て，まとめられたものである。報告書では，地域における相談支援体制のなかに，精神科病院からの地域移行の相談と並列して，「家族との同居から地域生活への移行の相談」（傍点筆者）が加えられ，地域における自立した生活のための支援に「家族との同居からの自立した生活への移行」項目が立てられた。以下のように説明がなされている。

> 地域移行を考えるに当たっては，施設や病院からの移行だけではなく，できるだけ地域生活を継続していくという観点から，家族と同居しているうちから障害福祉サービスを利用したり，グループホーム・ケアホーム等での生活に移行したりするための支援が重要であり，様々な相談支援やケアマネジメントを行う際などに，こうした取組を進めていく必要がある。（傍点筆者）

家族と同居している障害者が，福祉サービスを利用し，住まいの場もグループホーム等へ移行し，ケアの脱家族化を志向する画期的な記述となっている。要田（1999）は，「欧米の障害者解放運動（ノーマライゼーション，自立生活運動）では，『脱施設』を唱うのみであるのに対し，日本のばあい，『脱家族』が含まれている」と指摘しており，筆者は，本報告書の上記引用か所から，「ケアの脱家族」へ舵を切るのではないかと，期待した。

しかしながら，報告書は，上記の説明文にとどまり，「ケアの脱家族」を積極的に推進していくための，具体的な視点及び方法論については，言及していない。

なぜ，報告書に「ケアの脱家族」が記されることとなったのか。障害者部会の議事録を確認すると，第35回会議で障害者団体からのヒアリングを行っており，障害者インターナショナル（DPI）の尾上浩二氏が以下のように発言している。

> 地域移行の数字ですが，ここで見るべきは，地域移行された方が9,300に対して，それを倍する1万8,000人の方が新たに施設に入られたという，そちらの方じゃないかということです。小さいときから地域でともに育ち学ぶならば，そのまま大人になられたら，大人になって親元を離れて地域で暮らすという，そういう意味での親元での在宅から地域へというもうひとつの地域移行の軸が打ち立てられないと，どんどん新規入所が繰り返されるということになるのではないか。そういう意味で，2つの意味での地域移行ということが進むような施策が要るんだということを押さえておきたいと

思います。(傍点筆者)

尾上の発言は，地域移行と逆のベクトルである地域から施設への流れを断ち切るために「ケアの脱家族化」を促進すべきであるという趣旨である。

この問題は，入所施設だけでなく，精神科病院にもあてはまる。2000（平成12）年，大阪府は，大和川病院事件を契機に「社会的入院解消研究事業」を実施し，長期入院患者を地域から迎えに行く個別支援を展開する。2003（平成15）年，国は「精神障害者退院促進支援事業（モデル事業）」を実施し，全国展開を図った。この事業が，障害者総合支援法の「地域移行支援・地域定着支援」に発展している。

図序-2-6は，精神保健福祉資料をもとに年度毎の地域移行支援の対象となる長期入院患者（入院期間が1年以上の入院者）の退院者数と新たに長期入院となった患者数及び死亡退院者数の推移を表したものである。2017年以降は，厚生労働省の630調査の報告書式の変更により確認できない。図序-2-6から分かるのは，毎年度5万人弱の長期入院の入院患者が退院する一方で，その数と

図序-2-6　長期入院患者退院者数・新たな長期入院患者数及び死亡退院者数

出典）精神保健福祉資料をもとに筆者作成

序　章　研究の背景・目的・方法・論文の体系　19

同程度の人数の入院患者が新たな長期入院患者となっている。また，2011年度以降は，毎年2万人を超える入院患者が死亡退院している。尾上のいう地域生活から施設へという地域移行と逆の流れがあることは，精神障害者にもいえる。

次に，2022（令和4）年6月に発出された「障害者総合支援法改正法施行後3年の見直しについて―社会保障審議会障害者部会 報告書」である。報告書は，2021（令和3）年3月の第106回会議から2022（令和4）年6月の第132回会議まで，27回の会議を経て作成されたものである。報告書の基本的な考え方の3つの柱のひとつ「障害者が希望する地域生活を実現する地域づくり」のなかで，「親元からの自立」に関して，以下のように説明している。

 「どこで誰と生活するかについての選択の機会が確保される」こと等を踏まえ，親元からの自立を含めたライフステージ全体や，様々な地域生活を支える社会資源全体の基盤整備も視野に入れた，障害者本人の意思を尊重すること，個々の障害者の支援の必要性に即することを基本とした総合的な支援を進めていく必要がある。（傍点筆者）

ここでは，社会資源を整備し，障害者のライフステージ全体を視野に入れた親元からの自立支援について，言及している。この点は，親元からの自立支援を行うことにより，新たに施設入所となることを予防するという方向性だと考えられる。ここでいう親元からの自立支援で考えられている社会資源は，グループホーム（以下，GH）を想定している。一定数のGHを増やしつつ，GH入居者を3つに類型化すべきとしている。1つは，これまでどおり支援を受けながら引き続きGHで暮らすことを希望している入居者。2つめは，GHで暮らしているが，ひとり暮らしを希望している入居者。これらの入居者に関しては，ひとり暮らしに向けた支援を行う。3つめは，地域移行や親元からの自立を目指し，支援を受けながらGHで暮らすことを希望する入居者。以上の3類型を想定している。また，継続利用ではなく通過型GHの創設の検討等についても触れられている。

問題は，社会資源の整備目標とそれに伴う予算措置がなく，計画相談や地域相談のように親元からの自立支援相談の個別給付化の検討がなされていない。

また，地域相談は，実践モデルの明示があるが，「親元からの自立支援」は，実践モデルを示していない。「親元からの自立支援」は，親も支援対象とする必要があり，それらのことには全く触れられていない。

　これら２つの報告書は，実践課題として「親元からの自立支援」の必要性を行政的に認知し言及している文書である。しかしながら，その後の改正法において，「親元からの自立支援」は，制度化されていない。実践課題が政策化されていない状況が長期に亘り続いている。

序-2-4．家族周期説及びライフコース理論からの逸脱

　第２節第１項において，家族の変容について述べた。本項では，成人した統合失調症ケアの脱家族化を考えるにあたり，平均世帯人員の推移を確認し，家族社会学における家族周期説及びライフコース理論から統合失調症親について考えてみたい。

　まずは，平均世帯人員についてである。表序-2-3は，国立社会保障・人口問題研究所が1952年から2021年までの，わが国の世帯数と平均世帯人員の推移を作成した表である。図序-2-7はそれをグラフ化したものである。世帯数では，1952（昭和27）年に1,697万世帯であったが，2021（令和３）年に5,786万世帯となり，約3.4倍となっている。一方で，平均世帯人員は，1952（昭和27）年に4.99人であったが，2021（令和３）年に2.14人となり，減少し続けている。

表序-2-3　世帯数及び平均世帯人員の推移

年次	世帯数(1,000)	平均世帯人員	年次	世帯数(1,000)	平均世帯人員	年次	世帯数(1,000)	平均世帯人員	年次	世帯数(1,000)	平均世帯人員
1952	16,967	4.99	1980	35,831	3.24	1994	43,666	2.85	2008	52,325	2.43
1955	18,345	4.90	1981	36,347	3.22	1995	44,236	2.82	2009	52,878	2.40
1960	20,629	4.61	1982	36,859	3.20	1996	44,831	2.79	2010	53,363	2.38
1965	24,657	4.03	1983	37,426	3.17	1997	45,498	2.75	2011	53,783	2.36
1970	29,146	3.55	1984	37,935	3.15	1998	46,157	2.72	2012	54,171	2.34
1971	30,027	3.48	1985	38,457	3.12	1999	46,812	2.69	2013	54,595	2.32
1972	30,853	3.43	1986	38,988	3.10	2000	47,420	2.66	2014	54,952	2.30
1973	31,908	3.39	1987	39,536	3.07	2001	48,015	2.63	2015	55,364	2.28
1974	32,628	3.36	1988	40,025	3.04	2002	48,638	2.60	2016	55,812	2.26

1975	33,310	3.33	1989	40,561	3.02	2003	49,261	2.57	2017	56,222	2.23
1976	33,911	3.31	1990	41,156	2.98	2004	49,838	2.54	2018	56,614	2.21
1977	34,380	3.29	1991	41,797	2.95	2005	50,382	2.52	2019	56,997	2.19
1978	34,859	3.28	1992	42,458	2.91	2006	51,102	2.49	2020	57,381	2.17
1979	35,350	3.26	1993	43,077	2.88	2007	51,713	2.46	2021	57,855	2.14

出典）国立社会保障・人口問題研究所ホームページより転載

図序-2-7　世帯数及び平均世帯人員の推移

出典）国立社会保障・人口問題研究所ホームページの転載表をもとに筆者作成

　次に，家族周期説についてである。森岡（1973）は，家族の誕生から消滅に関するプロセスを「夫婦家族は，夫婦の結婚によって形成され，子女の出生・成長とともに増大し，その独立や婚出によって縮小し，ついに夫婦の死亡とともに消滅するという，規則的な経路をたどる。この経路は，個人の出生・成長・死亡という生理的事実に直接結びついているという意味で，どのような夫婦家族も例外なく通過せねばならぬ不可避的な経路である」と，説明する。
　また，森岡ら（1997）は，家族周期に関して，以下のように説明している。

　　家族は生命をもたない。しかし，夫婦の結婚と死亡，および子どもの出生と成長によってその存続を基本的に規定された生活体である家族には，ライフサイクルとよぶことのできる時間的展開の規則性が，明らかに認められるのである。家族のライフサ

イクルを家族周期とよぶ。

　森岡の上記説明を解釈すると，家族の誕生とは，結婚により夫婦となることであり，家族の消滅とは，夫婦が死亡することである。そしてその一連のプロセスを家族のライフサイクルと呼び，家族周期と同義であるとする。森岡は，家族の発達課題をもとに，家族周期を8段階に設定している。畠中（2014）は，家族の発達課題をもとに，家族の営みを4段階に区分し，その段階ごとに，発達課題を明らかにしている。表序-2-4に森岡及び畠中の家族周期説を整理した。

表序-2-4　森岡及び畠中の家族周期の段階

畠中宗一の4段階	森岡清美の8段階
Ⅰ　家族形成の前段階（親密性の獲得）	Ⅰ　子どものない新婚期
Ⅱ　親になること（親役割の実行）	Ⅱ　育児期（第1子出生～小学校入学）
Ⅲ　親役割の縮小と再編（母親の精神的不安定）	Ⅲ　第1教育期（第1子小学校入学～卒業）
Ⅳ　夫婦だけの生活に戻る（親密性の再構築）	Ⅳ　第2教育期（第1子中学校入学～高校卒業）
	Ⅴ　第1排出期（第1子高校卒業～末子20歳未満）
	Ⅵ　第2排出期（末子20歳～子ども全部結婚独立）
	Ⅶ　向老期（子ども全部結婚独立～夫65歳未満）
	Ⅷ　退隠期（夫65歳～死亡）

出典）森岡清美の著書及び畠中宗一の論文をもとに筆者作成

　森岡の8段階は，子どものない新婚期，育児期，2期に時期区分された教育期，2期に時期区分された排出期，向老期，退隠期となっている。新婚期は，夫と妻の役割獲得の課題をもち，長期的な生活設計の輪郭の作成，出産計画，親との付き合い方等の夫婦共通の家族としての発達課題をもつ。第1子の出生は，新婚期と育児期を画する出来事であり，家族は育児期に入る。育児期を終えると，第1子の小学校入学から始まる教育期に入る。第1子の高校卒業は，教育期から排出期を画する出来事となる。子ども全員が独立することで，向老期に入る。夫が65歳以上となる時期から退隠期に入っていく。

　畠中の4段階のうち第一の段階は，家族形成の前段階であり，親密性の獲得を発達課題とする。第二段階は，親になることという段階であり，発達課題は

親役割の実行とする。第三段階は，親の中年期にさしかかり，子どもが大きくなることにより親役割の縮小と再編段階となる。親役割の縮小に伴う母親の精神的不安定が発達課題となる。第四段階は，老年期に入り，子どもたちの離家に伴う夫婦だけの生活に戻る段階となる。親密性の再構築が家族の発達課題となる。

　これら家族周期説から言えることは，親によるケアは必ず消滅するということである。統合失調症の子どもと親との同居率が突出して高いことは，何を意味するのか。森岡の8段階から考えると，統合失調症の親は，「向老期」を迎えることが出来ない。畠中の4段階から考えると「老年期」を迎えることが出来ないことを意味する。

　最後にライフコース理論についてである。ライフコース理論が登場した背景は，離婚率や再婚率が高まったアメリカにおいて，一組の夫婦に適用し，家族役割の変容を伴う出来事を指標とし構成する家族周期説が通用しなくなったためである。離婚や再婚により夫婦の絆は改廃されるが，親子の絆は残ることから，夫と妻それぞれの家族の範囲が異なり，家族の集団性が保てなくなる。片桐(2002)は，家族周期説を「結婚した一組の男女は，死が二人を分かつまで夫婦であり続けること，夫婦は子どもをもつこと，子どもが成長し終わるまで夫婦とも存命することを前提としているモデルであることから，多様な家族の説明ができない」と批判する。モダールコースではない離婚，再婚，ひとり親といった家族は，家族周期説の射程外にある。

　Elder(1978)のライフコース定義は，「年齢分化された生涯を通じての径路，すなわち出来事の時期，期間，間隔，および順序における社会パターン」である。

　大久保(1990)は，ライフコースを「個人の生涯にわたる生活構造の変動過程」と端的に定義し，生活構造の変動過程を，「個人時間（加齢）」，「社会時間（社会的地位の変化，例えば，学生→労働者→退職者）」，「歴史時間（時代の変化）」の3種類の時間概念から構成される複合的時間であると説明する。ライフコースの分析に歴史時間を導入することは，社会構造を変数として扱うことを意味する。

　では，生活構造は，どのように変化していくのか。大久保(1990)によると，生活構造は安定しているものであり，1年程度の時間幅においては，変化は目

立たない。しかしながら，時間幅を5年，10年と拡大していくと，それまでの行動パターンが観察されなくなったり，その逆に新たな行動パターンが現れたりする。その背景には，生活構造の変動がある。生活構造の変動，即ちライフコースの方向転換の転機（turning point）には，「剥奪型」と「脱出型」の2つがある。「剥奪型」は，個人の意志とは関係無く，既存の生活構造が剥奪されることにより始まる。個人をアノミー状態に陥れる。失われた生活構造に代わる新たな生活構造に転換するには，時間を要する。「脱出型」は，これまでの生活構造の矛盾が大きくなっていくことにより始まる。個人に内在する私的な個人と社会的に要請される個人の間に生じるズレが大きくなると，個人は新たな生活構造へ向けて模索し始める。「脱出型」は，個人の意志による生活構造の変動である。

　家族ではなく個人を分析対象とするライフコース理論から統合失調症発症という出来事は，本人及び親双方の生活構造を剥奪する転機となっている。そして，双方をアノミー状態に陥れていると考えることができる。

第3節　研究目的・方法・意義

序-3-1．研究の目的

　本研究の目的は，統合失調症ケアの脱家族化を志向するソーシャルワークの実践モデルを検討し，提示することである。本研究におけるケアの脱家族化とは，「ケアを必要とする者が，定位家族から空間的に独立した暮らしを営み，手段的ケアの与え手を家族以外に委ねていくプロセス」と定義し，研究目的を達成するために，以下6点について，検討した。

　①比較研究の対象として，全身性障害，知的障害，薬物依存症のケアの脱家族化の特徴を文献調査により整理する。②子どもが統合失調症と診断され，親元から自立していくまでの親の軌跡（trajectory）を質的調査により明らかにする。③統合失調症と診断され，親元から自立するまでの統合失調症本人の軌跡（trajectory）を質的調査により明らかにする。④統合失調症ケアの脱家族化の固有の課題を明らかにするために，①で整理した全身性障害，知的障害，薬物依存症のケアの脱家族化と比較検討を行う。⑤統合失調症本人が親元から自立

することを支援した精神保健福祉士（＝ソーシャルワーカー，以下 MHSW）のソーシャルワーク実践の現象特性を質的調査により明らかにし，実践モデルを生成する。⑥⑤で生成した実践モデルにおける現象特性ごとに，②統合失調症親の軌跡と③統合失調症本人の軌跡を照合し，手段的ケアが社会的ケアへ移行するプロセスを検討し，提示する。

序-3-2．研究の方法

統合失調症ケアの脱家族化ソーシャルワークの固有の課題を探るため，全身性障害，知的障害，薬物依存症との比較研究を行った。また，ケアの脱家族化を選択した統合失調症母親及び本人，ケアの脱家族化を支援したソーシャルワーカーへの質的調査を行った。

（1）全身性障害ケアの脱家族化先行研究のレビュー（第3章2節）

全身性障害本人を対象とする実証研究の論文及び成書の先行研究を「ケアの脱家族化の提案者（以下，起点）」，「ケアの脱家族化の促進要因」，「ケアの脱家族化の阻害要因」の視角からメタデータ分析を行い，分析枠組みである①起点，②親と本人のパワーバランス，③ソーシャルワーカーの関与，④ピアの関与，⑤社会的・文化的背景で整理を試みた。

（2）知的障害ケアの脱家族化先行研究のレビュー（第3章3節）

知的障害親及び知的障害本人を対象とする実証研究の論文を「ケアの脱家族化の提案者（以下，起点）」，「ケアの脱家族化の促進要因」，「ケアの脱家族化の阻害要因」の視角からメタデータ分析を行い，分析枠組みである①起点，②親と本人のパワーバランス，③ソーシャルワーカーの関与，④ピアの関与，⑤社会的・文化的背景で整理を試みた。

（3）薬物依存症ケアの脱家族化先行研究のレビュー（第3章4節）

薬物依存症親へのソーシャルワーク及び薬物依存症親を対象とする実証研究の論文を「ケアの脱家族化の提案者（以下，起点）」，「ケアの脱家族化の促進要因」，「ケアの脱家族化の阻害要因」の視角からメタデータ分析を行い，分析枠組みである①起点，②親と本人のパワーバランス，③ソーシャルワーカーの関与，④ピアの関与，⑤社会的・文化的背景で整理を試みた。

（4）ケアの脱家族化を選択した統合失調症母親6名への質的調査（第4章第1節）

調査時期：2013年9月～2014年7月

　表序-3-1のとおり，ケアの脱家族化を選択した母親6名への半構造化インタビューを実施した。「子どもが統合失調症と診断される」という必須通過点から，「親元から自立する」という等至点に至るまでのプロセスを阻害要因，促進要因の相克のなかで生成される必須通過点，分岐点を可視化するため，TEM分析を行った。

表序-3-1　統合失調症母親6名の概要

	本人性別	初診年齢	独立年齢	調査時母親年代	調査時本人年代	調査時本人の暮らしの形態	ケアの脱家族の最初の提案者
c氏	女性	19歳	27歳	50代後半	20代後半	ひとり暮らし	本人
d氏	女性	18歳	31歳	60代前半	40代前半	同病者と生殖家族	本人
e氏	男性	18歳	32歳	60代前半	40代前半	ひとり暮らし	姉
a氏	男性	18歳	37歳	60代前半	40代前半	ひとり暮らし	両親
b氏	男性	20歳	37歳	70代前半	40代前半	同病者と生殖家族	本人
f氏	男性	21歳	43歳	70代前半	40代後半	ひとり暮らし	主治医

出典）筆者作成

（5）ケアの脱家族化を選択した統合失調症本人9名への質的調査（第4章第2節）

調査時期：2015年9月～2017年1月

　表序-3-2のとおり，ケアの脱家族化を選択した本人9名への半構造化インタビューを実施した。「精神科を受診する」という必須通過点から，「親元から自立する」という等至点に至るまでのプロセスを阻害要因，促進要因の相克のなかで生成される必須通過点，分岐点を可視化するため，TEM分析を行った。

表序-3-2　統合失調症本人9名の概要

	本人性別	初診年齢	独立年齢	調査時年齢	病前の独立経験	調査時の訪問系支援	調査時本人の暮らしの形態	ケアの脱家族の最初の提案者
a氏	女性	24歳	27歳	41歳	－	－	ひとり暮らし	本人
b氏	男性	21歳	29歳	35歳	－	－	ひとり暮らし	主治医
c氏	男性	22歳	31歳	43歳	有り	独立時有り	定位家族	精神保健福祉士
d氏	男性	22歳	31歳	39歳	有り	－	ひとり暮らし	母親

e氏	男性	18歳	32歳	44歳	－	有り	ひとり暮らし	姉
f氏	男性	20歳	37歳	52歳	－	有り	ひとり暮らし	母親
g氏	女性	23歳	40歳	56歳	－	有り	同病者と生殖家族	両親
h氏	男性	31歳	41歳	46歳	有り	－	ひとり暮らし	父親
i氏	男性	22歳	51歳	58歳	－	有り	同病者と生殖家族	本人

出典）筆者作成

(6) 統合失調症ケアの脱家族化を支援したMHSW4名への質的調査（第5章第1節）
調査時期：2017年7月～9月

　表序-3-3のとおり、MHSW4名への半構造化インタビューを実施した。ケアの脱家族化ソーシャルワークの現象特性を明らかにし、実践モデルを明示するために、MHSW4名の質的データに対する分析テーマを「MHSWは本人の自立をめぐり、本人と親をどのように認識し、どう関与してきたのか」と設定し、修正版グラウンデッド・セオリー・アプローチ（以下、M-GTA）で分析した。

表序-3-3　MHSW4名の概要

	MHSW勤務歴	支援事例時の勤務年数	所属歴	支援事例時の所属
a氏	44年	29年	精神科病院→就労継続支援	就労継続支援
b氏	26年	20年	精神科病院→就労継続支援	就労継続支援
c氏	22年	14年	相談支援	相談支援
d氏	15年	7年	精神科病院→自立訓練（宿泊型）	自立訓練（宿泊型）

出典）筆者作成

序-3-3．本研究の意義

　本研究の学術的意義は、統合失調症ケアの脱家族化プロセスをステークホルダーである親、本人、MHSW三者の視座から分析を行っていることである。具体的には、ケアの脱家族化プロセスについて、親及び本人のイーミックな視座をサトウ編（2009）のTEM（Trajectory Equifanality Model）で分析し、

MHSW のエティック及びイーミックな視座を木下 (2003) の M-GTA により分析し，方法のトライアンギュレーションを用いていることである。

実践的な意義は，制度化が求められている「親元からの自立支援」に応える「ケアの脱家族化のソーシャルワーク実践モデル」を提示し，現場実践での応用が期待できることである。

第4節　論文の体系と主な内容

本論文の体系は，図序-4-1のとおり，序章と終章を含む全7章により構成している。

序章では，研究の動機，研究の背景，研究目的・方法・意義，論文の体系と主な内容について述べる。

第1章統合失調症家族では，家族が，どのように規定されてきたのか，家族研究及び法制度から明らかにする。家族会の大規模ニーズ調査結果から，統合失調症の占める比率及び同居率が高いことが明らかとなり，研究課題「統合失調症の生活障害と家族によるケア」を設定する。

第2章統合失調症の生活障害と家族によるケアでは，統合失調症の生活障害について，ICIDH，ICF，IADL の視点から明らかにする。ケアに関する先行研究を整理し，用語の定義を行い，ケアを手段的ケア，情報的ケア，情緒的ケアの3類型とする。家族会の大規模調査結果を分析し，同居家族によるケアの実態を明らかにする。

第3章隣接領域におけるケアの脱家族化をめぐる実証研究では，統合失調症ケアの脱家族化ソーシャルワークの固有性を明らかにしていくために，分析枠組みを設定し，全身性障害，知的障害，薬物依存症ケアの脱家族化の比較研究を行う。

第4章統合失調症ケアの脱家族化実証研究では，統合失調症母親及び本人がケアの脱家族化を選択し実行していくプロセスをイーミックな視点から明らかにする。ケアの脱家族化の分析枠組みから全身性障害・知的障害・薬物依存症と，統合失調症の比較検討を行う。起点の多様性及びソーシャルワーカーの関与を特質とする統合失調症の固有性に着眼する。

図序-4-1　本論文の構成

〈序章〉　研究の背景・目的・方法・論文の体系

〈第1章〉　文献研究1
統合失調症家族
第1節　統合失調症の家族研究
第2節　統合失調症家族の制度的位置
第3節　家族会とニーズ調査
統合失調症家族がどのように規定されてきたのか、家族研究及び法制度から明らかにする。家族会の大規模ニーズ調査結果から、統合失調症の占める比率及び同居率の高さから、研究課題「統合失調症の生活障害と家族によるケア」を設定する。

〈第2章〉　文献研究2
統合失調症の生活障害と家族によるケア
第1節　統合失調症の生活障害
第2節　ケアの先行研究と用語の定義
第3節　同居家族による統合失調症ケア
統合失調症の生活障害について、ICIDH、ICF、IADLの視点から明らかにする。ケアに関する先行研究を整理し、用語の定義を行い、ケアを手段的ケア、情報的ケア、情緒的ケアの3類型とする。家族会大規模調査結果を分析し、同居家族によるケアの実態を明らかにする。

本人と親の関係　　　　　親によるケア

〈第3章〉　文献研究3
隣接領域におけるケアの脱家族化をめぐる実証研究
第1節　ケアの脱家族化をめぐる実証研究の抽出
第2節　全身性障害ケアの脱家族化実証研究のレビュー
第3節　知的障害ケアの脱家族化実証研究のレビュー
第4節　薬物依存症ケアの脱家族化実証研究のレビュー
第5節　3領域におけるケアの脱家族化の比較検討
他領域のケアの脱家族化をめぐる実証研究を抽出し、全身性障害、知的障害、薬物依存症ケアの脱家族化実証研究をレビューした。先行研究の課題は、ケアの脱家族化のステークホルダーである本人・親・ソーシャルワーカーの三者の視座からケアの脱家族化プロセスを構造化することに至っていないことを明らかにした。

本人・親のイーミックな分析　　　　MHSWのエティック及びイーミックな分析

〈第4章〉　実証研究1・2
統合失調症ケアの脱家族化実証研究
第1節　統合失調症母親6名への質的調査
第2節　統合失調症本人9名への質的調査
第3節　統合失調症ケアの脱家族化の特徴
統合失調症母親及び本人がケアの脱家族化を選択し実行していくプロセスをイーミックな視座から明らかにする。母親及び本人への質的調査の結果から、統合失調症ケアの脱家族化の特徴を明らかにした。もうひとりのステークホルダーであるMHSWを研究対象とする研究課題「統合失調症ケアの脱家族化におけるMHSWの実践過程」を設定する。

ソーシャルワークの展開

〈第5章〉　実証研究3
統合失調症ケアの脱家族化ソーシャルワークの実践モデル
第1節　ケアの脱家族化実証研究の概要
第2節　ケアの脱家族化ソーシャルワークの実践モデル
第3節　親によるケアから社会的ケアへの移行プロセス
統合失調症ケアの脱家族化実践の経験を有するMHSWが統合失調症本人と親をどう捉え、どのような意図でどう介入したのかをプロセス的に明らかにし、実践モデルを提示する。生成した実践モデルと第4章の母親及び本人のイーミックな世界と照合し、妥当性を検証し、親によるケアが社会的ケアへと移行していくプロセスの分析結果を明示する。

〈終章〉
総合考察
第1節　実践モデルの理論的妥当性の検討
第2節　ソーシャルワークへの示唆
第3節　本研究の意義と残された課題
実践モデルの理論的妥当性について、序章背景及び第2章ケアの先行研究から検討する。実践モデルから求められるミクロ・メゾ・マクロソーシャルワークについて言及する。本研究の意義と残された課題を述べる。

出典）筆者作成

第5章統合失調症ケアの脱家族化ソーシャルワークの実践モデルでは，統合失調症ケアの脱家族化実践の経験を有するMHSWが統合失調症本人と親をエティックな視点でどう捉え，どう行為したのかをプロセス的に明らかにし，実践モデルを提示する。生成した実践モデルと第4章の母親及び本人のイーミックな世界を照合し，実践モデルの妥当性を検証する。また，第4章のケアの配分のプロセスと実践モデルを照合し，手段的ケア・情報的ケアが移行していくプロセスを図解する。

　終章では，研究の背景及びケアの先行研究の知見から，実践モデルの理論的妥当性を検証し，ソーシャルワークへの示唆を述べる。本研究の意義と残された課題を述べる。

第1章

統合失調症家族

　本章では，統合失調症家族について，多面的に検討する。第1節では，主要な統合失調症家族研究の知見が実践現場にどのように還元されたのかを論じる。第2節では，精神病者監護法から現行の精神保健福祉法に至るまで，家族は制度的にどのように位置づけられてきたのかを論じる。第3節では，家族会の全国組織化の経緯を述べ，運動体として家族会が実施した大規模ニーズ調査の結果から，家族との同居比率が高い問題について論じる。

第1節　統合失調症の家族研究

　統合失調症家族の主要な研究には，家族病因論，EE 研究，ストレーコーピングモデルがある。本節では，上記3つの研究の知見が実践現場にどう還元されたのかについて論じる。

1-1-1. 家族病因論

　発病の原因を家族とする「家族病因論」の嚆矢となった理論に，Fromm-Reichmann (1948) の「統合失調症をつくる母親（Schizophrenogenic mother）」研究がある。その後，家族システムに着目した Bateson ら（1956）の「二重拘束理論（Double Bind Theory）」は，統合失調症の家族内におけるコミュニケーションの病理性を問題と考えた。子どもが統合失調症に罹患する前から，親は家庭内で繰り返し相反する2つ以上のメッセージを発しているという仮説を立て，実験し証明しようとした。実証が不十分な仮説的な理論の段階のまま，提唱された概念が広まり，統合失調症発病の原因は家族であると考えられるようになった。

家族病因論は，家族を治療の対象とした。「家族に代わって正常な親を代表すると自認した精神療法家が親の代行を務めた」(伊勢田ら：2010)。日本においても1960年頃から，統合失調症を対象とした家族療法が散発的に始められるようになった。牧原 (2003) は，家族療法のパイオニアと言われている小坂英世氏のアプローチに関するエピソードを以下のように述べている。

> 小坂理論においては「乳幼児期の心的外傷」を重視する。それを思い出して，親 (その家族) が本人に謝ることから本当の治療は始まる，という。「親が謝れ」と言い，ストイックに自己変革を求め，「なぜ，なぜ」と原因を導き出し，過去へ過去へと立ち戻る手法，そこは道場であり，難行苦行であったという。小坂はカリスマ的存在であったが，その内部から崩壊し，外部もまた離散し，分解したと聞く。…中略…小坂は「私のやってきたことは罪万死に値する…傲慢であった」と家族の前で眼に涙を溜めて謝ったという。

家族病因論が家族や社会にどのように影響したのか。田上ら (2005) は，「家族を病因として捉える考え方は，根拠のないものとしてその後，否定される。今なお，社会の理解は深まったとは言い切れず，家族はスティグマに苦しみ，『育て方が悪かった』という罪悪感を抱いている」と述べ，家族病因論によりもたらされた社会の偏見を指摘している。

また，半澤 (2005) は，家族病因論の影響について，以下のように述べている。

> 統合失調症者を地域社会からも家族からも保護する役割を，精神科医療は社会から期待されることになる。在宅で家族と同居し度々再発する状況よりも，入院を継続する方が患者にとっても家族にとっても好ましく，医療依存は助長されたと考えられる。(傍点筆者)

半澤によると，家族病因論は，結果として，社会の偏見を根付かせ，精神科病床を増やし，隔離収容政策を「是」とする国策にもつながっていると指摘する。

1-1-2．EE 研究及びストレスコーピングモデル

1960年代になると，イギリスの研究者たちは，統合失調症発病の原因ではなく，再発の問題に着目するようになる。この研究の端緒は，退院後に患者が

帰っていく場所により，再発率が違うという発見である。Brown ら(1962)は，退院先が定位家族へ戻る患者と身寄りがなくアパートなどで暮らす患者の再発率を比較した。その結果，退院後，定位家族へ戻る患者の再発率が極めて高いことに気づき，家族関係に再発の原因があるのではないかと考えた。

Vaughn & Leff (1976) は，家族の感情表出 (Expressed Emotion：以下，EE) のなかで，「批判的コメント」，「敵意」，「情緒的巻き込まれ過ぎ」が，一面接中に一定レベル以上 (High EE：高 EE) 表出されると，再発率が高くなることを実証した。さらに，Leff ら(1985)は，高 EE の状況下で家族との対面時間が長いほど，再発率が高まることを実証した (Leff ら：=1991：111-207)。EE 研究の知見は，統合失調症の再発の原因を家族の高 EE にあるとしたのである。世界各国で多くの追試が行われた。わが国においても追試が行われ，同様の結果を得ている（伊藤ら：1993，1994，大島：1993，大島ら：1994）。

統合失調症者家族のストレスコーピングモデルは，以下の理論仮説による。家族が一緒に暮らしている統合失調症者から受けるストレッサー（症状，無為自閉，生活困難）は，家族の持つ友人，専門職という介入因子により影響を受け，家族なりに対処しながら well-being を決定するという理論仮説である（中坪：2008）。Szmukler ら(1996)は，家族が本人へのケアをどう認知 (appraisal) し，どう対処 (coping behavior) しているのか。それをネガティブ評価52項目とポジティブ評価14項目により，家族の経験評価を数値化した。その評価結果は，支援を必要とする家族を特定すること，つまり，支援必要度のスクリーニング尺度として用いられた。また，Magiliano ら(1996)は，家族の患者への対処技能に関する評価尺度を検討し，FCQ (family coping questionnaire：家族コーピング質問紙) を開発した。ストレスコーピングモデルは，統合失調症者と一緒に暮らすなかで家族が受けるストレッサーを家族がどう認知し，どう対処しているかを数値化することで，家族支援の要否を査定し，ストレッサーへの認知の変容を促したり，対処能力を高めたり，対処技能を獲得することを目指すことに活用されている。

家族の高い感情表出が再発に関係するという EE 研究の知見とストレスコーピングモデルの知見は，統合失調症家族を対象とする家族の心理社会教育の教材として使われるようになり，全国的に普及した。1994（平成6）年に全家連

保健福祉研究所が全国の保健所を対象に行った「家族教育プログラムの取り組み状況調査」では，68.3％の保健所が家族教室を実施している（大島：1995）。このように統合失調症の親は，家族病因論における治療の対象から，EE 研究の知見に基づく教育の対象へと変わっていったのである。

塩満（2023）は，統合失調症家族を対象とする心理社会教育の陥穽について，以下のように指摘している。

> 急性の病の場合，家族は短期間であるがゆえ，集中的に都合をつけ，看病やケアを行う。いわば短距離走である。一方，統合失調症の家族によるケアは，ゴールの設定のない長距離走のようなものである。EE 研究やストレスコーピングモデルの限界は，「いつまで」教育の対象とするのか，期限の設定を持たないことである。「いつまでも」となってはならない。

統合失調症親は，本人のケアのためだけに生きている訳ではない。実践者は，親自身も唯一無二の人生を生きる主体であることを忘れてはならない。親は，当然のことながら，治療の協力者であり続けることに疲弊し，休息を求めたり，協力者であり続けることを断念しようと考えたりもする。実践者は，長期間に亘るケアのノーマルな反応として，親の心情を慮ることが求められるのである。また，第 2 章第 2 節 5 項で詳述する「ケアの人権アプローチ四元モデル」にある「ケアすることを強制されない権利」が親を含むケアする家族に付与されていることを肝に銘じなければならない。

1-1-3．小括

家族病因論及び EE 研究の知見の実践現場への還元について，以下の点を付言しておきたい。

「家族病因論」が偏見を助長した負の側面については，先に述べた。しかしながら，家族をシステムとして捉え，家族内のコミュニケーションを重視し，家族全体（family as a whole）を捉える視点は，次の時代のシステム論を採り入れた家族療法やナラティブ・アプローチへと継承された視点である。フィンランドで誕生し，現在注目されているオープンダイアローグは，そういった家族療法の系譜の延長線上にある（神谷：2020）。

EE研究の知見に基づく家族へのアプローチは，高EEを低EEへと移行させ，再発予防効果に寄与することを先に述べた。しかしながら，再発の要因は家族の高EEのみではない。病気の勢いや家族以外の要因，薬物療法の効果等，再発の誘因は数多ある。そのことに思いを馳せなければ，再発をミクロレベルの家族の責任に帰結させるおそれもある。個々の家族のおかれた状況の深刻さ，或いは社会資源の充足度や，そもそもの制度が家族をどう位置づけ，どう支援していくべきかといったメゾレベルやマクロレベルの視点から検討がなおざりになってはならない。

第2節　統合失調症家族の制度的位置

　統合失調症を含む精神障害者家族は，法制度上どのように位置づけられてきたのか。家族は，監護義務者，保護義務者，保護者，家族等，と呼称を変更されてきた。呼称の変更に伴い，家族へ課している義務，任務，権利について整理を試み，法制度により家族へ過重な負担を強いることが，結果として，精神障害者と親を共依存状態へ陥れる可能性があることを指摘する。

1-2-1. 監護義務者

　精神病者監護法の監護義務者から始まる精神障害者家族に対する法的規定は，表1-2-1保護者制度の変遷のとおりである。1900（明治33）年の精神病者監護法では，家族は「監護義務者」（第一條）とされ，監置をする場合は，警察署へ届出をし，許可を受けること（第三條）とされた。私宅に設置する監置室についても警察署へ届出をし，許可を受けること（第九條）とされ，監護に要する費用も，監護義務者の負担とされた（第十條）。このように，精神病者監護法における家族は，ポリスパワー的義務として，監置室を自費で設置し，当該精神障害者の監護義務を課されたのである。つまり，「治安対策上，無償で機能する法の執行者」（塩満：2017）として位置づけられたのである。監護の意味について，宇都宮（2010）は，以下のように説明している。

　「監禁」は，犯罪者を監獄に入れること。この法律には治療の視点がなく，「保護」

表1-2-1　保護者制度の変遷

法律	名称	ポリスパワー的義務	パターナリズム的義務	権利抑制的任務	権利擁護的任務
精神病者監護法 (1900年)	監護義務者	①監置義務 ②監置権限			
精神衛生法 (1950年)	保護義務者	①自傷他害防止監督義務 ②措置解除者引き取り義務	①治療を受けさせる義務 ②診断協力義務 ③医師の指示に従う義務	①同意入院の同意権 ②精神病院に収容できない場合の保護拘束権	①財産上の利益保護義務
精神保健法改正 (1993年)	保護者	①自傷他害防止監督義務 ②措置解除者引き取り義務	①治療を受けさせる義務 ②診断協力義務 ③医師の指示に従う義務	①医療保護入院の同意権	①財産上の利益保護義務 ②退院時等、精神科病院、社会復帰施設へ相談する権利
精神保健福祉法改正 (1999年)	保護者	①措置解除者引き取り義務	①治療を受けさせる義務 ②診断協力義務 ③医師の指示に従う義務	①医療保護入院の同意権 ②移送の同意権	①財産上の利益保護義務 ②精神医療審査会等への退院請求等申立権 ③退院時等、精神科病院、社会復帰施設へ相談する権利
精神保健福祉法一部改正 (2013年)	家族等 (扶養義務者)			①医療保護入院の同意権 ②移送の同意権	②精神医療審査会等への退院請求等申立権

出典）池原（2011）286頁表4-1）を筆者字句修正のうえ加筆

とまでは言い切れない。この「監禁」と「保護」というふたつの言葉の中間をとって「監護」が選ばれたのである。「監置」も「監護」と同義語である。

　宇都宮の説明のとおり、監護義務者である家族は、「治療無き隔離」を合法化する手段として、精神病者処遇の全ての責任を負うこととなったのである。現行法にまで貫かれている行政責任を忌避し「家族の個別責任化」（塩満：2017）の淵源が、精神病者監護法第一條（「精神病者ハ其ノ後見人配偶者四親等内ノ

第1章　統合失調症家族　　37

親族又ハ戸主ニ於テ之ヲ監護スルノ義務ヲ負フ）にある。

1-2-2．保護義務者

　1950（昭和25）年の精神衛生法では，表1-2-1のとおり監護義務者は，保護義務者へ名称変更がなされた。保護義務者は，ポリスパワー的義務として，「自傷他害防止監督義務（第二十二条）」と「措置解除者引取義務」が課せられ，パターナリズム的義務として，「治療を受けさせる義務（第二十二条）」，「診断協力義務（第二十二条2）」，「医師の指示に従う義務（第二十二条3）」が新たに加えられた。さらに，本人の権利抑制的任務として，「同意入院の同意権（第三十三条）」と「精神病院に収容できない場合の保護拘束（第四十三条）」が求められ，「財産上の利益保護義務（第二十二条）」も課せられた。保護拘束は，私宅監置の継続であり，1965（昭和40）年の精神衛生法一部改正まで，知事の許可を得て行うことができるとされた。精神病床数不足を補う代替え措置である。

1-2-3．保護者

　1993（平成5）年の精神保健法改正により，保護義務者は，保護者へ名称が変更され，権利擁護的任務として，「退院時等，精神科病院，社会復帰施設へ相談する権利（第二十二条の二）」が付与される。ここでいう「相談権」は，措置入院患者が措置解除後，「措置解除者引き取り義務」に基づき，家に引き取る場合に限定されている。1999（平成11）年の精神保健福祉法改正では，移送制度の創設に伴い，ポリスパワー的義務である「自傷他害防止監督義務」が削除された。代わりに権利抑制的任務である「移送の同意権（第三十四条）」と，権利擁護的任務である「精神医療審査会等への退院請求等申立権（第三十八条の四）」が新たに付与された。

　表1-2-1にあるポリスパワー的義務（自傷他害が起こらないように監視する，1999年改正で削除），パターナリズム的義務（服薬の確認等の先回りのケア），権利抑制的任務（入院拒否の本人に代わる強制入院の代諾権），権利擁護的任務（入院中の退院請求権及び社会復帰の相談権），これらをひとりの家族に課しているのである。

これらの義務・任務を現実の暮らしのなかで考えると，ポリスパワー的義務は疾病管理責任者，パターナリズム的義務は生活管理責任者，権利抑制的任務は準行政処分である医療保護入院（塩満：2018）の代決権者，権利擁護的任務は字面のとおり権利擁護者となる。生活上の全ての責任と負担を家族に強いている。伊勢田（2008）が指摘するように「行政責任を放棄した法外な責任転嫁」である。南山（2007）は，ひとりの保護者（親）に責任と負担を強いている結果，「家族が障がい者の人生や生活に影響を与え，障がい者が家族の人生や生活に影響を与えるといった相互規定的関係」があると指摘している。

1-2-4．家族等

　2013（平成25）年，精神保健福祉法は，障害者権利条約批准（2014年1月）に向けた国内法整備のひとつとして一部改正された。したがって改正法最大のポイントは，保護者制度の廃止である。法改正を審議する場として厚生労働省が設置した「新たな地域精神保健医療体制の構築に向けた検討チーム」（以下，検討チーム）は，2012（平成24）年6月，最終の第28回検討会において，「入院制度に関する議論の整理」を行っている。その最終案の事務局説明に関する議事録では，以下のように記されている。

　　保護者の同意がなければ退院することができない状況もあり得るため，入院が長期化しやすい。本人の意思に反して入院させるため，本人との間にあつれきが生まれやすく，保護者にとっては大きな負担。…中略…こうしたことから，措置入院，任意入院以外の本人の同意によらない入院制度は維持しつつ，現在の医療保護入院にかえて，保護者の同意を要件としない入院手続とすることで，検討チーム・作業チームの意見は一致した。…中略…精神保健指定医1名による診察での入院開始とする。…中略…本人の権利擁護のための仕組みとして，入院した人は，自分の気持ちを代弁し，病院などに伝える代弁者を選ぶことができることとする。入院中の定期的な審査は，早期の退院を目指した手続の一環と位置づけるとともに，本人または代弁者が参画できるようにするなど，入院に関する審査の在り方を見直す。（厚生労働省ホームページより抜粋，傍点筆者）

　上記のとおり，検討チームでは，医療保護入院と保護者制度について，①精神保健指定医1名の診察，②病院と雇用関係のない代弁者の選出，③入院中の定期的審査に代弁者も出席可とする，の3点を確認している。しかしながら成

立した2013年の改正法は、この3点全てを反故にした。大塚（2013）は、「家族等のいずれかを同意要件とし、制度名称も医療保護入院制度そのまま」ということについて、「改正案の一丁目一番地は骨抜き同然、むしろ改悪である」と批判している。

　大塚の指摘のとおり、保護者制度を廃止したものの、医療保護入院の代諾権は「家族等」に存置した。保護者が「家族等」へ名称を変更したに過ぎず、実態は何ら変わらない。筆者が調査委員長として実施した「2020年度まほろば会精神障害者家族ニーズ調査」では、家族同意による医療保護入院を経験した家族308人中、98人（31.8％）が「本人との関係がこじれた」と回答し、補問でこじれた内容について尋ねたところ、「家族が入院を決めたと責められる」（72.3％）、「過去の入院について責められる」（33.7％）、「（家族が入院を決めたのだから、家族が引き取ると言えば）退院できると責められる」（25.7％）という結果であった。この調査結果は、先述した2012（平成24）年6月の第28回検討会における最終案事務局説明の内容を裏付けるものであり、南山（2007）の指摘する「相互規定的関係」が法制度により作られていることを裏付ける結果となっている。また、第2章2節で操作的に定義しているケアのひとつである情緒的ケアの基礎となる親子関係の信頼関係を損なう可能性が高い。それゆえ、諸外国においては、強制入院の適否に家族を関与させない仕組みを採っている。

　塩満（2020）は、表1-2-2のとおり、諸外国の強制入院制度の調査を行った。調査の結果、家族が強制入院の適否に関与している国を日本以外に見つけることは出来なかった。日本の精神衛生法をモデルとした韓国及び台湾は、既に家族同意の強制入院を廃止している。いずれの国も強制入院の適否に家族は関与せず、精神科医だけでなく、行政や司法等が関与する制度となっている。

1-2-5．小括

　以上、わが国の統合失調症を含む精神障害者に関する法制度が、家族をどう位置づけてきたのか、その変遷を概観してきた。法制度は、監護義務者から、保護義務者、保護者、家族等と名称は変えながらも、任命した一家族へ当該精神障害者の生活全ての管理責任を強いてきた。

　2013（平成25）年の法改正により、保護者制度は廃止された。しかし古屋

表1-2-2　諸外国における強制入院制度と家族役割

国／州	入院形態	法的根拠	入院要件	入院手続き	権利擁護者	在院日数	家族役割
ニューヨーク州	非自発的入院	精神衛生法	自傷他害	2名の精神科医師	MHLS（司法機関）	上限60日	行政がケア責任
フランス	①県知事命令 ②病院管理者	公衆衛生法	①自傷他害 ②治療の必要性	2名の精神科医師＆裁判所の関与	後見人	21日	治療への参加，同居は殆どない
イタリア	強制治療	法833号	緊急の治療の必要性＆本人治療拒否	2名の医師	家族，友人誰でも可	上限7日で延長可能。平均2週間	入院には関与しない
イギリス	評価入院 治療入院	精神保健法	自傷他害 or 治療の必要性	2名の精神科医師＆認定精神保健専門職	NR	評価入院は28日以内／治療入院は6か月更新可能	NR（近い関係者：nearest relative）
カナダ（アルバータ州）	強制入院	精神保健法	自傷他害 or 強制入院以外の方法が無い	2名の医師（うち1名は精神科医師）	後見人 or NR	1か月。2名の医師診断により更新可能	NR（近い関係者：nearest relative）
ドイツ（バイエルン州）	①民事入院 ②公法入院	①民事入院に関する法律 ②収容法	①本人保護の必要性 ②自傷他害	精神科医師＆後見裁判所	世話人（法定後見人）	平均32日	
台湾	強制入院	精神衛生法	自傷他害	2名の専門医師	保護者	60日限度で更新可能	退院時の引取義務
韓国	①医療保護入院 ②行政入院	精神健康福祉法	治療の必要性＆自傷他害	2名の精神科医師＆2名の保護義務者	保護義務者	3月で更新可能	

出典）塩満（2020）205頁 表1を転載

(2019) は、「保護者制度は今も実質的に存続している。それは公権力によらない強制医療の最終的責任を、精神科医療機関に負わせず、家族等に帰結させて正当化するための装置となっている」と指摘している。

　こういった一家族へ実現不可能な責任を一方的に強いる法制度は、精神障害

第1章　統合失調症家族　41

者と家族の関係を共依存状態に陥れる側面を持っている。南山（2007）の「相互規定的関係」は，そういった含意がある。精神障害当事者の広田（1998）は，「『この子を残して死ねない』と思いつつ，その子の生き方をさせず，世間体ばかりを気にして暮らしている。子どもに何もさせずに，何でも自分でやってしまう。それも文句を言いながら」と，親子関係が共依存状態に陥っている様を如実に言い表している。

第3節　家族会とニーズ調査

本節では，第1項で，運動体としての家族会が全国組織化された経緯について述べる。第2項で，家族会が実施した大規模調査では，他の精神疾患に比べて統合失調症の占める割合が著しく高いこと，また厚生労働省の実施した「生活のしづらさ調査」及び家族会の大規模調査から親との同居率が高いことを言及する。

1-3-1．精神障害者家族会の全国組織化の経緯

全国精神障害者家族会連合会（以下，全家連）の成書（1997）によると，精神障害者の地域家族会は，1960（昭和35）年に京都府舞鶴市，1962（昭和37）年に栃木県小山地区で結成された。前者は舞鶴保健所が，後者は栃木県精神衛生相談所がその結成に尽力している。

病院家族会は，1960（昭和35）年頃に青森県の弘前精神病院（現在の弘前愛成会病院），茨城県立友部病院（現在の茨城県立こころの医療センター）男子入院病棟，千葉県の国立国府台病院，東京都の昭和大学附属烏山病院で家族会が誕生している。地域家族会及び病院家族会誕生の背景には，昭和30年代から抗精神病薬が臨床で広く使用されるようになり，退院後の再発予防・本人支援が新たな課題となっていったことがあげられる。それゆえ，初期の家族会は，医師や関係者が中心となり，精神病の学習による在宅治療の協力者養成を目的として始められ，学習機能を中心としていた。もう一方で，誰にも相談出来なかった同じ問題を抱える家族同士が集まることは，体験を分かち合う場ともなり，自助機能を併せ持つようになっていく。

家族会が運動機能の必要性を認識した契機は，1964（昭和39）年3月24日の午前に起こった「ライシャワー事件」である。ライシャワー事件は，精神病の疑いで9日間精神科病院に入院歴のある少年が，ジョギング中のアメリカの駐日大使ライシャワーの大腿部をナイフで刺し，重傷を負わせた事件である（大谷：1966）。事件当日の午後には，衆議院予算委員会で採り上げられ，政治問題化した。事件直後には，マスコミによる「精神障害者野放し」報道と相俟って，警察行政の取締りの強化・保安処分の検討が始められる。4月4日開催の第3回臨時国家公安委員会では，精神障害者の早期発見のため「警察官の家庭訪問の徹底，患者リストの整備，保安処分の早急な実施，自傷・他害のおそれのある者の警察への通報」（広田：2004）を決めた。4月28日には，警察庁から厚生省に対し，「他害の恐れある在宅精神障害者の警察への通知，医師からの届出義務を中心とする精神衛生法一部緊急改正の申し入れがなされる」（大谷：1966）。

　広田（2004）や全家連の成書（1997）によると。改正法の方向性を憂慮した松沢病院，烏山病院，桜ヶ丘保養院の医局代表や関東地区の同志80余名らは，同年5月2日に松沢病院に集まり，横浜市立大学の猪瀬教授を議長とする反対運動を起こすための会議を開催した。と同時に朝日新聞社へ取材の要請を行い，筑紫哲也氏（当時，朝日新聞記者）が取材した。筑紫氏は，5月4日に後述する1面トップのスクープ記事を書き，拙速に進められつつある法改正に警鐘を鳴らした。この精神医療界の反対運動に家族会の代表者も呼ばれ，学界とともに改正法の方向性に反対の表明を行っている。家族の意見は，5月4日付朝日新聞1面で，「精神衛生法改正／学界・病院強く反対／取締り，人権侵す恐れ／きょうにも政府に申入れ」の見出しで，以下のように記されている。

　　東京，京都，栃木など各県の家族会も同様の申し入れを行う模様である。これら関係者は反対理由として，患者の名前が警察に逐一知れるということになれば，家族が世間体を恐れて診断を受けることをしりごみするようになり，とくに早期発見が大事な精神障害治療が困難になるうえ，かえって野放しの傾向が強まる。また病気が治ってからも，警察からマークされるということで社会復帰が困難になる。

　同年5月8日には，渡米中であった日本精神神経学会理事長の秋元波留夫氏が，緊急帰国し，記者会見を行っている。会見では，現下の日本の改正精神衛

写真1-3-1　朝日新聞の一面トップ記事

出典）1964年5月4日朝日新聞朝刊

生法の方向性について，アメリカ精神医学会の会長らのメッセージ「もしこの提案がアメリカ合衆国で行われたならば，私たち精神医学関係者によって，激しい反対を受けるであろうことをお知らせする。アメリカ精神医学の歴史で経験した最も困難な闘いは，精神障害者を犯罪者という烙印から解き放つことであった」（広田：2004）も披露し，改正法の方向性に強く反対した。

　以上の反対運動により，法改正は精神衛生審議会に諮問することとなり，治安対策に特化した精神衛生法緊急一部改正の動きは阻止された。家族会の歴史を振り返ると，精神障害者の警察への届出義務を回避出来たことは，医学界との共同であったとはいえ，大きな成功体験であった。運動により，状況を変えることが出来たのである。

　同年6月から始まる精神衛生審議会には，家族会の石川正雄氏が第二部会（医療）委員に任命された。家族会が当事者団体として，初めて行政的承認を得たのである。一方で家族会は，精神衛生に関する予算をはじめとするマクロ政策へコミットメントしていくには，県単位の家族会連合会や，個々の病院家族会，地域家族会だけでは，力不足であることを思い知らされた。当時の厚生省公衆衛生局精神衛生課技官であった大谷藤郎氏は，現状を打開する方法は，全国規模の組織を立ち上げ，家族の切実な声を全国の議員へ働きかけてもらわなければならないと，家族会の代表者へ説いた。大谷藤郎技官は，厚生省の技官になる前に保健所長を経験しており，厚生省が実施した「昭和38年精神衛生

実態調査」では中心的な役割を担い，「医療により，相当程度の改善が期待でき，医療と施設を整備することにより，社会適応が可能」と調査結果を論じている（大谷：1966）。また，1964（昭和39）年12月，家族会が厚生大臣へ初陳情を行った際，団体名もタスキも準備していないことに気づいた大谷藤郎技官は，課員に紙でタスキを作らせ，団体交渉を側面的に支援している。

精神衛生法一部改正法案は，1965（昭和40）年５月18日に衆議院で可決し，６月１日に参議院で可決成立する。家族会の全国組織結成大会準備会は，改正法案が成立する直前の５月11日，厚生省会議室において，北海道，山形，栃木，千葉，新潟，山梨，岐阜，京都，大阪，愛媛，熊本，鹿児島の家族，病院関係者73名が出席し開催している。同年９月４日，家族会は東京の安田生命ホールにて，全家連として結成大会を開催した。大会には，27都道府県，80病院，関係者を含む500余人の参加者があった。

以上のように，ライシャワー事件は，家族会の全国組織である全家連の結成を促進し，教育機能と自助機能だけでなく，家族会に運動体機能を内在化させる契機となったのである。

1-3-2．家族と同居率の高い統合失調症

序章２節で，現行の精神保健福祉法は，現代家族の価値規範「家族であってもわたしはわたし」ではなく，近代家族の「家族のため」という価値規範を家族へ強いていると述べた。

そこで本項では，精神障害者の家族との同居率について，他障害及び一般世帯との比較から考察してみたい。

厚生労働省は，2011（平成23）年から５年毎に，障害者施策の推進に向けた検討の基礎資料とするため，在宅の障害児・者等の生活実態とニーズを把握することを目的に，身体障害者手帳，療育手帳，精神障害者保健福祉手帳の所持者及び難病患者等を対象とした調査（生活のしづらさなどに関する調査：以下，生活のしづらさ調査）を実施している。なお，2021（令和３）年調査は，新型コロナウィルス感染拡大により，2022（令和４）年に実施している。2022年調査は，未だ公表されていないことから，ここでは，2016年の調査結果を用いる。表１-３-１は，2016年の「生活のしづらさ調査」の65歳未満で障害者手帳所持者の

同居者状況を整理したものである。同居有り，親と同居，ひとり暮らし，不詳，それぞれの比率を記している。右列の一般は，2015（平成27）年国勢調査による20-64歳の成人した子どもが親と同居している比率である。

表1-3-1　65歳未満で在宅の障害者手帳所持者の同居者状況（2016年生活のしづらさ調査）

	身体障害者	知的障害者	精神障害者	一般
同居有り	84.1%	81.0%	75.0%	
うち親と同居	48.6%	92.0%	67.8%	29.4%
ひとり暮らし	12.2%	3.0%	18.6%	
不詳	3.7%	16.0%	6.4%	

出典）厚生労働省（2016年）「生活のしづらさ調査」結果及び2015（平成27）年国勢調査結果をもとに筆者作成

　表1-3-1から，成人した障害者手帳所持者でひとり暮らしをしている比率が最も高いのは，精神障害者の2割弱であり，次いで身体障害者の1割強となっている。知的障害者のひとり暮らしは，3.0%である。親との同居率をみると精神障害者は67.8%であり，知的障害者は9割強が親と同居している。身体障害者の親との同居率は，半数弱である。

　表1-3-2は，精神障害者家族会の全国組織である全国精神保健福祉連合会（以下，みんなねっと）が2010年及び2017年に実施した全国調査，2020年に奈良県精神障害者家族会連合会（以下，まほろば会）が実施した調査結果である。調査対象者に占める本人病名が統合失調症である比率も記している。ここでの同居率は75％程度であり，厚生労働省の「生活のしづらさ調査」の精神障害者カテゴリーよりも若干高い同居率となっている。これは，精神障害に占める統合失調症の割合が18.9％（2017年患者調査）であり，調査対象に占める統合失調症の比率が「生活のしづらさ調査」よりも「大規模家族調査」の方が高いことが関係していると思われる。

　表1-3-1の「生活のしづらさ調査」における精神障害者と親との同居率は，一般の成人した子どもと親の同居率に比べて，概ね2倍となっている。また，表1-3-2のとおり，統合失調症が多くを占める大規模調査における精神障害者と家族との同居率は，概ね4人中3人であり極めて高い。統合失調症者の多

表1-3-2　家族会大規模調査による家族との同居率及び統合失調症占有率

調査名	有効回答数	回収率	本人病名が統合失調症の比率	家族との同居率	調査年
平成21年度家族支援に関する調査研究プロジェクト（以下，2010調査）	4,419	48.30%	82.7%	77.2%	2009-2010年
平成29年度家族支援のあり方に関する全国調査（以下，2017調査）	3,129	43.84%	80.3%	75.6%	2017年
2020年度まほろば会精神障害者家族のニーズ調査（以下，2020調査）	468	42.66%	75.3%	75.5%	2020年

出典）大規模調査結果をもとに筆者作成

くは，成人してもなお，親と暮らし続けていることを示唆している。

1-3-3．小括

　昭和30年代に入り，抗精神病薬が精神科病院で使用されるようになると，退院後の再発予防・本人支援が課題となる。家族は，その課題解決の人的資源として注目されるようになる。誕生した家族会は，保健所や精神科病院の支援を受け，病気に関する学習機能や家族相互の支え合いである自助機能を中心に運営された。1964（昭和39）年のライシャワー事件は，家族会の全国組織化を促進させ，1965（昭和40）年に全家連が発足した。全家連は，運動体として，1985年以降，施策向上を論拠とすべく概ね5年毎に大規模なニーズ調査を実施している。ニーズ調査から，本人病名が統合失調症の比率は極めて高く，親との同居率も高い。

　序章第2節で，統合失調症本人へのケア提供者は親であり，6割を超える親は，本人へのケアにより退職や転職を経験し，それまで続けていた趣味を諦めていることを述べた。そこで，統合失調症にはどのような生活上の障害があるのか。また，家族はどのようなケアをしているのか。統合失調症ケアの脱家族化を検討していくにあたり，「統合失調症の生活障害と必要とされるケア」を明らかにする必要があると考えた。

第 2 章

統合失調症の生活障害と家族によるケア

　第 2 章では，疾病と障害を併せ持つ統合失調症の生活障害に焦点化する。第 1 節では，統合失調症の生活障害に関する先行研究をレビューし，統合失調症の生活障害を整理する。第 2 節では，本研究の鍵概念である「ケア」及び「ケアの脱家族化」に関する先行研究をレビューし，「ケア」及び「ケアの脱家族化」を操作的に定義する。また，統合失調症ケアの脱家族化ソーシャルワークを考究する理論的枠組みとして重要と考えられる先行研究をレビューする。第 3 節では，家族会による大規模調査結果を分析し，同居家族によるケアの実態を明らかにし，第 1 節で明らかにした生活障害概念から必要とするケアを演繹的に考察する。

第 1 節　統合失調症の生活障害

　本節では，統合失調症の生活障害に焦点化し，ICIDH，ICF，IADL，それぞれの視角から先行研究をレビューし，統合失調症の生活障害に関する知見の整理を試みた。

2-1-1. 統合失調症長期転帰の疫学調査

　世界保健機構（以下，WHO）が，世界18の地域で実施した統合失調症の長期転帰に関する調査によると，統合失調症は，加齢とともに陽性症状は軽快し，残遺症状を残すのみとなることを明らかにしている（Harrison et al.：2001）。その結果，陽性症状が消退するため，入院治療は必要でなくなっていくと報告されている（Jeste et al.：2011）。WHO の統合失調症長期転帰に関する疫学調査結果では，病態は安定し，能力障害を残すのみで入院不要となる。

図2-1-1　入院期間別精神科病床入院患者に占める統合失調症の割合

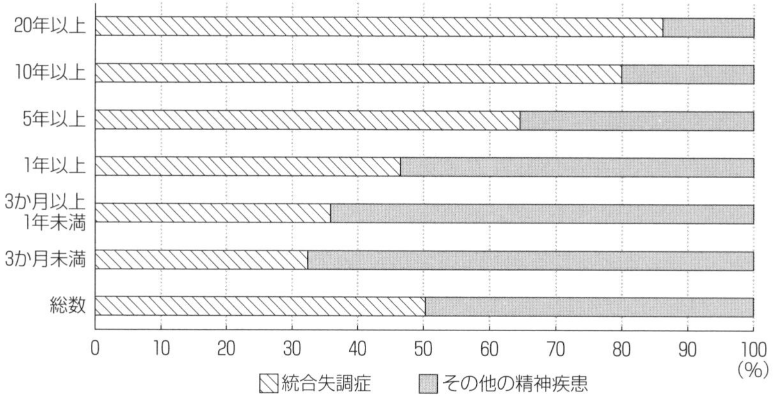

出典）630調査資料をもとに筆者作成

　日本は，どうなっているのか。「精神保健福祉資料」（以下，630調査）によると，精神病床の入院患者のうち，統合失調症の占める割合は5割を超え，入院期間の長期化に伴い，その比率は増している。図2-1-1は，2022（令和4）年の630調査をもとに，入院期間別に統合失調症の占める割合を示したものである。統合失調症は，3か月未満の入院群では32.4％であるが，1年以上5年未満で46.5％，5年以上10年未満で64.5％，10以上20年未満で79.9％，20年以上で86.2％を占めている。末安ら（2009）の調査によると，3か月で退院出来ない入院患者の入院時平均年齢は52.5歳であり，疾患名では統合失調症が60.2％を占め，高年齢で統合失調症の患者は入院が長期化する傾向が認められた。

　序章第2節第3項では，2003年から2016年までの1年以上の長期入院患者退院者数と新たに1年以上の入院となる長期入院患者数，年間死亡退院者数の推移を図序-2-6で記した。毎年，4.5万人前後の長期入院患者が退院している一方で，若干その数を上回る入院患者が，新たな長期入院患者となっている。2011年以降，死亡退院者数が毎年2万人を超え，2022年には約2.7万人が死亡退院している。

　精神病床入院患者に占める65歳以上の患者数は，図2-1-2のとおり，2011

第2章　統合失調症の生活障害と家族によるケア　　49

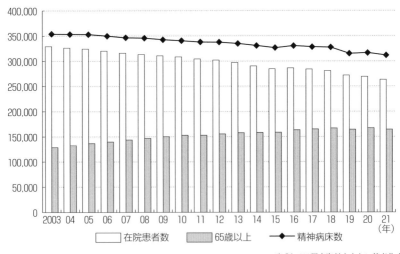

図2-1-2　精神病床数・入院患者数・65歳以上入院者数推移

出典）630調査資料をもとに筆者作成

年に50.3％となり半数を超え，2021年には62.6％となり，精神科病院の老人施設化が進んでいる。

　2004（平成16）年，厚生労働省は「精神保健医療福祉の改革ビジョン（以下，ビジョン）」を発出し，10年間で約7万人の退院と病床数を削減するとした。表2-1-1のとおり，10年後の2013年に，精神病床数は1.8万床削減し33.5万床となり，入院患者数は2.9万人減少し29.7万人となり，長期入院者数は3.4万人減少し19.2万人となった。2022年に入院患者数は6.7万人減少し，長期入院患

表2-1-1　精神病床数・入院患者数・長期入院患者数・死亡退院者数の推移

	2004	2013	2022
精神病床数	353,319	334,975	308,667
入院患者数	326,125	297,436	258,920
長期入院患者数	225,913	191,881	160,309
死亡退院者数	15,996	21,792	26,952

出典）630調査資料をもとに筆者作成

者数も6.6万人減少した。18年を要してようやくビジョンの目標値に近づいている。しかしながら、地域移行の影響で長期入院患者が減少している訳ではない。

ではなぜ、入院患者数は減少しているのか。最も大きな理由は、入院患者の高齢化にある。図2-1-3は、2022（令和4）年の630調査による退院後転帰を図解したものである。長期入院者の退院後転帰は、「死亡」と「精神病床以外の病床」の比率が極めて高く、「介護施設」の比率も高い。他方、退院後転帰「家族と同居」及び「グループホーム」は、入院が長期化していくに従い、その割合が著しく減少している。

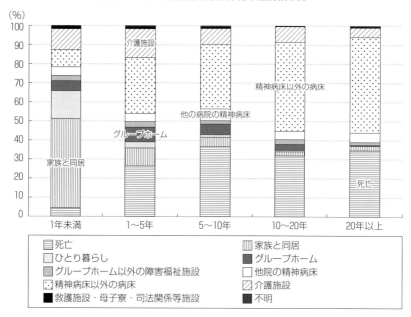

図2-1-3　入院期間別精神病床退院後転帰

出典）630調査資料をもとに筆者作成

これらのことから、①わが国の中高齢統合失調症の入院は、長期入院となるリスクが高い。②長期入院患者群になるほど、統合失調症の占める割合が高

い。③長期入院患者群は，精神病床以外の病床への退院と死亡退院の占める比率が高く，退院先として家族と同居，ひとり暮らし，グループホームの比率は低下していくことが分かる。

日本の統合失調症者は，WHOの疫学調査結果と正反対の状況にある。末安ら（2009）の調査によると3か月で退院出来ない入院患者の入院時平均年齢52.5歳は，一世代を30年とすると，8050問題そのものである。親によるケアの消滅が長期入院の端緒となることを示唆している。

そこで，統合失調症の生活障害を明らかにしていくことは，必要とするケアの根拠になると考えた。

2-1-2．ICFから見た統合失調症の能力障害

1980（昭和55）年にWHOは，「国際障害分類（以下，ICIDH）」を発表した。精神障害においても，機能障害と能力障害，社会的不利の概念整理に関する研究が，生活支援の領域を中心に始まっていく。統合失調症の生活困難に関する主要な先行研究の変遷を年代順に表2-1-2に整理した。なお，表中の「精神分裂病」の表記は，2002（平成14）年に病名を統合失調症へ変更したが，発表時の呼称をそのまま用いている。

谷中（1980）らは，精神分裂病者が社会生活を持続していく困難さとして「生活のしづらさ」概念を提唱する。「生活のしづらさ」概念は，「生活技術性」，「社会性」，「経済性」，「統合性」の4つに区分されている。「生活技術性」とは，家事全般に関わる能力や公共交通機関や公共施設の利用に関するスキルの低下のことである。「社会性」とは，対人関係能力の低さや自己評価の歪みである。「経済性」とは，労働能力の低さと自己に相応しくない職場を選択し易いというものである。「統合性」とは，自らが生活全体をコントロールしていく力の低さを意味する。

見浦（1981）は，精神分裂病を「病気と障害が併存」しているとし，後者を「生活障害」という概念で説明する。「生活障害」には，過敏，自信のなさ，疲れ易さといった「対人関係技術の障害」及び主体的に生きてゆく「自己決定能力の障害」があるとした。

蜂矢（1981）は，「精神障害試論」と題した論文で，急性症状が沈静化した

後に情意減退や思考障害が現れると説明する。つまり，時間軸で症状消退後に障害が顕在化するというものである。見浦と同じように疾患と障害が共存しているとした。蜂矢のいう能力障害概念は，疾患の経過に左右されるということを特徴とする。

　臺（1985）は，見浦と同様に，能力障害を「生活障害」と呼ぶ。臺の「生活障害」概念の特徴は，発病間もない精神分裂病から慢性の経過を辿っている精神分裂病までをも射程とし，「生活障害」を5つに類型化していることだ。それらは，①日常生活の仕方の障害，②対人関係の障害，③仕事場面の障害，④生活経過の不安定さと持続性の乏しさ，⑤現実離れした空想，である。5つの類型それぞれの障害に関する具体例も提示している。

　昼田（1989）は，臨床事例を帰納的に分析し，精神分裂病の行動特性を4つに類型化している。その4類型とは，①認知障害と過覚醒，②常識と共感覚，③自我境界，④時間性，の4つである。表中に記しているように4類型それぞれの行動パターンを，具体的に解説している。

　中澤（1996）は，精神分裂病の「生活障害」を①臨機応変さのないこと，②生活経過の不安定さ，③生き甲斐のないこと，の3類型に区分している。①臨機応変さのないことの下位項目には，「生活の仕方が下手なこと」，「人づきあいが下手なこと」，「就労能力不足」の3点をあげている。②生活経過の不安定さは，ライフイベントに対する特異的な反応をあげている。③生き甲斐のないことには，疾病受容の問題と現実検討能力の欠如をあげている。中澤の論は，生活障害の原因を認知から反応系の歪みに求めていることを特徴とする。つまり「生活障害」の主な要因は，脳の機能障害にあるとしている。

　これまで述べてきた統合失調症の能力障害における具体例は，大なり小なり一般の人も失敗体験を有するものである。しかしながら，遠山（2005）は，統合失調症と一般の人々の違いについて，「その気になったらできるか，その気になってもできないかの違いにあるわけです。つまり，統合失調症の患者さんの場合は，誰かがそばについて，いちいち教えてあげないと，日常生活の技術や手順を学習できないのです。このことは，おそらく『応用力がない』とか『想像したり工夫したりできない』といった能力の障害と関係が深い」(傍点筆者)，と説明する。

第2章　統合失調症の生活障害と家族によるケア　　53

表2-1-2 精神分裂病の能力(生活)障害に関する主な先行研究知見の変遷

著者	論文名及び図書名	概要
谷中輝雄 佐藤三四郎 荒田稔ほか	「わが国におけるシステム化の動向―生活支持の観点から」『臨床精神医学』9(6)647-655,1980年	精神分裂病者の社会生活を持続し難くしている要因として「生活のしづらさ」概念を提唱。「生活のしづらさ」を4つに区分する。 ①生活技術性:衣食住をめぐる諸技術,買い物,炊事,掃除,洗濯,交通機関や公共施設の利用等。 ②社会性:職場,近所付き合いにおける人間関係や社会的常識・習慣,自己に対する現実的評価・判断等。 ③経済性:稼働能力の乏しさ(疾病による能力低下,就労経験が無いこと,自己の能力に適さない職場を望むこと)。 ④統合性:生活の主体者として,社会生活の維持,拡大のために,個人の能力を統合し,諸々の社会資源の活用を図る能力の乏しさ。
見浦康文	「精神障害者のリハビリテーション―ソーシャルワーカーの経験から」『ソーシャルワーク研究』7(4),32-36,1981年	病気と障害が併存し,「生活障害」概念を提唱する。 ①「対人関係技術の障害」:過敏,自信のなさ,協調性の不足,傷つき易さ,疲れ易さ ②「自己決定能力の障害」:身辺の自己管理,服薬管理,金銭の自己管理,余暇の使い方,社会生活を主体的に生きてゆくための状況判断
蜂矢英彦	「精神障害試論―精神科リハビリテーションの現場からの一提言」『臨床精神医学』10(12),1653-1661,1981年	①精神分裂病の障害は,急性(亜急性)症状の安定のあとに残された情意減退や思考障害のこと。再発については,その都度,再発時の急性症状のあとに残された障害と考える。 ②疾患と共存する障害:疾患と障害の両面を併せ持ち,障害は疾患の経過に左右され,固定しない。
臺弘	「慢性分裂病と障害概念」『臨床精神医学』14(5),1653-1661,1985年	精神分裂病の生活障害を5つに類型化 ①日常生活の仕方の障害:臺の造語WDL(Way of Daily Living)の低さ。 ②対人関係の障害:人付き合い,挨拶,他人に対する配慮,気くばり。しばしば尊大と卑下のからんだ孤立。 ③仕事場面の障害:生真面目さと要領の悪さの共存,のみこみが悪く,習得が遅く,手順への無関心,能率・持続の低さ。 ④生活経過の不安定さと持続性の乏しさ:再発準備性と易傷性との関連。 ⑤現実離れした空想:生き甲斐の喪失,動機づけの乏しさ,共感性の乏しさ。
昼田源四郎	『分裂病者の行動特性』金剛出版,1989年	精神分裂病の行動特性の4つの類型及び下位項目としての具体例 ①認知障害と過覚醒―一時にたくさんの課題に直面すると混乱する,受け身的で注意や関心の幅がせまい,全体の把握が苦手で自分で段取りをつけられない,話しや行動に接ぎ穂が無く唐突である,あいまいな状況が苦手,場に相応しい態度をとれない,融通がきかず杓子定規,指示はその都度ひとつひとつ具体的に,形式にこだわる,状況の変化にもろく不意打ちに弱い,慣れるのに時間がかかる,容易にくつろがず常に緊張している,冗談が通じにくく堅く生真面目。 ②常識と共感覚:現実吟味力が弱く高望みしがち,世間的常識的な思考・行動を取りにくい,他人の自分に対する評価には敏感だが他人の気持ちには比較的鈍感,自分を中心に物事を考えがち,視点の変更ができない。 ③自我境界:話しに主語が抜ける,あいまいな自己像,秘密を持てない。 ④時間性:あせり先走る,同じ失敗を繰り返す,リズムにのれない。
中澤正夫	「『生活障害』の構造化の試み」『第3回精神障害者リハビリテーション研究会報告書―日本精神障害者リハビリテーション学会誌準備号』139-153,1996年	精神分裂病の生活障害を3つに類型化。 ①臨機応変さのないこと:1)生活の仕方が下手なこと,2)人づきあいが下手なこと,3)就労能力不足。 ②生活経過の不安定さ(Life eventsに対する特異的な反応)。 ③生き甲斐のないこと(受容と非現実さ)。 *生活障害の基本的な要因は,認知―反応系の歪みに求められる。

出典)塩満(2024a)表4-9を転載

以上，WHO の ICIDH の発表を契機とする統合失調症の能力障害に関する国内の研究を整理した。そこでの知見は，大きく3点に整理することが出来る。1点目は，統合失調症は疾患と障害が併存しているということだ。2点目は，生活を主体的に営むことに障害があり，福祉的な援助を必要とすることである。3点目は，障害は脳の生物学的機能不全を要因とし，克服すべきものではなく，障害を持ちながらのケア提供を含む環境を整えていくことが求められるということである。

2-1-3．ICF から見た統合失調症の生活機能

　2001（平成13）年5月，WHO は総会において，ICIDH の改訂版として「国際生活機能分類（International Classification of Functioning, Disability and Health：以下，ICF）」を採択した。ICIDH で用いられていた「機能障害（impairment）」は「心身機能・構造（body functions and structure）」へ，「能力障害（disability）」は「活動（activities）」へ，「社会的不利（handicap）」は「参加（participation）」へと肯定的・中立的用語に変更した。これらが障害された状態は，「機能・構造障害（functional and structural impairment）」，「活動制限（activity limitations）」，「参加制約（participation restrictions）」である。

　ICIDH が，「機能障害（impairment）」により生じる因果モデルでの障害分類であったのに対し，ICF の「心身機能・構造（body functions and structure）」，「活動（activities）」，「参加（participation）」は，構成要素同士が相互に作用し合い，「生きることの全体像を示す『生活機能』の分類となっている」（大川：2006）。「生活機能」の3つのレベルは，それぞれに「健康状態」や背景因子である「環境因子」「個人因子」からも影響を受ける。図2-1-4のように，ICF は，全ての構成要素が双方向の矢印で結ばれ，全ての構成要素が影響を与え合う相互作用モデルとなっている。

　また，ICF は，「医学モデル」と「社会モデル」を統合したモデル（WHO：2001，山本ら：2003）とされている。「医学モデルでの障害への対処は，治癒あるいは個人のよりよい適応と行動変容を目標になされる。社会モデルでは，障害のある人に社会生活の全分野への完全参加に必要な環境の変更を社会全体の共同責任とする」（WHO：2001）。「社会モデル」に終始する考えは，「病理それ

図2-1-4　ICFの構成要素間の相互作用

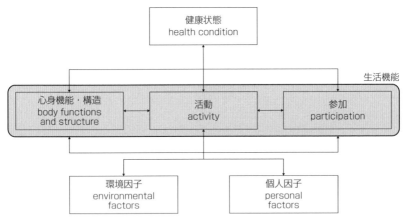

出典）大川（2006）の「ICFの生活機能モデル」を参考に筆者作成

自体の発生原因や機序を解明する基礎医学とリハビリテーション医学の有用性を不明瞭にし，問題解決の実効性にマイナスの影響を与えかねない」（茂木：2003）ことが指摘されている。ICFが「医学モデル」と「社会モデル」の統合モデルとされているのは，「医学モデル」から「社会モデル」への移行を意味するものではなく，「『医学モデル』と『社会モデル』との概念的対立を超えた両モデルの対話の道を拓いた」（小澤：2004）と考えることが重要である。

では，統合失調症をICFから考えるとどうなるのか。表2-1-3は，昼田（2007）及び山本ら（2003）の論考から統合失調症の機能障害，活動制限，参加制約を抽出し整理したものである。表2-1-3の機能障害，活動制限，参加制約の記述内容の概要を確認し，三者の関連性を考察する。そのうえで，ICIDHからみた表2-1-2と表2-1-3の比較検討を行い，ICIDHからICFへと分析枠組みを変更することにより，統合失調症者の捉え方がどのように変化してきたのかを確認してみたい。

最初に表2-1-3の機能障害，活動制限，参加制約の記述内容の概要である。機能障害については，統合失調症の脳の機能障害に焦点化されていることに気づく。昼田（2007）の分析は，過覚醒状態であり注意の幅が狭く，自我境界の病理や現実検討能力の弱さがある。

認知障害，記憶の保管・記憶の再生・ワーキングメモリの障害といった重篤な記憶障害を基礎としていること。選択的注意の障害，情緒機能の障害，知覚機能の障害，思考機能の障害，抽象化・概念化の障害，時間軸での思考の障害があると述べている。山本ら（2003）の分析からは，昼田の記述にないものとして，統合失調症罹患後に再発準備性を併せ持つこと，外界の刺激による知覚から反応に至るまでの脳内情報処理過程に障害があること，意味記憶に障害を持つこと，陽性症状としての幻聴や連合弛緩が生じることを指摘している。これまで，統合失調症に関しては，精神医学，精神保健，精神保健福祉等，様々な視角からの分析がなされ，多様な言説がある。機能障害は，ICFの視点から分析することにより脳機能に焦点化されている。

　活動制限については，先述した脳の機能障害により惹起される活動場面での行動特性として考えることができる。過覚醒状態と関連するものとして，「緊張し，くつろげない」，「学習や仕事における活動制限」，「安定性に欠け，持続性が乏しい」があり「頻回に短い休憩」を要する。

　自我境界の病理として，自分自身を客体化出来ない「脱中心化の困難さ」や「話しの唐突さ」，「気配りなどの対人関係の問題」がある。認知障害により惹起される「非言語的メッセージの解読困難」や「相手の感情に鈍感」がみられる。ワーキングメモリの障害や記憶の障害から「IADLの失敗」，「いっぺんに複数の課題が苦手」であり「逐次具体的な教え」を必要とする。抽象化・概念化の障害は，「あいまいな状況を苦手」とし，「自分から相談に行かない」，「整理整頓が苦手」となって表れる。時間軸での思考の障害として，「雑多な作業を同時並行的に処理出来ない」や「必需品の入手，調理が苦手」，「手順への無関心・低い能率」がある。生活リズムの確立の困難さについては，機能障害とも関連し，機能障害と活動制限双方に跨がると考えられる。

　参加制約については，統合失調症に関する社会的偏見と本人・家族・専門家の持つ内なる偏見により，「社会から隔離された存在」となってしまうことや，専門家の偏見により「本人の可能性が放置」されてしまうことがあげられている。併せて，リハビリテーションの制度整備が進んでいないこともある。このように参加制約は，背景因子として環境因子と個人因子が大きく影響していると考えられる。

表2-1-3　昼田及び山本・丹羽の論考より抽出した統合失調症の機能障害・活動制限・参加制約

	論文名及び図書名	概要
機能障害	昼田源四郎(2007)『改定増補　統合失調症患者の行動特性─その支援とIFC』金剛出版	・全般的機能障害として過覚醒状態のため，注意の幅が狭く，認知機能に影響を与えている。 ・見当識障害として，自我境界の病理や現実吟味力の弱さ。 ・注意の配分及び注意の持続の障害。選択的注意機能（カクテルパーティ効果）の障害。 ・注意機能に重篤な障害を持つ。短時間だけ情報を保存するワーキングメモリ（作業記憶）の障害により，「指示を理解せず，同じ失敗を繰り返す」「脈絡から外れた言動をとる」等がある。 ・意味内容に基づきカテゴリーごとにコード化し記憶の意味ネットワークに格納，あるいは抽出する一連の記憶の入出力のプロセスの障害。 ・情緒機能の障害：不適切な情緒の発現・感情の平板化。相手の感情認知テスト不良。 ・知覚機能の障害：幻覚や錯覚。幻聴は，統合失調症でもっとも高頻度に出現。 ・思考機能の障害：思考途絶・思考逸脱（連合の弛緩）・思考伝播・思考挿入・妄想等。 ・高次脳機能障害：抽象化・組織化と計画・時間管理・認知の柔軟性・洞察・判断・問題解決等，抽象的な言葉や概念の把握が苦手。部分を全体に構築し体系化することが苦手。時間軸にそって物事を順序づけ，各活動に時間を割り当てる時間管理も苦手。何かを意図し，その手順を考え実施し，その結果がうまくなければ違う方法を考えてやりなおす認知の柔軟性・洞察・判断・問題解決といった日常的に求められる生活の実行機能の障害。
	山本佳子・丹羽真一（2003）「ICFと統合失調症」『精神医学』45（11）	・急性期の症状後に残る再発のし易さ。 ・知覚から判断に至る情報処理過程の認知障害。選択的フィルター機能障害，注意配分障害。 ・手続記憶は保たれているが，言語を介する意味記憶，一次記憶，エピソード記憶の障害。 ・想起において文脈が組織化されない，無関係な刺激で撹乱する，時間的順序が混乱する。 ・結果を監視しつつ目的行動を維持するための作業記憶の障害。 ・内的及び外的情報源の区別が困難となる陽性症状としての幻聴や，連合弛緩。
活動制限	昼田源四郎(2007)『改定増補　統合失調症患者の行動特性─その支援とIFC』金剛出版	・注意の集中や持続が困難であるため，頻回に短い休憩を挟む事が求められる。 ・対人場面では緊張し，慣れるまで時間がかかり，容易にくつろげない。 ・注意や認知の障害により，学校での学習や職場での仕事において活動の制限がある。 ・自分が知っていることは相手も知っているはずだと思うような脱中心化の困難さ。 ・メッセージを生み出す活動では，話しに継ぎ穂がなく唐突。 ・コミュニケーションの障害。非言語的メッセージの解読が困難であり，比喩が通じにくい。何気ない他者のことばを自分に向けられた悪意と被害的に受け取り，ストレスを抱え込む。 ・対面状況で顔がつくほど接近したり，離れすぎたりと，適切な間合いを取れない。 ・表情から相手の感情を読み取る相貌認知テストは不良であり，相手の感情に鈍感。

		・選択的注意の障害のため，いっぺんに複数の課題を出さないようにすることが求められる。 ・作業手順をスモールステップに分解して，逐次，具体的に教えることが求められる。 ・本質的な事柄を抽出する障害により，あいまいな状況が苦手で，迷いやすく，決められない。 ・整理整頓が苦手であり，定期的なヘルパー派遣を必要とする者も少なくない。 ・負荷がかかる状況では，問題解決や意思決定活動の制限が顕在化しやすい。 ・「状況の変化，特に不意打ちに弱い」という行動特性と自分から相談に行かない。 ・身だしなみや自己の清潔や入浴や着替え，洗面，歯磨き等のセルフケア能力の障害。 ・現実検討能力が低く，無計画さもあり，金銭管理に関する援助が必要なことが多い。 ・家庭生活における必需品の入手，調理その他の家事，家庭用品の管理に関する障害。 ・掃除や洗濯，ゴミ捨てなど，雑多な作業を同時並行的に要領よく処理することが苦手。 ・生活リズムが確立されにくい。抗精神薬の量の多さと服薬期間の長さは，睡眠やサーカディアンリズム（概日リズムと訳される）の障害と相関関係がある。
	山本佳子・丹羽真一（2003）「ICFと統合失調症」『精神医学』45（11）	・新たに技能を学習することを阻む認知行動障害や道具的日常生活動（IADL）の失敗。 ・食事・金銭，服装などの問題を含めた生活技能の不得手。 ・人づきあい，あいさつ，気配りなどの対人関係の問題。 ・生真面目と要領の悪さが共存し，飲み込みが悪く，習得が遅く，手順への無関心，低い能率。 ・安定性に欠け，持続性が乏しい。 ・現実離れ，生きがい，動機づけの乏しさ。
参加制約	昼田源四郎（2007）『改定増補 統合失調症患者の行動特性―その支援とIFC』金剛出版	・カルチャーセンターなどで開催する手芸や英会話教室などに通い始める者も居るが，そこで仲間にうまくは入れないためか，あまり長続きしない ・地域に居住している精神障害者の多くは，社会から隔離された存在であり，ノーマライゼーションが進んでいない「環境因子」のためだと思われる。
	山本佳子・丹羽真一（2003）「ICFと統合失調症」『精神医学』45（11）	・統合失調症に関する社会的偏見と本人・家族・専門家の持つ「内なる偏見」。 ・統合失調症への病名変更や抗精神薬の進歩により，本人の持つ可能性が大きくなっているものの経済的不況により障害者雇用が進まず就労リハビリテーションに難しさがある。 ・専門家の偏見により，本人の可能性が放置されないような専門家の努力。

出典）塩満（2024a）表4を転載

以上，表2-1-3の整理から，機能障害，活動制限，参加制約の概要について述べてきた。それら三者の関連性について，考察してみたい。活動制限の多くは，統合失調症の機能障害により行動特性として表出していると示唆される。そして参加制約は，活動制限の解消や緩和につながる制度整備が進んでいない環境因子や，統合失調症に関する偏見が環境因子及び個人因子としても影響を与えていることが示唆される。勿論，機能障害及び活動制限に関しても，環境因子及び個人因子が影響している。

　ICIDHからICFへ分析枠組みを変更したことにより，統合失調症の捉え方がどのように変化してきたのか。表2-1-2と表2-1-3を比較検討し，考察してみたい。表2-1-2における統合失調症の能力（生活）障害は，表2-1-3の行動制限とほとんど同種の記述である。ICFによる分析の試みは，先述したように，行動制限と機能障害の関連を明らかにし，参加制約の状況を記述することにより行動制限との関連を明確にしている。つまりICFは，統合失調症者が生きることの全体像として「生活機能」を表すことを可能にしたといえる。

　昼田（2007）は，ICFが現場に導入されることのメリットとして，治療段階ごとの専門職の役割分担を明確にし，チームケアの促進につながると述べている。図2-1-5は，生活機能の3つの構成要素に関する担当職種のイメージ図である。現実の支援においては，チームで同時並行的に行われるものである。精神保健福祉士の主たる働きかけは，統合失調症者本人の社会参加をめぐる環境への働きかけと本人への働きかけというソーシャルワークそのものであるといえる。

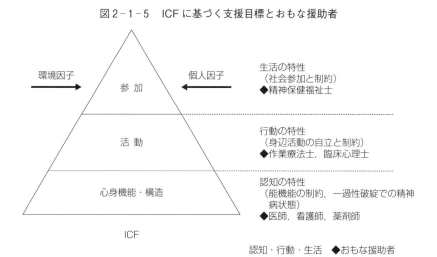

図2-1-5 ICFに基づく支援目標とおもな援助者

出典）昼田（2007）より転載

2-1-4．IADLから見た統合失調症の生活困難

　生活の困難度を図る尺度に日常生活動作（Activities of Daily Living：以下，ADL）がある。ADLは，「毎日繰り返される一連の身体的動作群」（今田：1976）のことである。隆島（2019）は，ADLの構造を図2-1-6のように整理した。ADLは，寝返りや起き上がり，座位や立ち上がりといった基本動作と，生活場面での行為にあたる食事動作，整容動作，更衣動作，トイレ動作，入浴動作といったセルフケア，そしてその生活場面への移動動作により構成されている。このようにADLの基本動作，セルフケア，移動動作は，統合失調症を始め，認知機能に障害を持つ精神障害者には，生活の困難度を測る尺度として適さない。

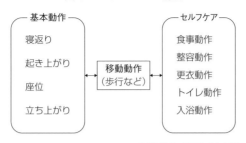

図2-1-6　ADLの構造

出典）隆島（2019）より転載

　細川（1994）は，「食事を自分でとることができても，食事の用意ができなければ介助を頼むことになる」と指摘し，ADLの上位の活動として，交通機関の利用，食事の用意，掃除や洗濯等の家事等，複数の動作の組み合わせである手段的ADL（Instrumental ADL，以下IADL）を評価することで，対象者の日常生活の機能的状態を測ることができると指摘した。高畑（2016）は，IADLを「乗り物利用，電話使用，家屋維持，家計管理，服薬管理，食事準備，買い物，育児，洗濯」と一定の整理を試みている。

　新しい生活困難度を測る尺度であるIADLは，身体的動作にほとんど支障のない統合失調症者が日常生活上において，どのような困難を抱えるのかを明らかにしていくために，重要な指標になると考えられる。

　松原（2008）は，2008年に全国の民間精神科病院及び国公立病院を対象とした「精神病床利用状況調査」を行っている。行われた複数の調査のなかに，入院中の統合失調症患者を対象としたIADLの指標を活用した調査がある。IADLの調査項目は，「食事の用意」，「家事一般」，「金銭管理」，「薬の管理」，「電話の利用」，「買い物」，「交通手段の利用」の7項目とし，3件法（「非常に困難」，「いくらか困難」，「可能」）で，入院期間が1年未満群と入院期間が5年以上群に分けて，調査結果をまとめている。

　松原の調査結果から，図2-1-7は入院期間1年未満の統合失調症患者のIADLの状況，図2-1-8は入院期間5年以上の統合失調症患者のIADLの状況を図解した。まず，図2-1-7と図2-1-8を比較検討すると，IADLの7項目全てにおいて，入院期間が長期化することにより，「非常に困難」の比率

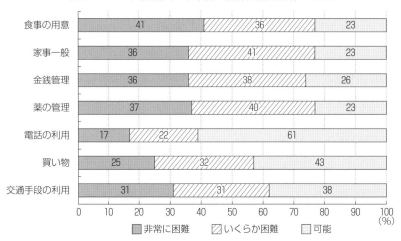

図2-1-7 入院期間1年未満の統合失調症患者のIADL

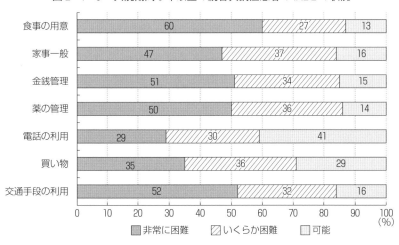

図2-1-8 入院期間5年以上の統合失調症患者のIADLの状況

図2-1-7及び図2-1-8の出典）松原（2008）286-298頁をもとに筆者作成

が高くなっている。また，「可能」の比率も全てにおいて低くなっている。これらのことから，入院期間の長期化は，IADLを低下させてしまうことが分かる。

第2章 統合失調症の生活障害と家族によるケア　63

また，図2-1-7の入院期間1年未満の統合失調症患者のIADLの状況をみると，入院期間が短期間であっても，IADL項目のうち「電話の利用」を除く全項目において，「非常に困難」と「いくらか困難」の和は，60パーセント弱から80パーセント弱となっている。統合失調症の罹患そのものが，脳の機能障害を生じさせ，結果として，日常生活における複数の動作の組み合わせであるIADLを低下させていることを示唆している。

2-1-5. 小括

本節では，統合失調症の生活困難について，第2項でICIDHの視点から統合失調症の能力障害に関する国内の先行研究の知見について，①統合失調症は疾病と障害が共存していること，②生活を主体的に営むことの障害があり福祉的な援助を必要とすること，③障害は脳の生物学的機能不全を要因としていることから，克服すべきと考えるのではなく，障害に対するケア提供を含む環境を整えることが求められている，と整理した。

第3項では，ICFの視点から統合失調症の機能障害，活動制限，参加制約について，先行研究の知見から整理を試みた。これら三者には連関があり，活動制限の多くは，機能障害による行動特性として生じていることが示唆される。参加制約は，活動制限の解消及び緩和をもたらす制度整備が進んでいない環境因子が影響していることが示唆される。併せて統合失調症に関する偏見は，環境因子だけでなく個人因子としても作用していると考えることができる。こういったICFによる統合失調症の生活機能の分析は，行動制限と機能障害の連関を明らかにし，ICIDHの能力障害の知見を発展させた。行動制限については，ミクロレベルでの統合失調症者への効果的な支援のあり方を検討する重要な素材となると思われる。また，参加制約を緩和・解消していくために，福祉教育や社会啓発を進めていくこととマクロレベルでの制度整備と制度改変が求められるのである。

第4項では，IADLの視点から主に松原（2008）の入院している統合失調症者への調査結果を引用し，統合失調症者の生活困難について整理を試みた。IADLの調査項目である「食事の用意」，「家事一般」，「金銭管理」，「薬の管理」，「電話の利用」，「買い物」，「交通手段の利用」の7項目において，多くの

統合失調症者が困難を抱えていることを明らかにした。実践現場の支援者が肌感覚で感じていたことを，研究上の知見として明らかにした意義は大きい。今後の統合失調症者へのミクロレベルでの支援のあり方を考える素材として寄与するものである。

本節の主題である統合失調症の生活困難は，本研究のテーマ「ケアの脱家族化」に大きく関わる。末安ら（2009）が，精神科病院入院後3か月で退院出来ない入院患者（以下，ニューロングステイ）の実態調査を行ったことは，本節第1項で述べた。結果の詳細は，新たに入院した患者382名中，ニューロングステイとなった患者は83名，ニューロングステイの入院時平均年齢は，52.5歳であり，疾患名は統合失調症が50名（60.2%）を占めている。

ニューロングステイの60.2%が統合失調症で，入院時平均年齢52.5歳は，何を意味するのか。2つの仮説が成り立つ。ひとつは，本節で述べてきた統合失調症の生活障害によるケアの「必要（need）」が，それまで対応していた家族ケアを超えてしまうからではないか。それは，親の高齢化等により家族によるケアが小さくなるという仮説である。もうひとつの仮説は，入院の長期化により，ケアの「必要（need）」が地域ケアの対応力を超えてしまい，退院することが出来なくなることである。

ひとつめの仮説については，本人に対するケアの「必要（need）」が大きくなることは，第1項で述べたWHOの統合失調症長期転帰の疫学調査結果から考えにくい。家族によるケアが小さくなることは，加齢に伴い，当然起こるものである。であればこそ，「親亡き後」ではなく，「親の居る間」，即ち親によるケアが小さくなる前に，ケアの担い手を親以外へ移行する支援が求められている。

もうひとつの仮説については，病院内のみでの働きかけだけではなく，地域機関も総掛かりで，地域移行に向けた働きかけが必要となる。また，長期入院とならない予防的な取り組みとして，在宅時にケアの「必要（need）」に応じた社会資源とつながる取り組みが求められている。

第2節　ケアの先行研究と用語の定義

本節では，本研究の鍵概念である「ケア」及び「ケアの脱家族化」に関する先行研究をレビューし，「ケア」を操作的に定義した。また，統合失調症ケアの脱家族化ソーシャルワークを考究する理論的枠組みとして重要と考えられる先行研究をレビューする。

2-2-1．ケアの操作的定義

「ケア」とは，極めて多義的な概念である。ケア概念に含まれる日本語を思いつくままあげると，世話，相談，支援，援助，保護，介護，介助，看護，注意，配慮，気遣い，関心，等がある。○○ケアで考えると，高齢者ケア，認知症ケア，障害者ケア，家族ケア，個別ケア，集団ケア，地域ケア，インフォーマルケア，フォーマルケア，インテンシブケア，アキュートケア，ロングタームケア，ターミナルケア，アフターケア，セルフケア，等がある。極めて幅広い意味を持つ用語である。

これらの用語は，介護や介助のように直に身体的な介助を意味する直接的（手段的）なもの，気遣いや関心のように情緒的なもの，相談や注意のように評価的なもの，相談や社会資源のコーディネイト等の情報提供，等が含まれる。なお，介助について，中西ら（2003）は，「『介助』とは，当事者の主体性を尊重して行われる，英語でいう personal assistance のことであり，高齢者や障害者を客体として保護や世話の対象とする介護 care という用語と区別している。介助では主体はあくまで当事者であるのに対し，介護では当事者は客体である」と，介助を定義している。

では，先行研究では，「ケア」をどのように定義しているのだろうか。表2-2-1に主なものを整理した。Mayeroff（1971=1987）は，「一人の人格をケアすることは，最も深い意味で，その人が成長すること，自己実現することをたすけることである」と定義している。端的に言えば，「他者の成長を支援すること」である。著書で記されているのは，母親及び父親による子どもへのケア，教師が学生や生徒へ行うケアである。障害者や精神障害者は触れられていな

表2-2-1 主要な先行研究による「ケア」の定義

著者	概念
Milton Mayeroff（1971）*ON CARING*, Haper&Row.（=1987, 田村真・向野宣之訳『ケアの本質―生きることの意味』ゆみる出版）	一人の人格をケアすることは，最も深い意味で，その人が成長すること，自己実現することをたすけることである。
広井良典（1997）『ケアを問いなおす―〈深層の時間〉と高齢化社会』ちくま新書	「ケア」という言葉は，①狭くは「看護」や「介護」，②中間的なものとして「世話」といった語彙があり，③もっとも広くは「配慮」「関心」「気遣い」というきわめて広範な意味を持つ。
広井良典（2000）『ケア学―越境するケアへ』医学書院	「ケア」とは，その人に「時間をあげる」ことである，といってもよいような性格をもっている。あるいはその人と「ともに時間を過ごすこと」自体がひとつのケアである，と考えてもよい。
三井さよ（2004）『ケアの社会学―臨床現場との対話』勁草書房	他者の「生」を支えようとする働きかけの総称。
上野千鶴子（2011）『ケアの社会学』太田出版	依存的な存在である成人または子どもの身体的かつ情緒的な要求を，それが担われ，遂行される規範的・経済的・社会的枠組みのもとにおいて，満たすことの関わる行為と関係。

出典）筆者作成

い。

　広井（1997）は，ケアを3つのレベルに分け，狭義では「看護」及び「介護」，中間的なものとして「世話」，広義では「配慮」「関心」「気遣い」と，3つに区分している。併せて，「その人に「時間をあげる」，「ともに時間を過ごすこと」をあげている。

　三井（2004）は，主に病院における看護師から患者への働きかけを素材にした研究を続け，そこからケアを「他者の『生』を支えようとする働きかけの総称」と定義している。この後に，動機による定義ではなく，志向性による定義である，と補足している。

　上野（2011）は，メアリー・デイリー（Daly：2001）の定義「依存的な存在である成人または子どもの身体的かつ情緒的な要求を，それが担われ，遂行される規範的・経済的・社会的枠組みのもとにおいて，満たすことの関わる行為と関係」を採用している。採用理由について，以下のように述べている。

ケアする者とケアされる者との相互作用性が記され，帰属先をケアする者に限定していないこと。身体と情緒を含み，世話と配慮の両面をカバーしていること。ケアの規範それ自体を社会的文脈の変数とすることにより，ケアについての規範的アプローチを脱構築する点でも，すぐれて社会学的と言えよう（傍点筆者）。

　上野の言う規範的アプローチの脱構築という視点は，序章第2節で，わが国の法制度が近代の家族規範「家族のため」に基づいており，現代の家族規範「家族であってもわたしはわたし」と齟齬があると指摘したことへの解決の方向性を示すものである。また，定義の文脈は，「身体的かつ情緒的な要求を満たすことの関わる行為と関係」であり，ケアを相互行為とし，ケアされる側の視点を捨象しないケアの関係性を問うものとなっている。

　表2-2-2は，事典「エンサイクロペディア社会福祉学」及び「現代社会学事典」による「ケア」の解説の抜粋である。「エンサイクロペディア社会福祉学」における白澤（2007）の解説では，4点述べている。1点目は，ケアは家族の中で行われていた私事化された「世話」であった。それが，高齢化社会の進展やケアを必要とする慢性疾患が多くなり，社会的対応が求められるようになった。2点目は，医学モデルと生活モデル，キュアとケア，これらの概念間のいくつかの整理が試みられている。3点目は，ケアの供給主体は，インフォーマル・セクターからフォーマルセクターまで幅広い。4点目は，ケアの類型として，手段的ケア，情緒的ケア，情報的ケア，調整（コーディネーション）の4つがある。

　鷲田（2012）の「ケア」の解説のなかで，以下5点について，触れておきたい。1点目は，「ケア」は相互行為であるもののその関係性は非対称的であるということ。2点目は，パワーバランスが非対称的であるがゆえに，ケアする側のパターナリズムがみられるということ。3点目は，ケア関係は，複数のアクターが錯綜することから，気遣い，世話，業務，感情労働といった対面コミュニケーションの諸位相が積層する関係であるいうこと。4点目は，ケアが近代家族の性別役割に基づき，女性の役とされ，代替え不在という現実のなか，女性が介護をぎりぎりまで背負い込むことを義務と受けとめ，そのことに苦しんできたということ。5点目は，ケア関係からケアの受け手は下りることができないが，ケアの与え手は下りられるという関係の非対称性がある。

表 2-2-2　事典による「ケア」の解説の抜粋

著者	概念
白澤政和（2007）「ケアとは何か」中村優一・一番ケ瀬康子・右田紀久恵監修『エンサイクロペディア社会福祉学』中央法規	・ケアとは「世話をすること」とされ，従来は家族等がそれを必要とする者を世話することであり，科学や理論，さらには技能・技術は無縁と考えられてきた。しかしながら，科学や医学の発展，さらには高齢化社会の進展に伴い，一定期間ケアを必要とする疾病等が多く生み出されてきた。この結果，治療（キュア）の不随物であったケアがキュアと同等に重要なものへと変化してきた。さらにいえば，現在の時代状況としては，ケア抜きにはキュアが成り立たない人々が多数存在するようになっている。 ・現場ではキュアとケアのあるべき関係，研究レベルでは「医学モデル」と「生活モデル」のあるべき関係が求められてきた。具体的には，ケアとキュアは対立概念であるとしてとらえたり，キュアの基礎にケアがある一体的な概念とも考えられる。さらには，ケアを広くとらえることで，ケアのなかにキュアを包摂すると考えることもできる。 ・ケアの供給主体は，家族やボランティアなどのインフォーマル・セクターから，ホームヘルパーや施設のケアワーカーといったフォーマル・セクターまで幅広い。 ・ケアの内容は，「家事」や「身辺介助」といった手段的ケアの授受から，情緒的ケアの授受まで広がり，場合によっては「情報提供」「調整（コーディネーション）」といったケアの授受をも含む，広範囲なものである。
鷲田清一（2012）「ケア」『現代社会学事典』弘文堂, 330-333	・ケアが相互行為である以上，介護の受け手も当事者の一項であるはずなのに，そこには介護される側から発せられる言葉は乏しかった。介護される側と介護する側の関係はケアの語りのうえでもきわめて非対称的であった。 ・ケアすることの意味についてのケアする側からの発言にはケアする側のパターナリズムが色濃く反映し，結果としてケアされる側に沈黙を強いることにさえなる。 ・ケアという関係は，複数のアクターの錯綜する関係であり，それとともに，語らい，気遣い，世話，業務，感情労働といった対面コミュニケーションの諸位相が積層する関係でもある。 ・実際のケアが執拗にジェンダー化されてきたことが十分に語られ，分析されることが少なかった。閉じられた家族介護の破綻という現実は，男性＝稼ぐ人（所帯主）／女性＝家族を世話する人（被扶養者）という性別役割にもとづく近代家族の表象によって固く枠取られ，そのなかでケアは圧倒的に女性（妻・娘・嫁）の役とされてきた。閉塞，つまりは代替え要員の不在という現実，介護を独りで限界ぎりぎりまで背負い込むことを義務と受けとめ（「世代間」，あるいは家族の愛情というイデオロギーの過剰な規範性），娘は母—娘の関係が再現されることに苛立ち，「嫁」という役割に押し込められることに苦しむといったふうに，ケアという相互行為には恒常的なストレスがかかる。家族介護における「共倒れ」や虐待，介護過労死，またはその裏面としての孤独死を招いてきた。 ・ケア・サービスという関係には，サービスの受け手はそこから下りられないが，与え手は下りられるという非対称性があり，そこにサービスが権力関係へと転化してしまう契機がある。

出典）エンサイクロペディア社会福祉学及び現代社会学事典より抜粋

本研究は，統合失調症者のケアを脱家族化していく実践モデルを提示していくことを目的としている。つまり，家族によるケアを社会的ケアへ移行していく実践である。序章第2節で述べたように，大規模調査の結果，同居の親は，本人へのケアを理由に退職や転職をせざるを得ない状況に陥ったり，趣味を諦めることも少なくない。本節で後述するが，本人をケアする代わりの者も少ないなかで，一身に本人のケアを担っている。罹病期間の長期化に伴い，「自分だけが犠牲になっている」や「本人の世話はしたくない」といった本人へのケアに対するネガティブな思いもみられるようになっていた。

　そこで，本研究で用いる「ケア」とは，白澤（2007）の解説を援用し，「生活障害に応じて提供される手段的，情報的，情緒的な関わりの総体」と，操作的に定義する。ケアを与え手から受け手への一方向のものとし，ケアを手段的ケア，情報的ケア，情緒的ケアの3類型とした。

2-2-2．ケアの脱家族化の操作的定義

　本研究における「ケアの脱家族化」の操作的定義を行うために，先行研究をレビューした。

　表2-2-3は，ケアの脱家族化に関する先行研究を整理し，年代順にまとめたものである。8本の先行研究のうち4本（岡原：1990，要田：1999，土屋：2002，土屋：2007）は，重度の全身性障害に関するものであり，Esping-Anderson（2001＝2001）及び落合（2022）は，国際比較から脱家族を論じ，池末（2004）のみが精神障害領域である。後藤（2012）の論考は，高齢者領域である。

　岡原（1990）は，自立生活運動における「脱家族」とは，字面と異なり，家族を全否定するものでもなく，関係を断ち切ることでもない極めて重要なインプリケーションを持つと説明する。脱家族の主題は，親により形づくられる閉鎖的空間内のみの生活となってしまい，それを障害者の方から回避しようとする意志の現れが自立生活であり，脱家族なのだと説明する。

　要田（1999）は，欧米の自立生活運動が「脱施設」を主張するだけであるのに対して，日本は，「脱家族」の主張も必要であると指摘する。

　Esping-Andersen（2001＝2001）は，世帯向けのサービス提供に取り組んでい

表2-2-3　ケアの脱家族化に関する先行研究の整理

著者	概念
岡原正幸（1990）「制度としての愛情—脱家族とは」安積純子・岡原正幸・尾中文哉ほか『生の技法—家と施設を出て暮らす障害者の社会学』藤原書店，75-100。	彼らは「脱家族」を言う。しかしそれは，家族というものを全否定しようというものではない。家族との関係を断ち切ることでもない。そこで主題となるのは，家族内部の情緒的関係によって障害者と親が閉鎖的な空間を作らされてしまい，社会への窓口を失うことなのである。それを回避しようとする意志の現れが，自立生活であり，脱家族という主張なのである。
要田洋江（1999）『障害者差別の社会学』岩波書店。	欧米の障害者解放運動（ノーマライゼーション，自立生活運動）では，「脱施設」を唱うのみであるのに対し，日本のばあい，「脱家族」が含まれている。
Esping-Andersen（2001）*A Welfare State for the 21century*，桜井書店。（=2001，渡辺雅男・渡辺景子訳『福祉国家の可能性—改革の戦略と理論的基礎』桜井書店。）	福祉国家が世帯向けのサービス提供に取り組んでいる場合，われわれはそれを「脱家族化」と呼ぶことにする。これに対し，社会的ケアの主要な担い手は家族だと福祉国家が考えている場合，われわれは家族主義的福祉国家と呼ぶことにする。戦後の数十年間，すべての福祉国家が根本的に家族主義的であり，一人の男性を一家の稼ぎ手とする古典的な家族を想定していたということである。保健ケアと教育を除けば，福祉国家は，1960年代を通じて，スカンジナヴィア諸国であれ，アングロ・サクソンの国々であれ，ヨーロッパ大陸の国々であれ，ほとんど所得維持だけに力を注いでいた。高齢者のための社会サービスや保育ケアを1960年代末になってようやく構築し始めたのである。
土屋葉（2002）『障害者家族を生きる』勁草書房	親の囲い込みからの脱出を主張するのが「脱家族」の主張である。これは日本における自立生活運動において，「脱施設」とともに掲げられた目標の一つであった。この運動の担い手である全身性の重度障害者たちは，施設や家族ではなく地域で，他人に介助を依頼して生活することを主張した。
池末美穂子（2004）「家族の立場から」『精神科臨床サービス』4，258-260。	発病時・治療開始時の若い年代の親に必要な学習の機会が乏しいのが現実で，その時期の親に向き合う医療関係者の役割の中には，回復のプロセスと社会的支援へ移行するイメージを描けるような援助が必要になってくる。高齢の親の人生が子への気遣いと介護に明け暮れている現実を踏まえ，それを知りながら関係職員がなお「頑張って」と言い続けてきた時代を終わらせる時期にきている。家族に対して過剰な役割を二度と課せないという確認が必要である。家族会や作業所につながっていても，60歳代，70歳代，80歳代の親達の病気の息子・娘への気遣いと介護の負担はほとんど軽減されていない。
土屋葉（2007）「障害者の『自立』と家族の『自立』」『女たちの21世紀』52，アジア女性資料センター，43-45。	障害者自立生活運動が「脱家族」という言葉で指摘したのは，家族のもつ「愛情」の危うさであり，より正確には規範的なものとしての「愛情」と，そうした愛情が母親に要請されることによってつくられる，母親と子どもの閉鎖的状況や息苦しさからの脱出を主張したのであった。つまり，「脱家族」とは，性別役割分業を前提とし，愛情と再生産労働が結びつけられた近代家族の構造それ自体に対する警鐘でもあったといえよう。

後藤澄江（2012）「変貌する日本の家族とコミュニティケア政策―高齢者介護の視点から」『社会福祉学研究』7，65-69．	要介護高齢者人口の増加と介護期間の長期化，また，家族形態・機能の変容という需給両面の要因によって，家族のみでは高齢者の介護を支えきれなくなった。このことから，大きな流れとしては，家族介護依存からの脱却，すなわち，「脱家族化」に向けて様々な政策が展開されてきた。ただし，政策理念としては，1980年代の「日本型福祉社会論」にみられるように，時に，家族介護を強化することを目的とした主張や政策も，並行して存在してきた。
落合恵美子（2022）「ケアの『脱家族化』と移民受け入れがカギ」『週刊東洋経済2022年7月9日号』，61．	ケアの「脱家族化」という言葉がある。家事・育児などのサービスや費用を核家族だけで担う状態から，親族，国家，市場，NPO（非営利組織）などのコミュニティへ拡大させることだ。欧米諸国では1970年代以降にケアの脱家族化が進み，欧州では福祉国家が，米国では市場が，近代以降ケアを担ってきた家族の役割を分担した。日本，韓国，台湾は，欧州型の福祉国家を目指してきた。日本はいち早く福祉国家に近づいたが，中曽根政権時代に「日本の家族は強くてすばらしいから，国家による福祉は不要」という建前で新自由主義的方向が打ち出され，欧州並みにはなれなかった。

出典）筆者作成

ない国家，すなわち，社会的ケアの担い手を家族に強いている国家を家族主義的福祉国家と類型化した。男性を稼ぎ手とする古典的家族を想定する家族主義的福祉国家は，1960年代まで，全ての先進工業国もそうであったと説明する。日本は，他の先進工業国と同様に，家族は変容しているものの，ケアの担い手を家族に強いている家族主義的福祉国家のままである。

土屋（2002）は，岡原（1990）の親によりつくられる閉鎖空間のことを「親の囲い込み」と表現し，そこから脱出し，施設や家族ではなく地域で，他人に介助を依頼して暮らすことを「脱家族」と呼ぶと解説している。そして，土屋（2007）は，規範的なものとしての家族の愛情が存在し，家族の愛情と再生産労働が家庭という閉じた空間のなかで結びついてしまうことが近代家族の構造であり，その危うさも指摘した。

池末（2004）は，子どもが発病して早い時期に，親への教育が重要であるが，その機会が少ない。発病後の早い時期から，疾病の回復プロセスと社会的ケアへ移行していくイメージを持てるような支援が必要であると指摘する。高齢の親が子への気遣いとケアに明け暮れる時代を終わらせるために，親へ過重な役割を課さないようにしなければならないと指摘する。

後藤（2012）は，高齢者領域の家族によるケアについて，脱家族化政策が展開してきたものの，同時に家族介護を強化する施策も並行して進められたと説明する。

　落合（2022）は，日本が欧米のようなケアの脱家族化政策を採らず，家族依存のケアを美化し，新自由主義的な福祉改革がなされてきたと指摘する。

　ここまで，ケアの脱家族化に関する先行研究の論考を概観してきた。これらのことから，ケアの脱家族の構成要素は，①ケアの与え手である家族と同一空間で暮らしていないこと，②ケアの与え手が家族以外にも多元化していること，③家族との関係まで断ち切るものではなく情緒的ケアは残ること，これら3点を含む必要があると考えた。そこで，本研究でいう「ケアの脱家族化」とは，「ケアを必要とする者が，定位家族から空間的に独立した暮らしを営み，手段的なケアの与え手を家族以外に委ねていくプロセス」と操作的に定義する。

2-2-3．統合失調症罹病期間と家族のケア負担

　統合失調症ケアの脱家族化を論じるにあたり，統合失調症の罹病期間と家族のケア負担について論じている先行研究をレビューした。表2-2-4は，先行研究を発表順に整理したものである。

　石原（1982b）は，全家連の1985調査の前に，熊本・宮城の患者家族調査を行い，分析している。そこでは，罹病期間の長期化に伴い，家族のケア負担は，増大し，接し方も悪化し，犠牲感が強まることを指摘している。家族と一緒に暮らすことから入院志向となっていく転換点が，発病後15年目と指摘する。また，家制度は，義務感からのケアをもたらす。非自発的で規範に拘束されたケアは，ケアする者の負担感や犠牲感を伴いやすく，患者に対する受容的態度は形成されない。にも関わらず家族によるケアは続けられる（石原：1982a）。

　岩田（1995）は，統合失調症の家族3名の語りを分析し，親子が共依存状態へとなっていくプロセスを論じ，それを「親子カプセル」と命名している。そして，統合失調症の親が必要とする社会資源は，親自身をクライエントと位置づける専門機関と専門職，同質の問題を持つ者同士の集団である家族会や家族教室であると指摘する。

　南山（1996b）は，精神障害者家族440名を対象に，2年の間隔を空けた2時

表 2-2-4　統合失調症罹病期間と家族のケア負担に関する先行研究の整理

著者	概念
石原邦雄(1982b)「精神病の長期化と家族の対応」『精神衛生研究』28, 93-107。	熊本・宮城の両県で全県的な患者家族調査を実施し，解答例2,952例をもとに，精神病の長期化がもたらす家族の態度変容について，分析した。長期化に伴い，家族の苦労（困難の訴え）は増大し，その中核は「将来の見通し不安」である。家族の患者に対する見方・接し方は長期化に伴い悪化し，犠牲感が強まる。患者の身の置き所は，家族か病院かの二者択一が中心であり，経過15年で家族志向から病院入院志向に転換する。
石原邦雄(1982a)「精神病長期療養者の家族に関する2地域調査」『精神衛生研究』25, 28-44。	熊本・宮城両県の家族調査解答例2,952例をもとに，本人に対する思い，本人との関係，問題解決に向けた態度に関する分析を行った。結果，家意識・形態レベルにおける家制度の伝統の強さは，周囲からの義務として親族扶養を期待され，家族もそのように行動する。しかしながら自発的でない規範に拘束されたケアは，負担感や犠牲感を伴いやすく，患者に対する受容的態度が形成されにくい。その状況の中でなおかつ家族がケアを担っている。
岩田泰夫(1995)「精神障害を持つ人とその親との『親子カプセル』の形成と回復」『桃山学院大学社会学論集』29(2), 1-25。	家族会に入会している統合失調症の家族3名の語りの分析から，「親は，精神障害を持つ子どもを保護し，子どもは，自信を失い，親に依存する。親は，子どもを依存させ共依存に陥り，親子カプセルを形成する」と論じた。家族に必要な社会資源は，「精神障害の子どもではなく，自分の悩みや苦しみを聞いてもらう。子どもの回復を支援したり協力する立場ではなくて，悩み苦しむクライエントという立場で相談に応じてくれる専門機関と専門職」と「自分や自分の体験を話せる家族会や家族教室」であると指摘した。
南山浩二(1996b)「精神障害者をケアする家族の負担—2時点間パネル調査の結果から」『家計経済研究』31, 61-69。	わが国における精神障害者家族に関する先行研究では，1時点データの分析によるものであり，時間経過のなかでの家族の負担状況の変化は，捉えにくい。1時点目調査を1991年，2時点目調査を1993年に実施し，分析対象440名を因子分析した。分析の結果，家族の負担状況は慢性化し，症状の変化や問題行動，医療保健福祉専門職との関係，同居家族の死去や病気，家族の結婚(話)，世帯収入額の減少，イベントや変化の生起が家族の負担状況をさらに悪化させ，累積現象がみられた。
小原聡子・西尾雅明・牧尾一彦ほか(2001)「罹病期間からみた家族のニーズと家族教室に求めるもの―全国精神障害者家族会連合会家族支援プログラムモデル事業に参加した家族へのアンケート調査から」『病院・地域精神医学』44(3), 357-363。	医療機関の家族教室参加者160名を対象に，罹病期間ごとに3群（短期群：2年未満，中期群：2年～10年，長期群：10年以上）に分け，家族教室のニーズに関する分析を行った。短期群の家族は，気持ちを打ち明けたり相談できる人（情緒的支援）と制度や病気の知識や患者への対応方法（情報的支援）のニーズが高く，困難度は他群より低値である。中期群は，自分に代わり本人をみてくれる人（手段的支援）が3群中で最も高く，困難度では将来の見通しが立てられない不安や焦りが短期群より高い。長期群では，生活困難度が増す傾向にあり，その要因は，患者との関係や介護そのものの長期化，それに伴って生じる，家族自身の高齢化等により抱える問題が多様化していくことが考えられる。

藤野成美・山口扶弥・岡村仁（2009）「統合失調症患者の家族介護者における介護経験に伴う苦悩」『日本看護研究学会雑誌』32（2），35-43。	5年以上の入院経験がある統合失調症の家族介護者23名を対象にインタビュー調査を実施した。分析の結果，現状の苦悩として「精神症状に対する対応の困難性」，「経済的負担」，「副介護者がいないこと」があり，将来の苦悩として「親亡き後の避けられない孤独」，「親亡き後の生涯を精神科病院で過ごすこと」を生成した。
半澤節子（2010）「精神障害者家族の介護負担と家族支援」『最新精神医学』15（3），245-250。	国内外の精神障害者家族の介護負担に関する研究をレビューした。結果，東アジアでは，専門職の支援やソーシャルサポートにつながるまでに，家族は緊密な家族関係のもとで患者を抱え込み，苦悩を抱きながら耐え続ける。医療や福祉の支援が導入された後にも再発という場面で最悪の状態が繰り返されるなら，「家族であらゆる苦悩」はいずれ「あきらめ」となり，親世代から兄弟世代に介護役割が世代交代される時期に，介護を精神科病院に託すという形で肩の荷を下ろすこととなる。

出典）筆者作成

点における負担状況の調査を行い，その間の変化を分析している。結果は，家族の負担状況は慢性化し，病状の変化や問題行動，医療保健福祉専門職との関係，同居家族の死去や病気，家族の結婚話，世帯収入額の減少，等のイベントや変化の生起が家族の負担状況をさらに悪化させ，累積現象がみられることを明らかにしている。

　小原ら（2001）は，家族教室参加者160名を罹病期間ごとに短期，中期，長期の3群に分け家族教室のニーズに関する分析を行っている。結果，短期群は，気持ちの分かち合い（情緒的支援）及び制度や病気の知識（情報的支援）のニーズが高い。中期群は，本人を代わりにみてくれる人（手段的支援）が3群のなかで最も高く，見通しが持てない不安が短期群より高い。長期群は，家族自身の高齢化も相俟って，介護そのものの長期化，問題の多様化がみられ，生活困難度が高い。

　藤野ら（2009）は，長期入院経験のある統合失調症者家族23名へのインタビュー調査を実施し質的分析を行っている。結果，現状の苦悩として，「精神症状に対する対応の困難性」，「経済的負担」，「副介護者がいないこと」を生成し，将来の苦悩として「親亡き後の避けられない孤独」，「親亡き後の生涯を精神科病院で過ごすこと」を生成している。

　半澤（2010）は，国内外の精神障害者家族の介護負担に関する先行研究をレビューし，統合失調症患者家族が専門的支援につながりにくい要因のひとつに

「スティグマ（stigma）」をあげ，東アジアにおける特徴を以下のように述べている。

　専門職の支援やソーシャルサポートにつながるまでに，家族は緊密な家族関係のもとで患者を抱え込み，苦悩を抱きながら耐え続ける。医療や福祉の支援が導入された後にも再発という場面で最悪の状態が繰り返されるなら，「家族であらゆる苦悩」はいずれ「あきらめ」となり，親世代から兄弟世代に介護役割が世代交代される時期に，介護を精神科病院に託すという形で肩の荷を下ろすこととなる。

　半澤（2010）の知見は，先に述べた石原（1982a, 1982b）の家族か病院の二者択一が中心であり，負担感や義務感を伴うケアとなり，家族志向から病院入院中心へ移行していくこと。また，岩田（1995）の家族カプセルの形成及び南山（1996b）の家族の負担状況の悪化及び累積現象がみられること。小原ら（2001）の家族の高齢化等により抱える問題が多様化していくことがみられること，藤野ら（2009）の親亡き後の生涯を精神科病院で過ごすことという知見を包含したものである。着目すべきは，昭和の時代の石原（1982a, 1982b）の調査研究から現在に至るまで，統合失調症家族のおかれた状況は，変わっていない。家族は，ケアの担い手としてのみ位置づけられてきたのである。

　統合失調症罹病期間と家族のケア負担に関する上記7本の先行研究を統合すると，以下の統合失調症親のドミナント・ストーリーが浮上してくる。

　統合失調症親は，本人の罹病期間の長期化に伴い，ケア負担感や犠牲感が蓄積され，自身の高齢化等の問題が生じても他にケアを委ねる術もなく，最終的に入院やむなしと決断し，ケア役割を終える。

2-2-4．ケアラー支援の4つのモデル

　J.Twigg & K.Atkinは，ケアを担っている家族への支援システムを，表2-2-5「ケアラー支援の4つのモデル」として発表し，それぞれのモデルについて説明している（Twigg, Atkin：1994）。

　最初のモデル"Carers as resources"は，介護者を「介護資源としての介護者」と位置づけるモデルである。このモデルは，介護者がほとんどの介護を担っていても，それを当然とみる。関心は，要介護者に焦点化され，介護者と

表2-2-5　J. Twigg & K. Atkin によるケアラー支援の４つのモデル

	Carers as resources 介護資源としての介護者	Carers as co-workers 専門職と共に介護を担う人	Carers as co-clients 支援対象としての介護者	Superseded carer 介護者として見做さない介護者
Definition of carer 介護者の定義	Very wide 非常に広い	wide 広い	Narrow 狭い	'Relatives' 親族
Focus of interest 関心の焦点	Disabled person 障害者	Disabled person with some instrumental recognition of the carer 障害者，介護者をある程度認知している	Carer 介護者	Disabled person and carer, but separately 障害者と介護者を個別化
Conflict of interest 葛藤への関心	Ignored 無視	Partly recognized 部分的に認められる	Recognized fully, but one way 全面的に認められるが一方通行	Recognized, but in relation to both carer and disabled person 介護者と障害者の双方の関係性
Aim 目的	Care maximization and minimization of substitution 介護の最大化と代替えの最小化	Highest quality care for the disabled person. Well-being of carer as means to this 障害者に対する最高のケアが介護者の幸福	well-being of the carer 介護者の福祉	Well-being of carer and independence for the disabled person, but seen as separate 介護者の幸福と障害者の自立を別のものと捉える

出典）Twigg, Atkin (1994) 13頁 Four models of carers 転載。筆者による和訳を加筆

　要介護者に利害関係が起こりうることは無視される。介護者は，無償の介護資源と見做され，介護者の負担軽減や介護者の担っているケアを公的ケアで対応することに関する社会的，政策的関心は低い。

　第二のモデル"Carers as co-workers"は，介護者を「専門職と共に介護を担う人」と位置づけるモデルである。要介護者の状態の改善が介護者と専門職に共有された目的で，そのために介護者の意欲，モラールが重要とされる。介護者の負担は考慮されるものの，共有された目的の範囲においてである。

　第三のモデル"Carers as co-clients"は，「支援対象としての介護者」であ

るというモデルである。介護者のストレスを軽減することで、その結果高いモラールで介護役割を継続的に果たすことを期待され、様々な形のレスパイトが効果を上げると考えられている。

第四のモデル"Superseded carer"は、要介護者と介護者を切り離し、介護者を要介護者との間で従属的に規定しない「介護者として見做さない介護者」モデルである。専門職は、介護者を家族として理解し、介護者という見方に附随する責任や義務感などの負担を課さないように、それぞれ両者を個別的に支援する。介護者が、介護役割を担うことで、介護者が市民として当然得られるべき機会を失うことが無いように、必要とされる支援を社会で準備すべきと考えるモデルである。このモデルが理想的であるとされている。

日本における統合失調症ケアは、「主たる介護資源」及び「専門職と協働でケアに従事する人」にとどまっていると考えられる。

2-2-5. ケアの人権アプローチ四元モデル

上野(2011)は、本節第1項で述べたように、Mary Daly (2001)のケアの定義「依存的な存在である成人または子どもの身体的かつ情緒的な要求を、それが担われ、遂行される規範的・経済的・社会的枠組みのもとにおいて、満たすことに関わる行為と関係」を採用したうえで、Mary Daly のケアの人権アプローチを一部修正し、図2-2-1の「ケアの人権アプローチ四元モデル(以下、上野モデル)」(上野:2011)を提唱している。

上野モデルは、ケアに関する4つの権利の集合である。その4つのケアの人権(human rights to care)とは、ケアの与え手に付与される①ケアする権利(a right to care)及び②ケアすることを強制されない権利(a right not to be forced to care)、ケアの受け手に付与される③ケアされる権利(a right to be cared)及び④ケアされることを強制されない権利(a right not to be forced to be cared)である。④には、不適切なケアを強制されない権利を含む。上野モデルは、これら4つの権利の集合である。

図2-2-1 ケアの人権アプローチ四元モデル（上野モデル）

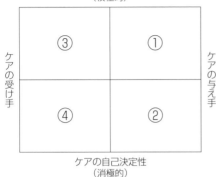

出典）上野（2011）61頁図1を一部修正

　ケアは，複数の関与者による相互行為であるため，X軸上にケアの与え手と受け手を配置し，Y軸上にケアの自己決定の両極である積極性と消極性を配置している。ケアの与え手にとっても受け手にとっても選択可能なケアは「のぞましい」ものとなる。しかしながら，選択不可能なケアは，抑圧や強制，パターナリスティックなものとなり易い。前項の石原（1982a）の家制度下における義務としての親族扶養の非自発的なケア及び罹病期間の長期化に伴う家族の負担状況等（南山：1996b，小原ら：2001，藤野ら：2009）を抱える家族によるケアは，選択不可能なケアである。それゆえ，抑圧や強制，パターナリスティックなものとなりやすい。図2-2-1は，ケアが持つ両義性「よきもの」でもあり「避けたいもの」を相対化し表している。

　上野モデルは，ケアの与え手には，①ケアする権利の裏面に，②ケアすることを強制されない権利の選択権も併せ持っている。後者の②ケアすることを強制されない権利が付与されないケアは，強制労働であり，ケアから離れられない家庭という場もひとつの強制収容所となる，と説明する。日本における統合失調症ケアは，家族によるケアを前提に制度設計がなされ，ケアの与え手である家族は，アセスメント面接を受ける権利も保障されていない。したがって，日本の統合失調症家族には，ケアの与え手となるか否かの選択権が保障されて

いない。①ケアする権利を選択する場合，ケアの与え手にとっての社会的な損失，つまり退職等により逸失利益を被ることに対する所得保障や就業保障を得られなければ，①ケアする権利を保障しているとはいえない，と上野は説明する。統合失調症ケアに伴う介護休暇制度もなく，統合失調症ケアのために退職したとしても，逸失利益を補填する介護手当等の制度もない。また，統合失調症ケアの期間における税控除や再就職支援制度もない。上野モデルから考えると日本の統合失調症家族は，①ケアする権利も保障されているといえない。

③ケアされる権利は，基本的人権のなかの社会権に含まれるものである。統合失調症者を対象とする法を振り返ると，精神病者監護法（1900年），精神病院法（1919年），精神衛生法（1950年）は，私宅監置及び強制入院の手続法であった。したがって精神衛生法までは，ケアされる権利が保障されていたとはいえない。精神保健法（1982年），精神保健福祉法（1995年）により，社会復帰施設が制度上位置づけられ，精神保健福祉法一部改正法（1999年）により，ホームヘルプ，グループホーム，ショートステイが制度化された。③ケアされる権利に対応する制度整備が始まったといえる。

④不適切なケアを強制されない権利は，③ケアされる権利でホームヘルプ等の制度が出来たとはいえ，必要（=need）に対して割り当てられるケアの与え手との関係は，非対称的である。ケアの受け手である統合失調症者が不適切と感じたとしても，交渉によりホームヘルプ等のケアの与え手を変更することは難しい。精神科病院における隔離，身体的及び化学的拘束，強制投薬，電気けいれん療法を伴う強制的な治療は，障害者権利条約対日審査の総括所見において，障害者権利委員会による懸念として表明されている（外務省訳，2022年）。国際基準では，精神科病院における上記治療は，不適切なケアを強制されていると解されている。

以上，上野モデルから日本における統合失調症ケアの人権アプローチ四元モデルについてみてきた。①ケアする権利及び②ケアすることを強制されない権利は，保障されているとはいえない。③ケアされる権利は，制度整備されてきているものの，ケアの与え手と受け手の非対称な関係性については，一顧だにされていないことから，④不適切なケアを強制されない権利が保障されているとはいえない。

2-2-6. 諸外国におけるケアラー支援の状況
(1) ケアラー支援に関する諸外国と日本の比較

　日本で介護者と聞くと，高齢者を介護する家族やケアワーカーを思い浮かべる。前者の高齢者を介護する家族の支援について，2013（平成25）年の地域包括ケア研究会の「持続可能な介護保険制度及び地域包括ケアシステムのあり方に関する調査研究事業報告書」で，以下のように記されている。

　　家族等が介護を理由に仕事や学業等の社会生活を断念せざるをえなくなること，心身に不調をきたすことは，社会全体の損失となる。介護者への効果的な支援は，最終的に要介護者のQOL（生活の質）を向上させるだけでなく，社会的な損失を縮小させるという視点をもって，介護者への支援を検討すべきではないだろうか。（傍点筆者）

　今後の行政施策を検討する諮問機関の報告書で，介護者支援の必要性について言及している。地域包括ケア研究会の後継の検討会は，サービス提供を実施している事業者のケーススタディを行い，2017（平成29）年，「地域包括ケアシステム構築に向けた効果的・効率的なサービスの提供のあり方に関する調査研究事業報告書」をまとめた。そこには，介護者支援に関する記載はみられない。介護者支援を検討すべきとした2013（平成25）年報告書の政策化は未だなされていない。湯原（2017）は，介護者支援の法制化は急務の課題であると指摘している。

　では，世界は介護者をどう位置づけ，どのような支援を行っているのだろうか。介護者は，イギリス英語ではケアラー（carer），アメリカ英語ではケアギヴァー（carer giver）やファミリーケアギヴァー（family carer giver）と表記される。職業として行うケアワーカー（carer worker）と区別するため，インフォーマル・ケアギヴァー（informal carer giver）あるいはアンペイド・ケアギヴァー（unpaid care giver）と表記されたりもする。

　WHOは，家族介護者のニーズを考慮に入れ，そのニーズに対応する政策をロングタームケア政策の一環に組み入れなければならないとした（WHO：2002）。高齢者本人や障害者本人を対象とする政策ではなく，介護者を対象とする政策の必要性を提唱している。無償の介護は，介護者の身体的・精神的な

苦痛を伴い，経済的にも損害を与えている。それゆえ，家族介護者に対する政策的な介入なしには，無償の介護は継続されないと判断されている。家族介護者支援に必要とされる政策手段は，①教育と訓練及びカウンセリングサービス，②レスパイトによる休息と休暇の保障，③介護休暇等の制度化による仕事と介護の両立，④介護に従事する期間を考慮した介護者の年金受給権の保護，⑤介護者への所得保障としての介護者手当の制度化，の5点である（三富：2008）。

介護者支援に関する単独法は，1995年，イギリスでメジャー政権のもと制定された「ケアラーズ法（The Carers（Recognition and Service）Act 1995）」が世界初である。その後，介護者の名を冠した法律は，アイルランド，アメリカ，オーストラリアでも同種の法律が制定されている。介護者と表記し，その権利を関係法令に明記する国は，フィンランド，スウェーデン，デンマーク，オランダ，ドイツ，フランス，ニュージーランドがある（三富：2011）。

こういった介護者支援の制度化を図るには，世論への働きかけと国民の理解，共感が求められる。誰もが，学校や仕事を継続しながら，家族介護者としてケアの与え手となる可能性があり，自らもケアの受け手となる可能性がある。日々新たにケアの受け手となる人が生まれ，それに伴いケアの与え手も生まれる。誰もが直面する可能性を持つ課題となることは，明らかである。介護者支援に関する法律を制定している国々は，当事者団体の運動とともに，家族介護者の状況を見える化し，世論を喚起している。

三富（2016）は，こういったアンペイド・ケアギヴァーの年間無償介護時間を全て有償の介護に置き換えた場合の支援を公表することが有効であると説明する。例えば，フランスでは，年間70億から110億ユーロに相当する介護がアンペイド・ケアギヴァーによりなされており，イギリスでは，介護者の担う無償介護時間の総計を有償の介護に置き換えた場合の試算が年間1,195億ポンドとなり，国民保健サービスの年間経費（988億ポンド，2009〜2010年）を優に上回ることを明らかにした。介護者の貢献度合いを，有償介護に換算し，国民に分かりやすく伝えることは，共感を得られる手段であり，アメリカや欧州では，定着している。

また，日本で家族介護者という用語は，高齢者の介護家族というイメージが

強い。しかしながら，国際的にはそうではない。三富（2008：6）は，そのことの差異について，以下のように言及している。

> イギリスの介護者は，ケアラーの定義に照らすとき日本の介護者といくつかの点において異なる。まず，それは，要介護高齢者の世話に当たる人々に限定されない。日本の介護者は，もっぱら高齢者の日常生活上の援助に当たる人々に狭く限定され，障がい児はもとより障がい者の世話に当たる人々を含まないことが多い。こうした事情は日本に特有であって，イギリスはもとより広く欧米諸国と国際機関あるいは国際団体には無縁である。また，介護者は要介護者の家族に狭く限定されない。全国統計局の定義に示されるように友人や隣人あるいは他のパートナーであることも少なくない。ここに言うパートナーには，婚姻に当たって法的な手続を取らない事実婚の当事者も含まれる。また，要介護者と同居しながら世話に当たる同性の介護者も含まれる。いずれも家族形態の多様化として論じられる事情の一環である。介護者ではなくあえて家族介護あるいは家族介護者と表現することによって，事実婚の一方の当事者による介護を少なくとも認知しようとしない日本の事情に比べるならば，これもイギリスを含む欧米諸国における特徴のひとつである。さらに，介護者には成人とならんで子どもが含まれる。

筆者は，2018年3月に英国バーミンガム市でメリデン・ファミリー・プログラムの視察の機会を得た。その折り，ケアラーズ法の対象が他の社会的弱者と同様に，精神障害者も対象とされていることを目の当たりにし，衝撃を受けた。介護している家族への介護手当の支給，統合失調症本人のことではなく，家族自身の相談をすることが出来ること。なかでも，家族自身の人生や高齢を理由に統合失調症の子どもとの同居をやめることを主張出来るシステム，つまり「ケアすることを強制されない権利」が担保されていたことに驚いた。本人が定位家族から独立する場合，介護を担っている家族から地域支援機関への情報提供もシステム化されていた。

一方，日本の場合，高齢者においても障害者においても，介護者に対する支援施策が無いに等しい。介護を担う家族は，無償の介護を長期間強いられることにより，身体的・精神的な苦痛，さらに経済的な損害を被り，それらを要因とする養護者による要介護者への虐待，介護殺人が社会問題化している。そして，そのことへの対策として，高齢者虐待防止法（2005年），障害者虐待防止法（2011年）が成立し，施行されている。これら虐待防止に関する法律は，要介護

状態にある高齢者本人，障害者本人の人権を擁護するための法であり，介護者の人権を擁護することを目的とする法ではない。前項で述べたように，日本の統合失調症家族は，先の Twigg & Atkin の介護者支援の4つのモデルで考えると，その多くが第一のモデル「主たるケアの与え手としての家族」である。要介護者に従属する存在となる。上野モデルで考えると「ケアすることを強制されない権利」が付与されていないばかりか，「ケアする権利」を行使するための制度整備は，皆無と言って差し支えない。古屋（2019）は，「精神障害者の親への支援は何も制度化されていない」と指摘する。また，古屋自身の地域での取り組みから，現状は，「8050問題」が高齢化の加速により「9060問題」に至り，高齢化した親と在宅精神障害者の支援には，介護保険事業者との連携が必要不可欠であると指摘している。

（2）イギリスにおけるケアラーズ法と諸外国の比較

イギリスのケアラーズ法の概要及び介護者支援の発展について，三富（2008，2010，2011，2016）の文献を中心に記していきたい。イギリスのケアラーズ法を詳述する理由は，2点ある。ひとつは，介護者を対象とする世界初の支援法であること。もうひとつは，イギリス，アメリカ，オーストラリア，経済協力開発機構，ヨーロッパ生活労働諸条件財団が一致して示す介護者支援の方法の19項目について，項目全てを実施している国は，イギリスのみである。項目の詳細は表2-2-6のとおりである。細部を比較検討していくと，例えば，介護者手当の額は，北欧の国々に比べてイギリスは，額が低く，個別項目においては，劣位となる部分もみられる。

なぜ，イギリスで介護者支援の法制化が他国より先がけて進んだのか。ケアラーズ法前史について，若干の説明を記しておく。イギリスでは，1960年代に両親の介護のために辞職した職員への年金保険料が免除され，1970年代には，介護手当が支給されるようになった。1981年，運動体として現在の英国介護者協会（以下，Carers UK）が設立される。Carers UK は，1986年に10項目からなる「介護者憲章」を公表し，1994年には政策立案とサービス給付の原則8項目を記した「介護者法典（Carers' code）を公表する。その8項目は，①介護者とニーズの承認。②選択性の確保，介護者が介護役割を担い続けるかどうか。③公平性の確保，介護者の性別，人種，文化，年齢といった属性に関わりなく

サービスを受けられる。④諮問の実施，サービス提供機関による介護者への諮問を定期的に行う。⑤情報の提供，全ての介護者へ正確で包括的な情報を提供すること。⑥実際的な援助の提供，利用のしやすいアセスメントと援助を行うこと。⑦所得保障，諸手当の申請の援助とともにサービスの利用量負担を少なくすること。⑧サービスの調整，効果的に協同を重ねサービスを給付すること，の8項目である。運動体は，Carers UK だけではない。1986年，キングス・ファンドにより設立された介護者支援チーム（Carers Unit, 1989 年までの名称は，Informal Caring Support Unit）も介護者支援の政策形成に大きな影響を与えている運動体である（三富：2008）。

　1986年，"The Disabled Persons（Service, consultation and representation）Act 1986"（障害者サービス・相談・代理に関する1986年法）が制定された。1986年法は，障害のある要介護者のニーズアセスメントにおいて，介護者の介護継続可能性に考慮をはらわなければならないとしている。介護者のニーズを承認した最初の法である。この法では，介護者を「恒常的に介護を提供し続ける他の人物」と表記している（三富：2008）。

　1995年，介護者支援に関する世界初の単独法 "The Carers（Recognition and Service）Act 1995"（介護者の承認とサービスに関する1995年法）が成立する。この法では，介護者に介護能力および介護持続能力に関するアセスメント請求権を認めた。自治体には介護者の請求に応じ，アセスメントを実施することを法的に義務付けた。また介護者が希望すれば，要介護者とは別の場所でニーズアセスメントを受ける機会や，要介護者の担当ではないソーシャルワーカーによるニーズアセスメントを受けることも保障した（梅崎ら：2000）。

　一方で，介護者のアセスメント請求権は，要介護者のアセスメントが実施され，介護者からの請求があった場合に限定された。そのため，アセスメント請求権を知る介護者は3人に1人程度であった。また，自治体への財源の手当がないままの法施行であり，政府の消極的な対応は批判された。そもそも政府の関心は，介護の継続可能性の確保にあり，介護者が制限されている余暇活動や生涯教育の権利擁護は，法の射程として想定していないことは，表2-2-7のアセスメント調査項目からも分かる（三富：2008）。

　1986法からの改善点は，介護者の範囲を拡げたことだ。介護者の定義は，

表2-2-6　介護者支援の方法に関する国際比較

	イギリス政府，介護者のための全国戦略（1999年）	スコットランド行政庁（2006年）	アメリカ家族介護者支援事業（2000年）	オーストラリア介護者支援計画（2007年）	経済協力開発機構（1996年）	ヨーロッパ生活労働諸条件改善財団（1993年）
介護者へのサービス						
介護者の早期の確認	◎	◎				
休息と休暇の保障	◎	◎	◎	◎	◎	◎
情報提供と助言	◎	◎	◎	◎	◎	◎
カウンセリング	◎	◎	◎	◎		◎
介護者自助グループ	◎	◎	◎	◎		◎
介護者支援センター	◎	◎				◎
介護技術の訓練	◎	◎	◎	◎	◎	◎
交通手段の確保	◎					
介護を担う子どもへの支援	◎	◎		◎		
介護者へのアセスメント	◎	◎				
支援計画策定への参画	◎	◎				
所得保障						
介護者手当	◎	◎		◎	◎	◎
年金受給要件と介護期間考慮	◎					◎
仕事と介護の両立						
柔軟な働き方	◎	◎			◎	◎
介護休暇制度	◎	◎			◎	◎
要介護者へのサービス						
住宅サービス	◎	◎	◎	◎	◎	◎
住宅の改修	◎	◎				◎
障がい者の地方税の縮減	◎					
その他						
職員への介護者問題啓発	◎	◎		◎		◎
介護者支援方法の合計	19	16	6	9	8	13

出典）三富（2008）34頁表序-4を転載

表2-2-7　アセスメント調査項目

	1997年12月〜98年10月	2002年5〜9月	2003年10月〜12月
介護者の健康	29	72	46
休息や休暇の取得		69	67
介護作業		52	
介護の精神的な負担		51	46
緊急時の対応		28	22
他の家族責任		22	33
就業	9	13	17
教育訓練	7	7	8
介護者の希望	39		

出典）三富（2008）198頁表3-10を転載

「定期的に相当量の介護をするすべての年齢層の者（職業・ボランティア活動での介護従事者を除く）とされ，障害だけでなく，育児，養護，介護を含む広範なもの」となった。（森山：2021）。

1999年，労働党ブレア政権が始まり，保健省（Department of Health）は，「ケアラーのための国家戦略（10年計画）」（1999年）を発表する。森山（2021）によると，そこには，以下の9の政策パッケージが示されている。①自治体にケアラーのニーズを取り上げることを認めるための新しい立法措置を講じる。②介護に従事した期間を国の第2年金期間に算入する。③2050年までに，ケアラーに対して現在価格で週50ポンド受給できる提案を行う。④より高齢者となった人がケアされる場合に，地方税を減額する。⑤ケアラーセンターなどを含めて，近隣サービスの体制づくりの援助を行う。⑥ケアラーが仕事に戻れるように，支援の拡充を図る。⑦新しい国勢調査において，ケアラーに関する情報の不備を補うための質問項目を設ける。⑧ヤングケアラーには，登校支援を含めて援助する。⑨ケアラーのブレイク（休息）のために特別予算を組む，以上9の政策パッケージである。

2000年に成立した"The Carers and Disabled Children Act 2000"（介護者及び障害児法）は，介護者のアセスメント請求権が要介護者の権利に従属していたものを介護者独自の権利として承認している。短期の休息期間を確保するた

めのサービス引換券制度が創設され，介護者の休息や休暇の機会というサービスの拡充の基礎を築いた法である。

2004年，介護者の名を冠する3番目の法律"The Carers (Equal Opportunities) Act 2004"（介護者への均等な機会2004年法）が成立する。三富（2008）の解説によると，介護者へアセスメント請求権があることを告知する義務を自治体へ課した。また，アセスメントに際して，介護の査定だけでなく，介護者の就業，余暇活動，生涯学習にも考慮を払うこととされた。2004年法は，介護者像の転換を図ったといえる。介護者は，要介護者に従属する介護者としてではなく，仕事と介護の両立を政策上の課題としたのである。介護者が，他の人々と同じように労働市場に参加するとともに余暇をごく普通に享受することが出来るように，社会的な包摂の促進を射程としている。

2-2-7．家族によるケアと専門職によるケアの差異

前項では，介護者支援を法制化していくためには，アンペイド・ケアギヴァーの年間無償介護時間を全て有償の介護に置き換えた場合の支援を公表することが有効であると述べた。

では，家族によるケアとホームヘルプサービスや訪問看護等，専門職によるケアは，同質のものなのか。E. Kittay (1999=2010) は，それらケアの供給源の違いについて，以下のように述べている。

> （家族の担う）ケアの仕事の中身は，機能上拡散しているので，必要なことは何でもしなければならないのに対して，専門家によるケアは情緒的中立性・普遍性・機能限定性で特徴づけられる。

つまり，家族によるケアは，暮らしにおける一連の流れのなかにある。例えば，夕食を作り，食後の服薬管理を行い，清潔の保持のために，入浴を促す。といった具合に，ひとつひとつのケアが「これは家事援助」，「これは疾病管理」と機能分化されているのではなく，必要に応じて，その都度ケアをしている。

個々の家族員は，家族の時間，プライベートな時間，接続している社会の構成員としての時間，とそれぞれが主体的に時間を配分し，家族との調和を保ち暮らしている。そこに，本人へのケアの時間が加わることは，それらの時間を

圧迫することを意味する。多くの場合，本人へのケアを効率的に短時間で終わらせたいというベクトルが働く。統合失調症は，テンポがゆっくりである，との言説は実践現場でよく耳にする。アンダーソンは，「統合失調症は，内的外的環境からくる刺激や情報を適切に処理できないだけでなく，予測できる条件下においても，刺激に対する処理が遅いという基底にある欠損（傍点筆者）」（Anderson et al.：＝1988：39）を指摘する。このテンポのゆっくりさは，より一層，ケアを短時間で終わらせたい家族の思いに拍車をかける。それが，E. Kittay の言う「家族の担うケアの仕事の中身は，機能上拡散している」こととなる。

　他方，専門家によるケアは，法規定と契約によりケアの内容が定型化され，時間の制限も伴う。当然のことながら，機能限定的なものである。例えて言えば，訪問看護が，買い物や食事づくりをすることはないのである。

第3節　同居家族による統合失調症ケア

　本節では，家族が担っているケアについて，家族会が実施した5回の大規模調査の報告書（1985調査，1991調査，2005調査，2017調査，2020調査）から分析した。分析結果である家族の担っているケアについて，第1節で整理したICIDH，ICF，IADL の知見から演繹的に考察する。

2-3-1．統合失調症ケアを家族が担う理由

　前節第3項で，統合失調症罹病期間と家族のケア負担について，先行研究をレビューした。「罹病期間の長期化に伴い，親のケア負担感や犠牲感は蓄積していき，親自身の高齢化等の問題が生じても他にケアを委ねる術もなく，最終的に入院やむなしと決断し，ケア役割を終える」と，統合失調症親のドミナント・ストーリーが浮上すると述べた。

　第1章第1節では，統合失調症家族研究における発病の原因を親とする家族病因論は，治療の対象として親を位置づけ，偏見・差別を助長したことに言及した。再発の原因を親に求めるEE 研究は，教育の対象として親を位置づけ，再発予防に貢献した。他方，EE 研究及びストレスコーピングモデルの知見を

還元した統合失調症家族への心理社会教育は，家族によるケアを前提とし，数多ある再発の誘因をミクロレベルの家族の責任に帰結させるおそれがあることを指摘した。

第1章第2節では，法制度が，監護義務者，保護義務者，保護者，家族等，と名称を変更させながら，統合失調症家族に過重なケアを強い続けてきた歴史を概観した。その結果として，統合失調症親と本人が共依存関係に陥れる可能性があることに言及した。

先述した統合失調症親のドミナント・ストーリーは，発病の原因を家族とする家族病因論等により醸成された社会の偏見・差別，家族を教育の対象としてのみ位置づける実践，家族に過重な責任を強いる法制度，この三者の必然的帰結である。

では，統合失調症親の心理はどうなのか。殿村ら（2009）は，統合失調症と躁うつ病の家族554名を対象にホームヘルプサービス（以下，HH）の利用状況調査を実施した。84.5％がHHの利用経験がなく，利用しない理由では，「世話は家族がするべき（と考える）」が最も多かった。表序-2-1の家族会の1996調査では，「本人の世話をするのは自分の役目」という回答が94.0％となっている。また，家族会員は，家族会が親亡き後を見据えて設立したグループホームに子どもを入所させず，親が自宅で世話を続ける（岩田：1995）という報告もある。

統合失調症親は，「ケアすることを親自身の役目」と捉え，それゆえ，HH等の社会資源の利用に抑制的であることを先行研究は示している。こういった統合失調症親の思考及びケア行為は，歴史的，制度的，実践により醸成された社会的・文化的背景，即ち「家族ケアを前提とした制度設計」と統合失調症に対する「社会の偏見・差別」に拠ると考えられる。

2-3-2．家族会の大規模調査結果から見えてくる家族によるケア

家族会の大規模調査は，表序-2-1のとおり，これまで7回実施している。調査名は，調査年を付した略語を用いる。1985調査では，精神分裂病の回答を統合失調症に置き換えている。7回の調査のうち，本人の疾患名を尋ねているのは，表2-3-1のとおり4回である。インフォームドコンセントがなされる

表2-3-1　大規模調査における本人の疾患名

	統合失調症	気分感情障害	非定型精神病	病名分からない	その他
1985調査	68.7%	6.0%	1.7%	7.6%	16.0%
2010調査	82.7%	5.7%	1.9%	1.1%	8.6%
2017調査	80.3%	7.9%	1.0%	0.6%	10.2%
2020調査	75.3%	11.0%	0.5%	0.9%	12.3%

表2-3-2　家族と同居・非同居比率

	家族と同居	非同居	無回答
1996調査	79.0%	14.8%	6.2%
2010調査	79.5%	20.5%	
2017調査	75.6%	24.4%	
2020調査	75.5%	24.5%	

表2-3-3　同居の種別

	定位家族	生殖家族	その他
1991調査	71.6%	10.5%	17.9%
2020調査	83.6%	2.0%	14.4%

出典）大規模調査報告書をもとに筆者作成

ようになった近年の3回の調査では，統合失調症の占める割合が8割前後となっている。

　1985調査では，統合失調症の比率が68.7％であり，近年の調査に比べて低く，「病名分からない」が7.6％，「その他」が16.0％と高い比率となっている。これは，インフォームドコンセントが今日ほどなされていないことを示唆している。そのため，1985調査では，調査対象者のうち，本人・家族に医療機関からの情報入手の同意を得られた事例調査172例について，医療機関へ病名の照会を行ったところ，統合失調症比率が93.1％であった。それゆえ，1985調査における統合失調症の比率68.7％は，精神分裂病と病名告知がなされた調査対象者であり，病名告知がなされていない統合失調症を含むと他の調査と同様の比率であると推察される。

　表2-3-2は，家族と同居・非同居の割合を整理したものであり，表2-3-3は，家族と同居している者を対象に同居の種別を整理したものである。成人後も定位家族で暮らしている者が多いことを示している。

　家族会の実施した大規模調査での本人の診断名は，統合失調症が8割前後と多数を占めており，家族と同居している者の同居の種別をみると，生殖家族の

比率は低く，7割から8割強が定位家族で暮らしている。これらのことから，大規模調査の結果を分析することで，家族による統合失調症者へのケアの実態を捉えることが出来ると考えた。

表2-3-4　家族による本人へのケア

	食事	生活リズム	保清	金銭管理	通院	服薬管理	近所付き合い
1985調査		84.6%			89.1%		
1991調査		65.3%			64.6%		
2005調査		39.5%	63.1%		44.4%		
2017調査	37.1%	35.3%	40.2%	36.8%		17.9%	55.1%
2020調査	64.9%	58.2%	48.2%	58.5%	47.2%	45.7%	61.9%

出典）大規模調査報告書をもとに筆者作成

　表2-3-4は，7回の大規模調査のうち，本人へのケアに関する項目がない1996調査及び2010調査を除く5回の調査結果を記している。設問及び補問の内容は，調査年により，少しずつ変化している。1985調査の設問は，「障害者に対する家族の援助協力行動（在宅群）」であり，補問の「清潔・身だしなみ，規則的な生活を送るよう配慮」は，「生活リズム」と「保清」を統合した。補問「通院・服薬するように働きかける」は，「通院」と「服薬管理」を統合した。他の補問では，「病状の観察・悪化時適切な処理」と「話に耳を傾け相談にのる」が7割（グラフのため詳細不明）を超え，「友人を作るよう働きかける」46.2％，「生活のはりを見つけるよう働きかける」47.2％，「自分にあった仕事を探すよう働きかける」65.0％，「将来のためにお金や資産を貯える」50.2％，となっている。

　1991調査の設問は，1985調査を踏襲したものとなっている。他の補問では，「病状の観察・悪化時適切な処理」56.7％，「話しを聞き相談にのる」60.1％，「友人づくりへの配慮」36.4％，「生活のはりを見つけるよう配慮」38.0％，「自分に合った仕事への働きかけ」51.6％，「将来のため金銭や資産を蓄える」40.9％，となっている。

　2005調査の設問は，「お世話なさっている方が，本人に対してどのようなこ

とをしているか（複数回答可）」であり，「通院」と「服薬管理」を統合し，「通院・服薬に関する配慮」としている。他の補問の回答状況は，「言葉かけ」63.0％，「身体の障害・身だしなみの手助け」38.1％，「症状についての相談」49.7％，「制度利用の手続援助」49.3％，「対人関係の調節援助」28.6％となっている。

2017調査の設問は，「ご本人の現在の日常生活の状況及び社会生活の状況」であり，補問ごとに，「問題なく行える」「ある程度行える」「時に助言」「強い助言や援助を必要」「常に援助を必要」の５件法で尋ねている。表２−３−４には，「時に助言」，「強い助言や援助を必要」，「常に援助を必要」の和を％で記している。

2020調査の設問は，「回答いただく方（あなた自身）が，ご本人さんに対して行っている支援（ケア）についてお尋ねします」であり，「ひとりでできる」「まれに支援が必要」「ときどき支援が必要」「たいてい支援が必要」「常に支援が必要」の５件法で尋ね，表２−３−４には，「ときどき支援が必要」「たいてい支援が必要」「常に支援が必要」の和を％で記している。

上記のとおり，５回の調査は，設問及び補問で日常生活を送るうえで求められるIADLのレベルを問う内容となっている。統合失調症者は，IADLを苦手としていることを本章第１節第４項で述べた。診断名で統合失調症が多くを占めることから，いずれの補問についても40〜70％の家族がケアを担っていると回答している。

同居家族は，統合失調症者が苦手とする日常生活上のIADL項目「食事」，「保清」，「金銭管理」，「通院」，「服薬管理」等の手段的なケアを高い比率で担っている。また，それだけでなく，「生活リズム」，「友人を作るよう働きかける」，「話しを聞き相談にのる」等の情緒的なケアや「近所付き合いの相談」，「制度利用の手続援助」等の情報的なケアまでも担っている。こういった親による献身的なケアは，統合失調症者が在宅生活を継続する要件となっていることを示唆している。

同居家族による手段的ケアや情緒的ケアは，Maslow（1970）の欲求の５段階説に即して考えると，何に相当するのか。本人にとっては，「生理的欲求」及び「安全の欲求」という原初的な欲求に相当する。現行の障害者総合支援法に

おける通所系サービスや就労系サービスは,「所属と愛の欲求」や「承認欲求」という高次の欲求に相当する。家族と同居している統合失調症者の社会参加の実態は,家族による無償のケアにより「生理的欲求」と「安全の欲求」が満たされていることを前提としていると考えられる。

2-3-3. ICIDH, ICF, IADL の知見から家族によるケアの考察

本項では,家族の担っているケアの実態を ICIDH, ICF, IADL の先行研究の知見から演繹的に考察してみたい。ケアを本章第2節第1項で定義したケアの3類型である「手段的ケア」「情報的ケア」「情緒的ケア」に分けて考究する。手段的ケアには,「食事」,「保清」,「金銭管理」,「通院」,「服薬管理」がある。

例えば「食事」は,何を食べるかを決め,家にある食材と買う食材と分量を考え,手順に沿って調理をし,後片付けを行う。この一連の動作が上手く出来ないのは,ICF の視点からの機能障害で述べた「記憶の保管と再生・ワーキングメモリの障害」,「時間的順序が混乱する」(山本ら:2003) に拠り起こると考えられる。また,調理は,切る,煮る,焼くといった複数の動作の組み合わせ,即ち IADL そのものである。それゆえ,支援や助言が求められる場面となる。

同種の理由から「金銭管理」も苦手となりやすい。金銭管理とは,1か月の生活費を必要経費と臨時の経費を勘案し,マネジメントすることである。いわゆる「やり繰り」である。「食事」で述べた要因に加えて,ICF の機能障害「抽象化・概念化」「時間軸での思考の障害」も要因として考えられる。ICIDH では,見浦 (1981) が生活障害としてあげている。

「保清」は,入浴,洗面,掃除,洗濯,清潔の保持である。ICIDH の知見である「生活を主体的に営むことの障害」や ICF の知見である「整理整頓が苦手」により,活動制限として「自己の清潔や入浴や着替え,洗面,歯磨き等のセルフケア能力の障害」(昼田:2007) により,表れると考えられる。

「通院」は,主治医に自らの現状を的確に伝え,主治医の説明を正確に理解するというコミュニケーションの場面と,公共交通機関を利用し病院まで行くというふたつの行為が求められる。前者のコミュニケーションにおいては,症

状等の重要なことを伝え忘れたり，説明を正確に理解出来なかったりという事態が起こる。ICIDH の知見としては，臺 (1985) の「挨拶・他人に対する配慮 (対人関係の障害)」や過敏 (見浦：1981)，ICF の「本質的な事柄を抽出する障害」(昼田：2007)，「抽象化・概念化」の機能障害により，コミュニケーションが上手くとれないと考えられる。後者は，他者の視線が気になり「容易にくつろげない」(昼田：1989) という過覚醒により表れると考えられる。

「服薬管理」は，定期処方薬や頓服薬の服用を意味する。定期処方薬の飲み忘れにより，症状悪化の誘因となったり，不眠や状態が悪化しているのに頓服薬の服用を忘れたりすることがある。病気の受容だけでなく，なぜ服薬が必要なのか。ICF の「意味記憶」(山本ら：2003) を苦手とすることも要因にあると考えられる。

情報的ケアとして，「近所付き合いの相談」，「話しを聞き相談にのる」，「制度利用の手続援助」をあげている。このうち，「近所付き合いの相談」及び「話しを聞き相談にのる」は，前述した「友人を作るよう働きかける」と ICIDHと ICF の障害と同じ要因があると考えられる。付け加えるとすれば，ICF の活動制限で「対面状況で顔がつくほど接近したり，離れすぎたりと，適切な間合いをとれない」「表情から相手の感情を読み取る相貌認知テストの不良」(昼田：2007) も影響していると考えられる。友人という「私とあなた」という距離感の関係性と，顔と名前は知っている近所の人という関係性による距離感の違いが掴めないでいる。

「制度利用の手続援助」の ICIDH 及び ICF の根拠となる背景は，「通院」で述べた主治医とのコミュニケーションと重なるものである。

情緒的ケアには，「生活リズム」，「友人を作るよう働きかける」があげられる。「生活リズム」は，規則的な生活をすることである。昼夜逆転等の生活リズムがしばしば乱れる。ICIDH の「生活経過の不安定さ (Life events に対する特異的な反応)」(中澤：1996) が主要因であると考えられる。

「友人を作るよう働きかける」は，親しい仲間が出来にくいという状況がある。これは，ICIDH の機能障害「人づきあい，挨拶，他人に対する配慮，気配り，しばしば尊大と卑下の孤立」(臺：1985) や「慣れるのに時間がかかる。容易にくつろがず常に緊張している。冗談が通じにくく堅く生真面目」(昼田：

1989),ICF の活動制限「自分が知っていることは相手も知っているはずだと思う脱中心化の困難さ」,「何気ない他者のことばを自分に向けられた悪意と被害的に受け取り,ストレスを抱え込む」(昼田:2007)に拠ると考えられる。

　以上,家族が担っている手段的ケアである「食事」,「保清」,「金銭管理」,「通院」,「服薬管理」,情報的ケアである「近所付き合いの相談」,「話しを聞き相談にのる」,「制度利用の手続援助」,情緒的ケアである「生活リズム」,「友人を作るよう働きかける」を必要とする根拠を ICIDH,ICF,IADL の先行研究の知見から演繹的に考察した。統合失調症は,日常生活の様々な場面において生活のしづらさが表れ,その折々で,助言・指導といった手段的ケア,情報的ケア,情緒的ケアが必要であることを示唆している。

2-3-4. 小括

　本節第2項では,家族が担っている統合失調症者へのケアの内容を大規模調査により整理した。そのうえで前項では,統合失調症者がケアを必要とする根拠を本章第1節の ICIDH,ICF,IADL の先行研究の知見から演繹的に考察した。

　なぜ,統合失調症の親は,手段的ケア,情報的ケア,情緒的ケア,とあらゆる日常生活の場面でケアをしているのか。本章第2節7項「家族によるケアと専門職によるケアの差異」で,統合失調症は「刺激に対する処理が遅い」(Anderson et al.:=1988:39),とテンポがゆっくりであることを記した。親は,24時間という時間の枠内に家事を収める必要がある。テンポの遅い統合失調症本人のペースに合わそうとすると24時間の枠内に家事を収めることが出来なくなる。それゆえ,親によるケアは機能拡散的となり,結果として,あらゆる日常生活の場面において,ケアの与え手となっていくと思われる。

第3章

隣接領域におけるケアの脱家族化をめぐる実証研究

　統合失調症ケアの脱家族化ソーシャルワークの実証研究を進めていくために，ケアの脱家族化の実証研究を抽出した。ソーシャルワークの実証研究であることから，ケアの脱家族化のステークホルダーである本人，親，ソーシャルワーカーの三者の関わりに着目した。第1節では，ケアの脱家族化実証研究の抽出を行い，分析枠組みを設定した。第2節では，全身性障害ケアの脱家族化の実証研究をレビューする。第3節では，知的障害ケアの脱家族化実証研究をレビューする。第4節では，薬物依存症ケアの脱家族化実証研究をレビューする。第5節では，全身性障害，知的障害，薬物依存症のケアの脱家族化実証研究の比較検討を行う。

第1節　ケアの脱家族化実証研究の抽出

3-1-1. ケアの脱家族化比較研究の分析対象

　2023年8月，論文検索データベース「Cinii Articles」を用い，「脱家族化」，「脱家族」，「介護者支援」×「障害」，「ケアラー支援」のキーワードで検索したところ，表3-1-1のとおり，243本の論文がヒットした。成人した障害者本人のケアを親によるケアから社会的ケアへと移行する定位家族からの独立，即ち「ケアの脱家族化」に関する実証研究は，身体障害4本，知的障害2本，精神障害2本の合計8本と低調である。精神障害においては，筆者の研究のみである。そのため，当該論文の引用文献のなかで，ケアの脱家族化実証研究と考えられる文献も分析対象として加えた。統合失調症は，前章で述べたように疾病と障害を併せ持っている。疾病性という点では，思春期に発症すること，社会的偏見・差別があり疾病の受容が困難である。この点において，薬物依存

症は統合失調症と共通する。そこで，分析対象として，薬物依存症も加えた。なお，「Cinii Articles」による検索結果の「その他」は，「子育て」及び「高齢者」領域と制度政策論の論文が多数を占め，「ケアラー支援」のキーワード検索では，ヤングケアラーとケアラー支援条例が多数を占めている。

表3-1-1　CiNii Articles による実証研究論文のキーワード検索の結果

キーワード	ヒット数	身体障害	知的障害	精神障害	その他
脱家族化	46	0	0	1	45
脱家族	66	3	2	1	60
介護者支援×障害	13	0	0	0	13
ケアラー支援	118	1	0	0	117
計	243	4	2	2	235

出典）CiNii Articles による論文検索の結果（2023年8月14日検索）

　第2節でレビューする全身性障害本人に対する三毛（2007a, 2007b, 2007c）の実証研究は，2本が参与観察であり，1本がM-GTA（木下の修正版グラウンデッド・セオリー・アプローチ）である。

　第3節でレビューする知的障害親の実証研究（森口：2014）は，質的データ分析法である。福田（2017，2018）の知的障害親の実証研究及び知的障害本人の実証研究は，TEM（Trajectory Equifinality Model）である。

　第4節でレビューする薬物依存症の実証研究（山野：2001, 2002）は，アクションリサーチである。安髙（2016）の実証研究はフォーカスグループインタビューをKJ法で分析している。五十嵐（2011）の実証研究は質的分析ソフト（Max QDA 2007日本語版）を用いて，KJ法の基本原理を利用し分析を行っている。

　以上，ケアの脱家族化の実証研究の文献全てが，質的研究の論文である。

3-1-2．質的研究のメタ統合

（1）質的研究の特徴とメタ分析の有用性

　全身性障害，知的障害，薬物依存症，統合失調症のケアの脱家族化の先行研究は，全て質的研究により行われている。

質的研究とは何か。いくつもの言説があるが，「対象者の社会経験が，どのようにつくられ意味づけられるかに重点を置いた問いに答えようとする」(Denzin, Lincoln：2000＝2006) の定義は，質的研究の本質を端的に言い表している。末武ら（2016）は，「主観性を科学（化）することである。認識や行為は経験に基づいており，その経験は主観的／主体的なものである」と説明している。つまり，アウトサイダー的な外部からのエティック（etic）な視点ではなく，対象者の内側からの視点を重要視するイーミック（emic）なアプローチであるといえる。質的研究の分析は，対象のおかれている状況や関係性をイーミックな視点から「文脈」として捉え，対象者の認識と行為をリアルに記述するものである。それゆえ，実践現場への応用可能性，有用性は極めて高い。

　他方，質的研究法には，「記述による研究（the study of description）と概念化研究（the study of conceputualization）」（木下：2020）があり，多くのオーソライズされた研究手法が存在している。ひとつひとつの研究上の知見は，固有の状況下にある対象者と社会との関係性や相互作用を意味解釈したものであり，他の研究成果との比較研究が難しいと考えられている。

　こういった個々別々に存在する質的研究の知見を集積したり統合化したり，比較検討したりする方法として，Noblit&Hare（1988）や Paterson ら（2001）の質的メタ統合（meta-synthesis）の方法が提唱され，看護領域を中心に，実践知の体系化が図られている（植村ら：2016）。

　宮﨑（2008）は，「メタ統合（meta-synthesis）とは，複数の質的な一次研究（primary qualitative research）の結果（findings）を結合して，ある目的について，新たな，かつ拡大された理解をもたらす一連の方法論的アプローチを意味する」（傍点筆者）と説明している。

（2）メタ統合の方法

　Paterson ら（2001＝2010）は，メタ統合について，以下のように述べている。

　　メタスタディは，解釈的なアプローチである。その基盤は構成主義志向の認識論に基づいており，ある現象についての知識を個人がどのように構築あるいは再構築するかについての理解を深めようとする。どのようなメタ統合アプローチにおいても，研究知見の構築は2つのレベルで起こることを理解しておくことは重要である。
　　(a) 一次研究論文の著者は，データについての彼ら自身の理解と解釈に基づいて研究

知見を構築した。
　(b) メタ統合者は，一次研究者の構築したものに関するメタ統合者自身の解釈に基づく説明を構築し統合する。したがって，メタ統合者は構築の構築を扱っている。
（傍点筆者）

　植村ら（2016）は，メタ統合を「複数の質的な一次研究の結果を統合して，ある目的について，新たな，かつ拡大された理解をもたらす一連の方法論的なアプローチ」と定義している。

　本章では，抽出した「ケアの脱家族化」実証研究である全身性障害，知的障害，薬物依存症の親及び本人がケアを脱家族化するイーミックな体験の分析結果を集積し，それぞれの特徴を明らかにすることを目的としている。

　表3-1-2は，Patersonら（2001=2010）が整理したメタスタディの研究プロセスである。メタ統合は，図3-1-1のとおり，メタデータ分析，メタ方法，メタ理論，メタ統合の4つの構成要素から成る。メタデータ分析，メタ方法，メタ理論の分析は，連続して行われるものではなく，同時に行われることが多い。本章では，全身性障害，知的障害，薬物依存症，それぞれの領域におけるケアの脱家族化の特徴を把握するため，Patersonら（2001=2010）の手続を援用し，以下のように行った。

1) ケアの脱家族化実証研究の問いの明確化

　関心は，「ケアの脱家族化におけるステークホルダーである本人・親・ソーシャルワーカーの関与」であり，以下5点に着眼した。①ケアの脱家族化における最初の提案者は誰なのか（以下，起点），②社会的・文化的背景によるケアの脱家族化の促進要因と阻害要因にはどのようなものがあるのか，③ケアの脱家族化プロセスにおける本人と親のパワーバランスはどのように推移していくのか，④同質の問題を持つピアの関与とその影響，⑤ケアの脱家族化においてソーシャルワーカーはどのような関与をしているのか，の5点である（塩満：2025）。

2) メタ統合の対象とする文献

　1）で述べた着眼点5点のうち，4点以上を含む文献を選定した。

3) 対象文献の精読

　選定した文献を精読し，理解を深めた。その後，1）で述べた着眼点から再度，各文献を精読した。

表3-1-2　メタスタディの研究プロセス

研究の問いの形成	・仮の問いを形成する ・理論的枠組みを選択する ・研究の鍵となる概念の使用可能な定義をつくる ・研究結果を予想する ・問いを洗練する ・一次研究の評価基準をつくる
一次研究の選択と評価	・包含するあるいは除外する基準を明らかにする ・適切なデータ源を特定する ・スクーリーニングと評価の手続 ・データを獲得する ・ファイリング（書類整理）とコーディングの方法をつくる
メタデータ分析	・分析方法を設定する ・ファイリング（書類整理）とコーディングの方法をつくる ・データをカテゴリに分ける ・分析者間でコーディング方法を統一する ・知見を研究の問いに関連させて検討し，解釈する
メタ方法	・選択した論文の方法論的な特色を特定する ・方法論的な特色がどのように研究結果に影響しているのか詳しく述べる
メタ理論	・論文中の理論的枠組みと現出しつつある理論にみられる主要なパラダイム／学派を明らかにする ・理論を，より広い，社会的，歴史的，文化的，政治的な文脈に関連させる
メタ統合	・領域への明確な貢献内容の長所と限界を批判的に解釈する ・特定の理論の基礎をなす重要な前提条件を明らかにする ・領域のパラドックスや矛盾について代替の説明案をさがす ・現存する理論的見地との整合性をもつかまたはもたないか，それはなぜかを確定する
結果を広めること	・適切な読者を決定する ・結果を広める適切な手段を決定する ・知見について書いて発表する

出典）B.L. パターソンら著，石垣和子ら監訳（2010）『質的研究のメタスタディ実践ガイド』，13頁表メタスタディのプロセスを転載（Paterson, Thorne, Canam, Jillings（2001））

4) 該当か所の抽出とコーディング

各文献の1) で設定した着眼点に該当する箇所を抽出し，Meta-Data-Analysis（メタデータ分析）により意味解釈を行い，コーディングを行った。

5) コードを阻害要因と促進要因に分類

1) における②社会的・文化的背景は人間の行動を規定し，ケアの脱家族化

図3-1-1 メタスタディ（Meta-Study）の構成要素

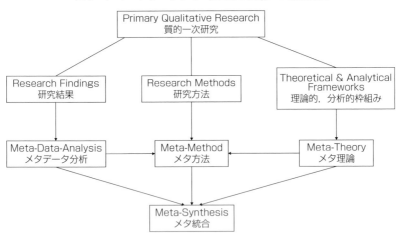

出典）B.L.パターソンら著，石垣和子ら監訳（2010）『質的研究のメタスタディ実践ガイド』,11頁図メタスタディの構成要素を転載（B. L. Paterson, S. E. Thorne, C. Canam, C. Jillings (2001)）

の阻害要因にも促進要因にもなることから，阻害要因及び促進要因を考究するなかで，社会的・文化的背景を論究していくこととする。

上述のように，以下5点の分析枠組みから演繹的に，全身性障害，知的障害，薬物依存症それぞれにおけるケアの脱家族化の固有の特徴を整理する。ケアの脱家族化における①起点，②社会的・文化的背景（促進要因及び阻害要因）③本人と親のパワーバランスの推移，④ピアの関与，⑤ソーシャルワーカーの関与，の5点である。

第2節　全身性障害ケアの脱家族化実証研究のレビュー

本節では，全身性障害ケアの脱家族化実証研究をレビューする。第1項では，全身性障害を比較対象とした理由を述べる。第2項では，三毛（2007a,2007b, 2007c）の3本の対象文献のメタデータ分析を行う。第3項では，全身性障害本人からみたケアの脱家族化の特徴を整理する。第4項では，第2項及び第3項の分析をもとに，全身性障害ケアの脱家族化の分析枠組みに即してメ

タ統合を行う。

3-2-1. 全身性障害を比較対象とした理由

　全身性障害を統合失調症ケアの脱家族化研究の比較対象とした理由は，以下２点による。１点目は，在宅生活を継続していくにあたり，家事援助や身体介助等，他者による手段的ケアを日々必要とすることである。これは，統合失調症者が定位家族で受けている親による手段的ケアと同種であると考えられる。２点目は，下肢障害のみの身体障害のように定位家族からの自立が一般化していない。このことは，ロールモデルがないなかでの「ケアの脱家族化」の探求である。この点においても，統合失調症者の「ケアの脱家族化」と同種であると考えた。

3-2-2. 全身性障害ケアの脱家族化先行研究のメタデータ分析

　ここでは，表3-2-1のとおり，三毛の脳性麻痺者が一人暮らしを始めるまでの3本の論文（2007a, 2007b, 2007c）を分析の対象文献とした。これら3本の調査対象となる事業所は，親の介助力低下を見据え，宿泊体験プログラムや将来生活に向けた話し合いの取り組みを展開している。

　対象文献1は，参与観察により脳性麻痺者A氏（49歳，女性）が，一人暮らしに至る過程を明示している。一人暮らしに至るまでのプロセスを「母との力関係」の推移に焦点化し，ピアの関係，介助者との関係も踏まえ，論じている。

　対象文献2は，対象文献1の続編である。参与観察により，A氏が介助者の介助により一人暮らしを選択する初期の「一人暮らしへの傾斜」過程に焦点化し，プロセス的に論じている。①通所施設の関与，②ピアとの関係，③自立生活センターの関係，④介助者との関係を分析の視角としている。一人暮らしを実現していく課題として，母との力関係の逆転，不安の対処，スタッフへの自己開示，の3点をあげている。

　対象文献3は，M-GTAにより，通所施設を利用している脳性麻痺者7名が家族との同居から自立生活を実現していくプロセスを明らかにしている。三毛（2007c）は，脳性麻痺者が自立生活を選択する背景について，①脱家族状況の形成，②生命の維持，③アイデンティティの再達成，をあげている。①脱家族

状況の形成とは，家族との同居生活を棄却せざるを得ない，あるいは棄却できる家族状況のことである。②生命の維持は，家族内の代替介助者が不在になることにより，脱家族状況が形成され，その結果として生じる生命維持を図る必要性から自立生活が選択される。③アイデンティティの再達成とは，これまでの自分のあり方やアイデンティティを振り返らざるを得ないような事態に直面し，ピアとの相互作用により，これまでの生き方の軌道修正を図り，自立生活を選択していくアイデンティティへと書き換えられていくことである。アイデンティティの再達成により，自立生活が選び取られると説明する。

表3-2-1　全身性障害ケアの脱家族化分析対象文献の概要

文献No.1	タイトル（著者，発行年）	研究目的	対象者	研究方法	結果の概要
対象文献1	母との闘い（三毛，2007a）	脳性麻痺者が一人暮らしに至る過程を明示する	A氏（49歳，女性）ADL全介助及び軽度音声言語障害	参与観察	33歳時に妹の離家に伴い始まる一人暮らしへの志向と一人暮らしに至るまでの過程を述べている。母との力関係の推移に焦点化し，ピアの関係，介助者との関係とも関連させ，プロセス的に論じている。
対象文献2	一人暮らしへの傾斜―親と暮らしていた脳性麻痺者が一人暮らしとしての自立生活を実現する一過程（三毛，2007b）	脳性麻痺者が介助者の介助により一人暮らしを選択する初期の「一人暮らしへの傾斜」過程を明らかにする	A氏（49歳，女性）ADL全介助及び軽度音声言語障害	参与観察	対象文献1の続編である。一人暮らしに向かうA氏の歩みを以下の観点からプロセス的に明示している。①通所施設の関与，②ピアとの関係，③自立生活センターの関係，④介助者との関係。一人暮らしを実現していく課題として，母との力関係の逆転，不安の対処，スタッフへの自己開示，の3点をあげている。
対象文献3	家族と暮らしていた脳性麻痺者の自立生活選択背景から考えるソーシャルワーク（三毛，2007c）	通所施設利用者が一人暮らしを実現していくプロセスを明らかにする	B事業所利用者で家族との同居から自立生活を実現した7名の脳性麻痺者。全員障害程度区分6	M-GTA	脳性麻痺者が自立生活を選択する背景に，①脱家族状況の形成，②生命の維持，③アイデンティティの再達成がある。ソーシャルワークへの示唆として，①家族機能のアセスメントの必要性，②脳性麻痺者の生存権保障，③アクティビティの活用，をあげている。

出典）筆者作成

表3-2-1の対象文献を精読した。メタ統合の5つの着眼点，①起点，②社会的・文化的背景，③本人と親のパワーバランスの推移，④ピアの関与，⑤ソーシャルワーカーの関与，の5点から再度精読した。着眼点5点のうち4点以上を含むことから，メタ統合の要件を満たしていると判断した。

　対象文献1及び2については，分析の対象が同一人物であることから，束ねて考察した。表3-2-2は，それらの文献について，筆者がケアの脱家族化の起点及び促進要因，阻害要因という視角からメタデータ分析を行い整理したものである。以下，表3-2-2をもとに，ケアの脱家族化の阻害要因を〈　〉，促進要因を《　》として，5点の着眼点に関連する記述を抽出し，着目したか所にアンダーラインを引く。

　まずは，A氏のケアの脱家族化のプロセスを時間軸で述べていく。

　A氏は，女性で障害等級は1級，車イス使用で座位は保持可能だが，ADL面での全介助を要する。24歳時から全身性障害者通所施設へ通い始め，47歳時に親元からの自立生活に至る。自立生活を意識する契機は，A氏33歳時，妹が結婚により離家し，家庭内の介助者が60歳の母親のみとなったことである。母親は，A氏の介助負担を口にすることが多くなる。以下のA氏の語りはケアする母親の心情を端的に表している。

　　お母さんのやつあたりが激しかった。それが目にみえてきたから。テレビなんかをみてたら，旅行番組があるでしょう。ここ行ってみたいな，みたいなことをいう。だったら，行ってきたらというと，だってあんたがいるから仕方がないでしょう。そんなのが，増えてきた。

表3-2-2　全身性障害ケアの脱家族化実証研究における起点・阻害要因・促進要因の整理

対象文献	起点	阻害要因	促進要因
対象文献1 対象文献2	本人	①家庭内への介助者利用に対する母親の反対，②介助者と母親との板挟み，③一人暮らしに対する自信のなさ，④新人介助者へ自身の介助方法を指示する難しさ，⑤不安の自己開示を回避	①同居生活の窮屈さ，②通所施設の自立生活プログラムへ参加，③自立生活をしているロールモデルとの出会い，④母との力関係の逆転，⑤一人暮らしという現実的目標，⑥施設職員から新人介助者への代弁，⑦親の加齢による介助力の低下，⑧残された時間の有限性の認識，⑨不安の自己開示，⑩支援者との対等性の確保
対象文献3	本人	①親による介助により同居を継続していく3要素（ⅰ親の介助の責任感と介助能力の高さ，ⅱ良好な親子関係，ⅲ本人の障害年金に支えられる家計収入）の存在 ②本人も親も親による介助の終わりを想定しない。 ③自立した大人として直面化させられるライフイベントを経験しない。	①親との同居生活を棄却せざるを得ない家族状況の形成（ⅰ：親の労力的・精神的負担，ⅱ：親と介助者との板挟み，ⅲ：同居生活の窮屈さ，ⅳ：主たる介助者の喪失，ⅴ：経済的役割期待からの解放） ②生命の維持（ⅰ：主たる介助者の不在に伴う生理的欲求と安全の欲求，ⅱ：親による介助は必ず消滅するという認識） ③アイデンティティの再達成（自立生活に向けたアイデンティティの揺らぎと再構築）

出典）三毛（2007a, 2007b, 2007c）の3本の論文をメタデータ分析し筆者作成

　A氏は，母親がやりたいことを犠牲にしながら介助をしていることに負い目を感じ始める。そこで，A氏35-36歳，母親62-63歳時に，A氏は母親へ介助者を家庭に入れることを提案する。母親は，家を掃除しておく必要があるという理由から〈家庭内への介助者利用に対する母親の反対〉がある。その後も折に触れ，同種の提案を母親へ持ちかけるも母親は反対し，A氏は《同居生活の窮屈さ》を感じるようになる。この時の心情について，以下のように語っている。

　そのころから，将来のこともちょっと考え始めた。このままいくと，やばいわ，このままいくと，ひどくなる。もしも親になんかあったときに，私は何をすればよいのかな。年とって親が倒れても，泣くわけにもいかないし，自分で解決しなければならない。

　A氏は，親亡き後の暮らしを不安に感じるようになる。そのため，利用し

ている《通所施設の自立生活プログラムへ参加》も始める。そこの参加者は，A氏と同様に定位家族で親の介助を受けており，将来に対する不安等，話題も気持ちも共感できる仲間である。また，施設の外で出会った障害者自立生活運動に関わっている障害者からも影響を受ける。とりわけA氏より重度の障害者の体験談は，《自立生活をしているロールモデルとの出会い》となる。A氏は，自身の自立生活の可能性を探求し始める。

　家庭内での介助者導入に成功したのは，A氏40歳，母親67歳の時である。《母との力関係の逆転》が転換点となる。介助する母親の手のしびれが悪化したため，A氏は母親の承諾なしに，ケースワーカーへ介助者導入の調査を依頼する。母親は，驚いたが反対はしていない。

　A氏は，介助者から週2回朝1時間の身支度と週1回の入浴介助を受けるようになる。母親は，介助者を受けいれようと努めるが，母親と異なる介助の仕方について，文句を言うようになる。A氏は気を遣い，〈介助者と母親との板挟み〉になり，気苦労が絶えない。

　A氏は，この葛藤状況の打開策として，定位家族から独立して介助者の介助を受けながらの一人暮らしを考え始めていく。その背景には，通所施設を利用している仲間が一人暮らしを始めたり，一人暮らしを目指すグループ活動へ参加したりの実体験がある。A氏は，この時の心情を以下のように述べている。

　　あの，みんな，一人暮らし，多分，意識していたんと違うかな。Bさんとか，Cさんとか，一人暮らしって言ってるから，私もできるかなと思って。

《一人暮らしという現実的目標》が射程に入る。しかしながら，不安が無い訳ではない。生まれて初めての〈一人暮らしに対する自信のなさ〉も口にする。理由のひとつがA氏の語彙力や説明力の乏しさに起因する〈新人介助者へ自身の介助方法を指示する難しさ〉である。A氏をよく知る《施設職員から新人介助者への代弁》により，都度都度解決が図られていく。

　41歳から自立生活センターのサービスを受けながら始めた一人暮らしへの取り組みは，42歳時，一端断念する。理由は，自立生活センターの規範「一人暮らし」＝「自立生活」に気圧され，〈不安の自己開示を回避〉するようになっ

第3章　隣接領域におけるケアの脱家族化をめぐる実証研究　　107

たからである。その後,《不安の自己開示》が出来るようになる。後押ししたのは,《親の加齢による介助力の低下》に直面し,A氏と両親それぞれの人生の《残された時間の有限性の認識》という危機感である。46歳時,再度一人暮らしへ取り組むようになり,47歳で介助を受けながらの一人暮らしを始める。

時間軸で要約すると,A氏は《同居生活の窮屈さ》を感じ,《通所施設の自立生活プログラムへ参加》するようになり,自立生活センターで《自立生活をしているロールモデルとの出会い》のなかで,《一人暮らしという現実的目標》を見出す。母のA氏への介助に起因する手のしびれを契機とする《母との力関係の逆転》は,自らの人生を主体的に考える契機ともなっていく。しかしながら,自立生活センターの「一人暮らし」=「自立生活」という有無を言わせない規範が醸し出す雰囲気は,すんなりと受けとめられず,自立生活センター職員に対する〈不安の自己開示を回避〉がみられる。一端,断念した自立生活を再度取り組むようになったのは,《残された時間の有限性の認識》という危機感から肚を括ったからである。

A氏の一人暮らしを実現するまでのプロセスは,三毛の参与観察により,A氏が「生きる主体を取り戻す」2つの葛藤を描いている。1つは,母との間であり,2つめが自立生活センターとの間での葛藤である。前者は,《母との力関係の逆転》であり,後者は《支援者との対等性の確保》ともいえる。

次に,三毛(2007c)の対象文献3である。全身性障害7名の脱家族化状況の背景に関する研究である。対象の7名は,先述したA氏が利用している通所事業所で,介助者の介助で一人暮らしを実現している。A氏もそのうちのひとりである。この7名のケアの脱家族化の現象特性をM-GTAにより明らかにしている。表3-2-2の下段は,筆者が三毛の研究の知見を,先述したA氏と同様に,ケアの脱家族化の起点,阻害要因及び促進要因という視角からメタデータ分析したものである。なお,阻害要因については,M-GTAの分析手法に倣い,筆者が三毛の生成した促進要因の対極例の概念として生成したものである。

ケアの脱家族化の起点は,本人である。ケアの脱家族化の促進要因は,大きくは3つに集約される。それは,《親との同居生活を棄却せざるを得ない家族状況の形成》,《生命の維持》,《アイデンティティの再達成》の3点である。

1点目の《親との同居生活を棄却せざるを得ない家族状況の形成》は，《親の労力的・精神的負担》，《親と介助者との板挟み》，《同居生活の窮屈さ》，《主たる介助者の喪失》，《経済的役割期待からの解放》の5つに細分化される。最初の3項目については，先述したA氏の分析によって得られた知見と重なる。《主たる介助者の喪失》は，本人を介助している親の死亡・入院である。本人を介助している母親の死亡・入院は勿論であるが，父親の死亡・入院に伴い，介助者である母親が働きに出なければならない事態も含む。本人からみると親との同居生活の剥奪となり，同居生活以外の暮らしを迫られる。《経済的役割期待からの解放》は，本人の障害年金をあてにしなくても良い状況となることである。これは，本人の障害年金が家計の収入源となっている場合を意味する。定位家族の経済生活が安定していくこともケアの脱家族の要件となることを示唆している。

　2点目の《生命の維持》は，Maslow（1970）の欲求の5段階説のなかで原初的欲求である《主たる介助者の不在に伴う生理的欲求と安全の欲求》の充足に関わるもの，そして《親による介助は必ず消滅するという認識》の2つにより構成される。

　3点目の《アイデンティティの再達成》は，自立生活を始めていた他の障害者やきょうだいとの相互作用が影響する。前者は，同じ障害者のロールモデルである。後者は，一緒に暮らすきょうだいが，生殖家族をつくり独立する，就職するという場面を目の当たりにすることである。それらが，《アイデンティティの再達成》への契機となっている。そういった経験が無い場合，全身性障害者の多くは，学校卒業後の就職・結婚・出産・子育てといったライフイベントを経験しないまま時を重ね，アイデンティティが更新される機会がない。

3-2-3．全身性障害本人からみたケアの脱家族化の特徴

　前項では，全身性障害ケアの脱家族化研究のメタデータ分析を行った。表3-2-3は，分析結果の阻害要因及び促進要因について，本人，介助する親，本人と親との関係性，社会的・文化的背景という視角から整理した。

　本人の阻害要因は，〈親優位の力関係〉がある。ケアする側とされる側という関係の非対称性があり，〈一人暮らしに対する自信のなさ〉や〈不安の自己

開示を回避〉する傾向がある。〈自立した大人として直面化させられるライフイベントを経験しない〉生活で〈親による介助の終わりを想定しない〉状況が阻害要因となっている。一人暮らしを目指しても〈新人介助者へ自身の介助方法を指示する難しさ〉を感じてしまう。以上，6点が本人の阻害要因である。

本人の促進要因は，〈親優位の力関係〉がもたらす《同居生活の窮屈さ》を感じ始めることや《通所施設の自立生活プログラムへ参加》し，《ロールモデルとの出会い》，《一人暮らしという現実的目標》をもつことが促進要因として作用する。〈親による介助の終わりを想定しない〉対極にある《残された時間の有限性の認識》やそれに伴う《アイデンティティの再達成》や《生命の維持》が促進要因となる。〈新人介助者へ自身の介助方法を指示する難しさ〉や〈不安の自己開示を回避〉を乗り越え，《支援者との対等性の確保》をすることが促進要因となる。

介助する親の阻害要因は，〈親の介助の責任感と介助能力の高さ〉や〈親による介助の終わりを想定しない〉状況がある。介助者を利用するようになっても，親は，自身が行う介助のやり方と異なる〈家庭で介助者の行う介助方法への不満〉がみられたり，訪問前に家を片付けるため〈家庭内への介助者利用に対する母親の反対〉がある，の4点があげられる。

介助する親の促進要因は，《親の加齢による介助力の低下》や《残された時間の有限性の認識》の2点があげられる。

本人と親との関係性の阻害要因では，〈良好な親子関係〉はケアの脱家族化という変化を惹起せず，〈本人の障害年金に支えられる家計収入〉も阻害要因となる。ようやく介助者を利用するようになっても，本人が〈介助者と母親との板挟み〉状況になる，の3点がある。

本人と親との関係性の促進要因は，《母親との力関係の逆転》というパワーバランスが入れ替わること，《主たる同居介助者の喪失》と本人の障害年金が親元での《経済的役割期待からの解放》の3点である。

〈家族介助を前提とする制度設計〉と〈家族がケアすべきという潜在的に存在する社会的・文化的規範〉の2点は，社会的・文化的背景として横たわる阻害要因である。

社会的・文化的背景との関係の促進要因は，本人に対する主たる《施設職員

表3-2-3　全身性障害ケアの脱家族化の起点・阻害要因・促進要因の整理

起点	阻害要因	促進要因
本人	【本人】 ①親優位の力関係（関係の非対称性） ②一人暮らしに対する自信のなさ ③不安の自己開示を回避 ④新人介助者へ自身の介助方法を指示する難しさ ⑤親による介助の終わりを想定しない ⑥自立した大人として直面化させられるライフイベントを経験しない	【本人】 ①同居生活の窮屈さ ②通所施設の自立生活プログラムへ参加 ③ロールモデルとの出会い ④一人暮らしという現実的目標 ⑤残された時間の有限性の認識 ⑥支援者との対等性の確保 ⑦生命の維持 ⑧アイデンティティの再達成
	【介助する親】 ①家庭内への介助者利用に対する母親の反対 ②家庭で介助者の行う介助方法への不満 ③親の介助の責任感と介助能力の高さ ④親による介助の終わりを想定しない	【介助する親】 ①親の加齢による介助力の低下 ②残された時間の有限性の認識
	【本人と親との関係性】 ①良好な親子関係 ②介助者と母親との板挟み ③本人の障害年金に支えられる家計収入	【本人と親との関係性】 ①母親との力関係の逆転 ②主たる同居介助者の喪失 ③経済的役割期待からの解放
	【社会的・文化的背景】 ①家族介助を前提とする制度設計 ②家族がケアすべきという潜在的に存在する社会的・文化的規範	【社会的・文化的背景】 ①施設職員から介助者への代弁 ②「住む」・「通う」・「ケア」のマネジメント体制が進められようとしている

出典）前項の分析により筆者作成

から介助者への代弁》，《「住む」・「通う」・「ケア」のマネジメント体制が進められようとしている》の2点である。

3-2-4．分析枠組みによる全身性障害ケアの脱家族化のメタ統合

　第2項のメタデータ分析を行ったコードを第3項で表3-2-3に整理した。これらを第1節で設定したケアの脱家族化研究の分析枠組みによりメタ統合を行った。その結果は，以下のとおりである。
　①起点
　全身性障害ケアの脱家族化の起点は，本人である。
　②社会的・文化的背景
　親によるケアを前提とした制度設計であり，親のケアが出来なくなると入所

施設という社会的・文化的規範が存在する。全身性障害者の「住む」・「通う」・「ケア」をマネジメントする体制整備が普及していない。

　③本人と親のパワーバランスの推移

　親と同居時においては、ケアの与え手が親である。本人は、親の意のままに従うこととなり、本人と親のパワーバランスは、親優位である。ケアを担う親の高齢化、きょうだいの離家による介助者の減少等、家庭における介助環境が変化することは、本人が危機感を募らせる機会となる。時間の有限性を認識し、ロールモデルと出会い自立生活という現実的目標を持つ。パワーバランスが親優位から本人優位に逆転する。パワーバランスが本人優位となって以降、本人が起点となり、ケアの脱家族化が始まる。

　④ソーシャルワーカーの関与

　親による介助力低下を見据え、宿泊体験プログラムや将来生活のミーティングを実施している。ケアの脱家族化に向けた情報提供、体験プログラムを通した働きかけをしている。

　⑤本人のピアの関与

　一人暮らしをしているピアの影響は大きく、本人にとってロールモデルとなっている。ピアのロールモデルは、親元からの自立を現実的な目標に据える促進要因となっている。

第3節　知的障害ケアの脱家族化実証研究のレビュー

　本節では、知的障害ケアの脱家族化に関する実証研究をレビューする。第1章第3節で述べたように、2016年に厚生労働省が実施した「平成28年生活のしづらさなどに関する調査（全国在宅障害児・者等実態調査）」では、65歳未満で手帳を所持している知的障害者のうち、92.0％は親と同居している。第1項では、知的障害ケアの脱家族化が進まない背景について述べる。第2項では、森口（2014）の対象文献のメタデータ分析を行う。青年期にケアの脱家族化を選択した知的障害家族7名（1名姉、6名母親）を調査対象としている。第3項では、福田（2017）の対象文献のメタデータ分析を行う。母親年齢が60歳を過ぎてからグループホーム（以下、GH）へ送り出した母親11名を調査対象としてい

る。第4項では，福田（2018）の対象文献のメタデータ分析を行う。GHで暮らしている知的障害者8名を調査対象としている。第5項では，知的障害ケアの脱家族化の特徴を整理する。第6項では，設定したケアの脱家族化の分析枠組みに即して，知的障害ケアのメタ統合を行う。

3-3-1．知的障害ケアの脱家族化が進まない背景

　青年期以降，非障害者の多くは，親との関係の比率は小さくなり，定位家族から独立した生活を営む。しかしながら，知的障害者の場合，青年期以降も定位家族で親のケアを受けながら暮らし続けている。なぜなのか。青年期以前も含めて，先行研究を探索した。

　鈴木ら（2005）は，知的障害児と母親との関係について，「医療・教育・訓練・福祉が提供される場合は，多くは親の存在が前提となっている（傍点筆者）」と，実践現場における母親への要請を指摘している。それゆえ，子どもに知的障害があると分かった時点から母親の本人への関わりは，濃密な関係となっていく。植戸（2012）は，その背景を，「知的障害児・者のケアを一身に引き受ける母親の姿は，子に知的障害があると分かった母親のモデルとなり，『母親がケアする』という規範が受け継がれてきた」（傍点筆者）と紐解く。さらに植戸は，「知的障害者は意思伝達能力や判断能力が不十分であると考えられている。そのため，親は，外の世界から本人の生命や利益を守ろうとし，それが『抱え込む』という状態につながっていく」（傍点筆者）と述べている。

　鍛治（2015）は，青年期以降も定位家族で暮らし，親からのケアを受け続けていることの弊害について「知的障害者の成人期以降の生活は，親との同居率が高く，ケアの担い手も親であることが多いのが現状である。このことは，いわゆる親の『子育て』期間が子の成人期以降も継続し，知的障害者が一人の『大人』として扱われることや，成人としてのライフコースをたどることを阻害する一因となっている」（傍点筆者）と述べ，親によるケアが継続することが本人の独立を困難にしている要因のひとつであると指摘する。

　一方，中根（2006）は，そうせざるを得ない親の心情を「ケアの社会化への違和感」（傍点筆者）と名付け，その概念を知的障害者親へのインタビュー調査の複数の語りから生成している。その語りのひとつを以下に記しておく。

知的障害があるから，なんか生まれたときから，もうずーっと今まで，なんか根っこ部分がくっついてんの。まだへその緒がつながっている感じがする。うん。切れてない感じが。今この瞬間も，うん。だからなんか，離れない感じがする。離したくないっていう意志よりも，なんか，そういう現実があるとしか思えない，死ぬまで。

　中根は，知的障害の子どもを持つ親は，子どもや社会との相互作用のなかで，子どもに対する独特の感覚が生まれると説く。そしてその独特の感覚が本人へのケアを促進し，一足飛びに「ケアの社会化」を受け入れられない親の心情が形成されるのだと説明する。

　社会の側の問題として，麦倉（2004）は，「知的障害をもつ人とその家族が成人期にさしかかったとき，いかに行動すべきかを示すモデルストーリーが不在である」（傍点筆者）と，ケアの脱家族化を志向する実践事例が極めて少ないことを指摘する。また，西村（2009）は，知的障害者本人に関する相談機関はあるものの，「親たちの悩みを聞き，一緒に問題解決に向けて考えてくれる相談機関がない」（傍点筆者）と述べ，現行制度が親を支援の対象として位置づけず，本人に従属する存在としかみていないことを問題視する。

　Qualls（1997：41-45）は，家族のライフサイクルにおけるケアの必要量の変遷を以下の図3-3-1のように示している。通常，Childrearing（子育て）は，右から左へ移行していき，子どもは独立し自立していく。しかしながら，子どもに知的障害がある場合，親は図3-3-1の真ん中（Monitoring：監視）から右側で停滞すると説明する。

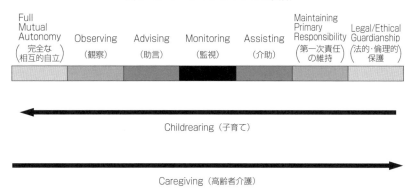

図3-3-1 ライフサイクルの交錯

出典）Qualls（1997）42頁のfigure 1を転載。日本語訳は藤崎（2000）による

　わが国の知的障害者は，青年期・成人期を超えてもなお，親によるケアが続く。植戸（2012）は，その背景を以下のように分析している。

　　母親が障害児・者のケアを担うのが当然とする社会的な規範は，補完的な公的サービスの仕組みにつながっていくが，反対に，公的なサービスが補完的であることにより，家族や周囲の人たちの「母親が面倒を見るのが当たり前」という意識が助長されてきたとも考えられる。（傍点筆者）

　植戸の分析は，母親が本人の面倒を見るという社会的規範と残余的な公的福祉サービスとの相乗効果が，社会的規範をより強固なものとするという指摘である。

　鶴野（2000）は，「家族支援は，障害児・者のケアを行う家族成員の負担を軽減するという入り方をする。したがって，負担を軽減しつつ，ケア提供者としての役割を強化するものであると理解することもできる」（傍点筆者）と述べ，家族支援がエンドレスな家族によるケアを要請する側面を併せ持つことを指摘している。

　こういった中高年の知的障害者を高齢の母親がケアをし続けるというパターナリスティックな関係性について中根（2005）は，「親の高齢化という『時間の限界性』という解決困難な問題を含んでいるだけではなく，互いのアイデン

ティティーを強化しあい,関係をゆがませる危険性を孕んでいる」。そしてその結果,知的障害ケアを担う母親が高齢化や病気等の理由により,ケアの継続が困難となった場合,「本人がショートステイから入所施設へ移行したりという現状がある。『施設から地域へ』という『地域生活移行』の時代にあっても,『地域から施設へ』の逆の流れが依然として残っている」(植戸:2015,傍点筆者)。政策課題の地域移行を進めているものの,家族ケアの消滅が,新たな施設入所を生み出している状況を指摘している。

以上の先行研究の知見を素に,知的障害者のドミナント・ストーリーを図3-3-2に整理した。知的障害者は,出生後から分岐点となる「親によるケアの消滅」に至る全期間において,「母親による本人の抱え込み(本人と母親の一体感)」を形成する。そうせざるを得ない理由は,「社会的規範(母親が面倒を見るのが当たり前)」,「母親のケア役割の強化を要請する家族支援の一側面」という社会的・文化的背景と「残余的公的福祉サービス」に拠るものである。これらの結果として,知的障害者が在宅生活を継続する最も大きな要件は母親によるケアであり,そのケアの消滅は施設入所へのトリガーとなっている。

図3-3-2 知的障害者のドミナント・ストーリー

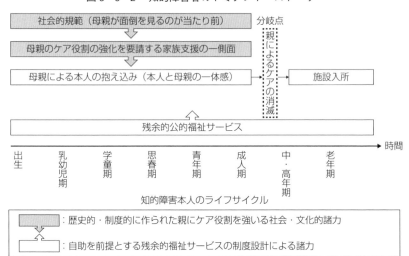

出典)筆者作成

このように，知的障害を持つ子どもへのケアの主力が母親であり続けることの弊害として，新藤（2011）は，「離家については，親の考えに委ねられている。当事者の主体性はほとんどみられず，また，主体性を行使する機会も少なく条件も整っていないため，将来展望について見通しを持ちづらい状況にある」（傍点筆者）と述べ，知的障害者が自らの人生を主体的にコントロールしていくことを阻害していると問題提起している。
　知的障害者の主体性を阻害しているという指摘は，専門職にも向けられる。杉田（2004）は，国立のぞみ園，船形コロニー，コロニー雲仙の地域移行をした知的障害者の調査結果から「移行時期，場所，共同入居者，引越しの決定に対し本人はほとんど関与しておらず，職員や施設側が決定していた」（傍点筆者）と述べ，ケアを提供する側である専門職が，本人の生活の在り方の代決権を握っていると指摘する。
　こういった知的障害者の意思決定の代決権を親や専門職が握っていることについて，知的障害の子どもを持つ児玉（2013）は，「（身障者の）『ザ・自立生活』モデルを作ってきた人たちが『どんなに重度の人でも』と言う時，そこに知的障害者の姿が捉えられていない」（傍点筆者）と述べ，全身性障害者の自立生活モデルを知的障害者へ汎用することの困難さを指摘する。加えて，知的障害者の親は「子どもが小さい頃には専門家が認める『優秀な療育者であれ』と求められ，その後もずっと世間が認める『愛と自己犠牲で献身する美しい介護者であれ』と求められてきた」（傍点筆者）と，先述した Qualls の指摘をわが国の知的障害者家族が体現している実態を述べている。児玉の言説は，先述した中根の知的障害を子どもに持つ親の心情である「ケアの社会化への違和感」と符合する。
　この親の抱く「ケアの社会化への違和感」を踏まえ，中根（2006）は，「ケアの社会化」を操作的に定義したうえで，以下の「ケアの社会的分有」を提案している。

> 「ケアの社会化」とは別に「ケアの社会的分有」という用語を提示する。「ケアの社会化」とはケア行為のすべてを外部に委託することであり，現実には社会化しえぬものも含んでいる。一方，「ケアの社会的分有」とは，ケアを外部化できるものとそうでないものに分け，家族も含めた多元的なケアの担い手により分け有することであ

る。ケアの社会化は，介護力と介護関係を包括的に家族の外へ出すことであり，ケアの社会的分有とは，介護力と介護関係の区分に配慮し，それぞれを家族を含めた多元的な担い手により支えることである。(傍点筆者)

　中根の「ケアの社会的分有」の根拠は，以下の3点を背景にしている。1点目は，知的障害母親に内在化しているケア役割は，子どもが幼少期から体験してきた制度と社会的規範により強いられてきたものであること。2点目は，そういった制度や社会的規範からの要請により，親が形成する本人の「抱え込み」という関係性は，その時点までのお互いのアイデンティティにも影響していること。3点目は，制度や社会的規範から知的障害者を子どもに持つ親に対するまなざしが変わらないなかで，いきなりケア行為の全てを外部化することが本人と母親双方にとって有益なものと考えられないこと。この3点を根拠に，家族もケアを部分的に担ってもらうという「ケアの社会的分有」を提案しているのである。

　実態として，GH入居者における家族のもとへの外泊について，西村（2007）は，以下のように述べている。

> 通所施設がバックアップしているグループホームの入居者の7割強が毎週末家族の元へ帰宅している。ゴールデンウィーク，盆休み，正月を合わせると2ケ月近くを家族の元で過ごしている。

　このデータは，ケアの脱家族化をハードランディングではなく，親・本人双方にとって，ソフトランディングしていくため現実的方法とも考えられ，中根の「ケアの社会的分有」を実践していると捉えることが出来る。

　以上の先行研究の調査から知的障害ケアの脱家族化が進まない背景は，以下の5点にまとめることができる。1点目は，子どもが知的障害と分かった時点から始まる療育等の訓練は，母親の存在を前提とした仕組みとなっていること。2点目は，家族，とりわけ主たる介助者である母親自身の相談を受ける専門機関が無いこと。3点目は，本人の幼少期から成人期以降に至るライフステージ全てにおいて，重要な意思決定は，親の代決によりなされていること。4点目は，制度に加え，知的障害者のケアは親が担うべきという社会的規範，その双方から，親の存命中は，親によるケアを受けながら親とともに暮らし，

親によるケアの消滅後は，入所施設で暮らすというドミナント・ストーリーが暗黙裏に存在していること。5点目は，4点目のドミナント・ストーリーの対極にあるオルタナティブ・ストーリー，即ち，親の居る間に独立した知的障害者の暮らしが知られていないことである。

3-3-2．対象文献4森口（2014）のメタデータ分析

　知的障害ケアの脱家族化の分析対象文献は，表3-3-1のとおりである。本項では，対象文献4の森口（2014）のメタデータ分析を行う。第3項では，福田（2017）の対象文献5のメタデータ分析を行い，第4項では，福田（2018）の知的障害本人を調査対象としている対象文献6のメタデータ分析を行う。

　表3-3-1の対象文献4，対象文献5，対象文献6を精読した。メタ統合の5つの着眼点，①起点，②社会的・文化的背景（促進要因及び阻害要因），③本人と親のパワーバランスの推移，④ピアの関与，⑤ソーシャルワーカーの関与，の5点から再度精読した。3つの対象文献すべてが，着眼点5点のうち4点以上を含むことから，メタ統合の要件を満たしていると判断した。

　対象文献4は，森口（2014）の研究である。言葉での意思疎通が難しい知的障害者7名の家族（1名姉，6名母親）を調査対象に，青年期知的障害者の「親元からの自立」を促進する条件を明らかにすることを目的に実施した研究である。半構造化インタビューを実施し，質的データ分析法により分析を行っている。本人との居所の分離を決断し，GHで暮らす本人の成長や変化を感じることで，家族にも様々な変化がもたらされるプロセスを質的分析により明らかにしている。

　以下，対象文献4について，メタデータ分析を行う。表3-3-2は，対象文献4における調査対象7名の個別状況を，筆者がケアの脱家族化の起点及び促進要因，阻害要因という視角からメタデータ分析を行い整理したものである。文献より収集できないか所は空欄としている。インタビュー調査対象の本人から見た続柄は，b氏のみが姉で，他の6名は全員が調査時点で60代の母親である。つまり，7040問題が訪れる前に，本人の住まいをGHへ移行した7事例である。また，調査対象者が利用しているGHは，家族も巻き込んだ作業所づくり運動により設立された法人の事業所である。それゆえ，家族とGHを運営し

表3-3-1　知的障害ケアの脱家族化の実証研究の概要

文献No.1	タイトル（著者, 発行年）	研究目的	対象者	研究方法	結果の概要
対象文献4	知的障害者の「親元からの自立」を促進する支援のあり方—家族へのインタビューの質的分析をとおして（森口, 2014）	青年期知的障害者の「親元からの自立」を促進する条件を明らかにすることを目的とする	言葉での意思疎通が難しい青年期知的障害者の家族7名（1名姉, 6名母親）	質的データ分析法（佐藤, 2008）	対象者7名へのインタビューデータを分析。本人との居所の分離を決断し, GHで暮らす本人の成長や変化を感じることで, 家族にも様々な変化がもたらされるプロセスを質的分析により明らかにしている。
対象文献5	老障介護家庭における知的障害者の自立をめぐり母親が経験するプロセス—複線径路・等至性モデルによるプロセスの可視化を通して（福田, 2017）	知的障害のある子どもを自立へ導いた母親の行動や認識とそれらに影響した要因の可視化を目的とする	母親年齢60歳を過ぎてから子どもが自立した11名の母親	TEM	対象者11名へのインタビューデータをTEMで分析。第1期「知的障害のあるわが子に出会う」から第5期「子どものいない生活に慣れる」まで, 5つに時期区分し, それぞれの時期における母親の認識と行動, 子どもの自立への促進要因と阻害要因, 分岐点, 必須通過点というTEMの分析概念を用いて, プロセス的に明らかにしている。
対象文献6	老障介護家庭における知的障害者の自立をめぐる経験—当事者視点で捉えた複線径路・等至性モデルによるプロセスの可視化を通して（福田, 2018）	知的障害者の自立をめぐる一連の行動や認識の変容と, その間に働く促進要因と阻害要因を明らかにすることを目的とする	GHで生活する言葉による意思疎通が可能な知的障害本人8名	TEM	対象者8名へのインタビューデータをTEMで分析。第1期「当たり前に親と暮らしている」から第4期「GHで暮らしていくと決心する」まで, 4期に時期区分し, 自立をめぐる本人の行動や認識, 阻害要因と促進要因に着目し, 分岐点, 必須通過点というTEMの概念を用いて, プロセス的に明らかにしている。

出典）筆者作成

ている事業所職員は，密接な関係性を持っている。

　以下，表3-3-2をもとに，ケアの脱家族化の阻害要因を〈　〉，促進要因を《　》として，全体の共通項及びa氏からg氏の個別の状況に関する説明を記述し，着眼か所にアンダーラインを引く。

　まず全体の共通項を，時間軸で述べていく。GH入居までの家族は，将来の暮らしの場のイメージについて，親元で暮らす若しくは入所施設で暮らす，の

表 3-3-2 対象文献 4 における調査対象 7 名の個別状況

	a	b	c	d	e	f	g
性別	男性	男性	男性	男性	女性	男性	男性
本人年代	30代前半	30代後半	40代前半	40代後半	30代後半	30代後半	30代前半
入居年数	8年	7年	7年	7年	12年	7年	7年
将来の暮らしの場イメージ	親元若しくはネガティブなイメージの入所施設／GHは障害レベルから利用困難							
入居の背景	支援者から親への提案／宿泊体験の延長	昼夜逆転する家での暮らし	宿泊体験の延長	宿泊体験の延長	稼働率という事業運営の安定のため	事業運営の安定のため／宿泊体験の延長	支援者から親への提案／昼夜逆転する家での暮らし
起点	親						
入居に際する親の思い	そのうち家へ戻ると予想	親のポジティブな要望ではなく「仕方なく」「あきらめて」「もう限界」というネガティブな事情からGHへの入居を決める					
促進要因共通	事業所をよく知っている，支援者をよく知っている，支援について意見を言える関係（連絡帳），家から距離が近い						
促進要因個別							GHが頑丈な建物
阻害要因共通	健康や体調に関わる心配，仲間との関係の心配，理解力及び意思疎通という障害特性からくる心配，本人に対するうしろめたさ，不憫さ						
連続してGHで過ごす日数	6日／週	6日／週	4日／週	2-7日／週	6日／週	6-7日／週	年末年始以外
入居後の本人の変化		親からの自立心の芽生え	出来ることが増える		仲間との暮らしで自信がつく	家よりGHへの所属意識	
入居後の親の心境			パニックの原因だったという気づき	家族より支援者と過ごす方が良い面がある		親のパターナリスティックな関わりへの気づき	つきない心配
入居後の親の生活	きょうだいの心的負担の軽減	気分が楽になる					自分の時間をもてる
将来への希望・不安	アパートでの一人暮らし			65歳問題		65歳問題	

出典）森口（2014）の文献をもとに筆者作成

二者択一のイメージしか持てていない。入所施設に対するイメージはネガティブであり，GHは本人の障害レベルから困難であると考えている。つまり，親と一緒に暮らし，いずれ入所施設で暮らすというイメージである。

　GHへの入居の背景は様々あるものの，起点は，7事例全てが「親」である。入居に際しては，親のポジティブな要望ではなく「仕方なく」「あきらめて」「もう限界」というネガティブな感情から決断している。a氏は，「そのうち家へ戻る」と予想し，送り出している。GHへの入居に関する親の心情は，一緒に暮らしたい，という思いと住まいを分けなければ，という思いを併せ持つアンビバレントな心情であることが窺える。

　ではなぜ，GHへの入居を決めたのか。入居の促進要因には，《事業所をよく知っている》，《支援者をよく知っている》，《支援について意見を言える関係（連絡帳）》，《家から距離が近い》がある。つまり，《ケアを提供する側と親との信頼関係がある》こと，《連絡を取り合える関係である》こと，《物理的に距離が近い》こと，の3つが促進要因として確認することが出来る。

　阻害要因には，どのようなものがあるのか。〈健康や体調に関わる心配〉，〈仲間との関係の心配〉，〈理解力及び意思疎通という障害特性からくる心配〉という障害特性や疾病といった個人因子に関するものがある。そして，〈本人に対するうしろめたさ〉，〈不憫さ〉という「親が面倒見るのが当たり前という社会的規範」による反応と考えられるものがある。

　連続してGHで過ごす日数をみると，g氏以外は，GHで過ごすことと家で過ごすことを併用している。g氏も年末年始は，家で過ごしている。森口の研究においても，親自身のケアを多元的なケアのひとつとして捉える中根（2006）の「ケアの社会的分有」が実践されている。

　次に，個別の状況について記したい。a氏の入居の背景は，支援者から親への提案と宿泊体験の延長である。GHへの入居は，本人のきょうだいの心的負担を軽減し，きょうだいの安心にもつながっており，親亡き後の見通しを持ち得ていることが窺える。将来の希望として，GHからアパートでの一人暮らしをさせてみたいと考えが展開している。GHへの入居を障害レベルから困難と考えていた親が，GHへの入居を通過点として捉えるようになっている。GH入居は，親自身の自立観をも変容させていく側面があることを示唆している。

b氏は，昼夜逆転の暮らしにより，家族が眠れない事態となったことが入居の背景である。GH入居後に，自室に親を入らせないことがみられる。家族は，そこに自立心の芽生えを感じている。また，入居することで，親は気分が楽になったと感じている。
　c氏の入居の背景は，宿泊体験の延長である。入居後，パニックの原因は親子関係にあったと気づき，GHへの入居が家族によるケアを客観視する機会となっている。入居により，本人の出来ることも増えてきている。
　d氏の入居の背景は，c氏と同様に宿泊体験の延長である。親は，本人がGHへ入居することで，家族よりも支援者と過ごす方が良い面があると気づいていく。障害福祉から介護保険へと移行する65歳問題を懸念している。
　e氏は，親自身が作業所づくり運動に参画し，事業運営にも関与している。そのため，GHの稼働率を上げ，事業を安定化させる必要性から娘を入居させている。当初親が予想していた心配とは裏腹に，入居後の本人は，仲間との暮らしで自信をつけている。
　f氏の入居の背景は，e氏と同様に法人事業を安定化させる必要性と宿泊体験の延長である。入居後の本人は，GH入居者としての所属意識を高めていることが窺われる。また親は，これまでパターナリスティックな関わりをしていたことに気づき，家族によるケアを客観視する機会となっている。また，d氏と同様に65歳問題を懸念している。
　g氏の入居の背景は，b氏と同様に昼夜逆転の生活となり親が眠れないこと及び支援者からの提案である。GHへの入居に際して最も大きな促進要因は，《GHが頑丈な建物》であったことである。普通の民家のGHであれば，パニックになった時の器物損壊を心配しており，建物の頑丈さがGHへの入居を後押ししている。母親は，g氏と暮らしている時，代わりに本人を見る父親が居ないと病院へも美容院へも行けなかった。それゆえ，本人がGHへ入居することにより，母親自身が「自分の時間をもてる」ようになっている。
　以上，森口の青年期に定位家族からGHへの入居を選択した家族へのインタビュー調査について，ケアの脱家族化の起点，促進要因，阻害要因という視点からメタデータ分析を行い，全体の共通項と個別の状況について，述べた。このメタデータ分析の作業を通して，青年期の知的障害者が親元から空間的に暮

らしを分けることによる親にとっての意義を7点抽出した。

その意義とは，①親自身が自らの関わりを客観視できる契機となっていくこと。②近視眼的な暮らしから見通しを持った暮らしになっていくこと。③本人と距離をとることで，本人の成長を確認できるようになっていくこと。④親自身が自分の時間を取り戻す機会となっていくこと。⑤本人のきょうだいに対してもいい影響を与えていくこと。⑥親亡きあとを冷静に考えられるようになっていくこと。⑦GHと家の併用は，親と本人の物語を継続していくということ。以上の7点である。最後の⑦は，麦倉（2004）のいう施設入所という出来事が親にとっての「物語の終わり」となることの対極に位置づけられる。

3-3-3. 対象文献5 福田（2017）のメタデータ分析

福田（2017）の対象文献5の概要は，表3-3-1で示しているとおりである。母親年齢が60歳を過ぎてから子どもが自立した11名の母親を調査対象に，自立へ導く母親の行動や認識とそれらに影響する要因の可視化を目的に実施した研究である。対象者11名へ半構造化インタビューを実施し，TEM（Trajectory Equifinality Model：複線径路・等至性モデル）で分析を行っている。親元から自立していくプロセスについて，第1期「知的障害のあるわが子に出会う時期」，第2期「子どもに奔走されながらも向き合う時期」，第3期「知らぬ間に時間だけが過ぎる時期」，第4期「焦燥し自立のことで頭がいっぱいになる時期」，第5期「子どものいない生活に慣れる時期」の5期に時期区分がなされ，それぞれの時期における母親の認識と行動，子どもの自立への促進要因と阻害要因，分岐点，必須通過点というTEMの分析概念を用いて，プロセス的に明らかにしている。

TEMは，システム論に依拠し，個人の経験した時間を捨象することなく，個人の経験世界を歴史的・文化的・社会的な影響から描くことを特徴としている（安田ら：2012）。TEMの主要概念には，EFP，OPP，BFP，SD，SGがある。EFP（Equifinality Point：等至点）は，等しく至る地点のことである。この研究でいえば，親元から自立を果たした地点のことである。OPP（Obligatory Passage Point：必須通過点）は，ある時点にいくために多くの人が通過すると考えられる地点のことである。この研究でいえば，知的障害本人が親元から自立

を果たすまでに，知的障害親の多くが経験すると考えられる地点である。BFP（Bifurcation Point：分岐点）は，ある経験において，複線径路を可能とする結節点のことである。SD（Social Direction）は，等至点の反対に向かう選択肢を選ぶようにし向ける環境要因と，それを下支えするような文化的社会的緒力のことである。この研究でいえば，知的障害本人が親元から自立をしないようにし向ける社会的・文化的緒力のことである。いわば，阻害要因である。SG（Social Guidance）とは，SDに対抗し，等至点に向かう選択肢を選ぶようにし向ける環境要因と，それを下支えするような文化的社会的緒力のことである。この研究でいえば，知的障害本人が親元から自立をするようにし向ける社会的・文化的緒力のことである。いわば，促進要因である。

　以下，対象文献5について，メタデータ分析を行う。先に述べた時期区分第1期「知的障害のあるわが子に出会う時期」及び第2期「子どもに奔走されながらも向き合う時期」は，ケアの脱家族化が始まっていない時期であることから，第3期「知らぬ間に時間だけが過ぎる時期」以降のメタデータ分析を行う。着眼か所にアンダーラインを引く。

　表3-3-3は，福田の調査結果を，筆者がケアの脱家族化の起点及び阻害要因，促進要因という視角からメタデータ分析を行い，整理し直したものである。

　以下，表3-3-3をもとに，ケアの脱家族化の阻害要因を〈　〉，促進要因を《　》として，時間軸で述べていく。文中のEFP，OPP，BFP，SD，SGは，先に述べたTEMの主要概念である。

　「第2期：子どもに奔走されながらも向き合う」は，本人が中等部の頃までの時期であり，「第3期：知らぬ間に時間だけが過ぎる」は，本人誕生後15年から30余年に亘る期間である。

　第2期から第3期への転換点は，本人が中等部から高等部の時期となる。この転換点は，「将来の思いをめぐらす」（OPP）がある。そこには，①「日中の場探しが先決」という高等部卒業後の行き場の確保，入所施設も視野に入れた親の②「思いの具現化を目指す」志向，知的障害子である本人に対して③「自立は論外」という思い，親以外のケアを受けながら④「自立するのが当然」という思い等，卒業後の見通しを持てない母親の心情が「将来の思いをめぐらす」

(OPP) となっている。それまでの「第2期：子どもに奔走されながらも向き合う」時期は，学校が日中の行き場として固定化し，本人を取り巻く学校，教員，母親というフレームのなかで暮らしている。卒業後にどうするのかを考える期間が必須通過点「将来の思いをめぐらす」（OPP）である。

表3-3-3　対象文献5の青年期から成人期にグループホームへ送り出す母親の軌跡

時期区分	阻害要因	促進要因
転換点	将来の思いをめぐらす（OPP）：①日中の場探しが先決，②思いの具現化を目指す，③自立は論外，④自立するのが当然	
第3期 知らぬ間に時間だけが過ぎる	理屈ではない「あの」暗黙の仲間意識	地域福祉の流れ 入所施設の理不尽さ 子離れ・親離れの成功体験
転換点	窮地に立たされ焦燥し決断に踏み切る（BFP）：①ヤキモキする，②もう限界，③乗り遅れた感，④制限時間が迫る，⑤子の親離れに焦る	
第4期 焦燥し自立のことで頭がいっぱいになる	父親の反対 経済的負担の増加	子離れ・親離れの成功体験 心強い後押し 子どもの同意 親の務め
転換点	GHに送り出す（EFP）：①潮時を迎える，②チャンスにうまく乗る，③踏ん切りをつける	
第5期 子どものいない生活に慣れる	同じ生活圏内 綱渡り状態のGH	GHで生活する子どもの意外な姿
転換点	将来を再考する（EFP2）：①目途が立ち悔いはない，②次のステージを考える	

出典）福田（2017）の文献をもとに筆者作成

　第3期は，本人の思春期から成人期初期にかけての長いスパンである。この時期の阻害要因は，〈理屈ではない「あの」暗黙の仲間意識〉である。これは，本人が大人になっても母親が育てていくべきという社会的規範を母親仲間で共有しているムードを表している。対極にある促進要因には，《地域福祉の流れ》，《入所施設の理不尽さ》，《子離れ・親離れの成功体験》がある。《地域福祉の流れ》は，入所施設を作らないという政策の方向性を意識化していることである。《入所施設の理不尽さ》は，施設で暮らしの全てが完結することに対する母親の持つネガティブな感情である。《子離れ・親離れの成功体験》は，

GH宿泊体験を繰り返すことによる何らかの手応えを，母親と本人双方が確認出来ていることである。この阻害要因と促進要因がせめぎ合うなかで時間だけが経過していき，母親は高齢期を迎えている。老いた母親が障害のある子どもをケアする老障家族となっており，「窮地に立たされ焦燥し決断に踏み切る」(BFP) に至っている。この分岐点が，自宅からGHへの入居の起点となり，全ての事例において母親が決定している。「窮地に立たされ焦燥し決断に踏み切る」(BFP) には，GHが無いことで①「ヤキモキする」や，親自身の疾病等により本人へのケアを②「もう限界」と悟ること，これまで仲間意識を共有していた母親の子どもがGHに入り③「乗り遅れた感」を持つこと，母親自身の残りの人生の時間を勘案し④「制限時間が迫る」ことを意識し始めること，親と一緒にいることが楽しくない様子を見せる⑤「子の親離れに焦る」，の5つのコードにより構成される。多様な個別状況が下位概念に存在する。

「第4期：焦燥し自立のことで頭がいっぱいになる」時期は，GHへ送り出すまでの阻害要因と促進要因が相克する時期である。阻害要因は，〈父親の反対〉と〈経済的負担の増加〉の2つである。〈父親の反対〉は，本人の自立を悠長に構えている父親と主たる介護者である母親の認識のズレを表している。〈経済的負担の増加〉は，親と一緒に暮らしている時の食費等のコストとGH入居に伴う個人負担との比較から，総額としてのコストが増えてしまうことを指している。促進要因は，《子離れ・親離れの成功体験》，《心強い後押し》，《子どもの同意》，《親の務め》の4つである。《子離れ・親離れの成功体験》は，前述したとおりである。《心強い後押し》は，福祉事務所がGHへの入居に関し背中を押してくれること。《子どもの同意》は，母親のGH入居の提案に本人が賛意を示すことである。最後の《親の務め》は，GHへ移行したあとのフォローも親が元気で居る間でなければ出来ないという認識である。

以上のように，起点となる母親の「窮地に立たされ焦燥し決断に踏み切る」(BFP) から，すぐにGHへの入居となっている訳ではない。「第4期：焦燥し自立のことで頭がいっぱいになる」時期における阻害要因と促進要因のせめぎ合いをくぐり抜け，ようやく「GHに送り出す」(EFP) に至っている。この「GHに送り出す」(EFP) は，「潮時を迎える」，「チャンスにうまく乗る」，「踏ん切りをつける」の3つのコードにより構成されている。「ヤキモキする」や「子

の親離れに焦る」から，①「潮時を迎える」と感じる母親もいる。また，「制限時間が迫る」と感じている場合，タイミングよくGHへの入居のお誘いがあり②「チャンスにうまく乗る」母親もいる。「もう限界」と感じていた母親は，遠方の入所施設に入れるよりも③「踏ん切りをつける」思いでGHへの入居を決定している。等至点「GHへ送り出す」も，多様な個別状況より生成されている。

「第5期：子どものいない生活に慣れる」時期における阻害要因には，〈同じ生活圏内〉と〈綱渡り状態のGH〉の2つがある。前者の〈同じ生活圏内〉は，GHまで近いことから，これまでの習慣で「惰性で子どもに関わる」或いは，「二重生活で大変さは変わらない」と感じることである。これは，先述した森口のGHへの入居の促進要因《物理的な距離が比較的近い》と同種の状況が阻害要因となる場合もあることを示している。つまり，GHでの暮らしへ移行した後も，ケアする母親とケアを受ける本人の関係性が変わらない場合，母親の負担は二重となり，阻害要因となることを示唆している。

後者の〈綱渡り状態のGH〉は，GHの運営法人の経営上の問題とGHの建物の老朽化問題があり，母親が，GHが継続していけるのか不安を感じることである。この2つの阻害要因〈同じ生活圏内〉と〈綱渡り状態のGH〉の原因は，森口の研究の促進要因として抽出した《ケアを提供する側と親との信頼関係があること》及び《連絡を取り合える関係である》ことの欠如と考えることが出来る。阻害要因の対極にある促進要因には，《GHで生活する子どもの意外な姿》がある。母親は，本人がGHで暮らすことによる本人の成長を感じられるようになっている。

「GHに送り出す」（EFP）のあとの第5期を経ることで，セカンド等至点「将来を再考する」（EFP2）に至っている。ここには，母親自身が死んだあとも見通しが立ち①「目途が立ち悔いはない」というGH入居を完結と捉える思いと，現状はGHであるが，親亡きあとは入所施設や高齢施設という②「次のステージを考える」という思いの2通りがコード化されている。11名の中には，親亡きあとに入所施設の選択肢が残っている母親もいることが確認出来る。

以上，福田の調査結果を，起点と阻害要因，促進要因を中心にメタ分析し，論じてきた。福田の調査は，60歳を過ぎた母親が知的障害の子どもをGHへ送

り出す経験世界のプロセスをリアルに描いたものである。この調査結果は，図3-3-2知的障害者のドミナント・ストーリーにある「親によるケアの消滅」となる前に，ケアの脱家族化を開始したことに特徴がある。その意味から森口の調査と比べ，ケアの脱家族化の開始時期が遅い。筆者の解釈では，地域生活を継続させたいという親の思いと親自身の加齢に伴う体力の低下，その2つが交叉するギリギリのタイミングでケアの脱家族化に踏み切った11事例の分析である。このタイミングでのケアの脱家族化を失すると，前述した植戸の指摘にある「地域から施設へ」という可能性が高い。これまでのメタ分析の作業を通して，60歳を過ぎた母親にとって，知的障害の子どもとの暮らしを空間的に分けることの意義について，以下5点を抽出した。前述した森口の研究による意義とともに，表3-3-4に整理した。

　1点目は，親の体力が残されている時に，空間的に暮らしを分ける意義である。《親の務め》にあるGHへの移行がハードランディングではなく，親のフォローやGHから自宅への外泊といった中根の「ケアの社会的分有」を一定期間持つことが出来る。2点目は，GHでの暮らしから本人の成長を確認できるという意義である。これは，森口の研究による意義と同種である。

　3点目は，本人の居ない生活に慣れるという意義である。序章第2節第4項で述べた家族周期という視点から，畠中（2014）の「夫婦だけの生活に戻る」，或いは森岡ら（1997）の「向老期」等，親の年齢相応の家族周期の段階を迎えることが可能となり，ライフコース理論から考えると，親は，多様な生き方を選択することを阻まれている状態から脱出していく可能性を持っている。4点目は，親亡き後の本人の暮らしの目途を持てるという意義である。森口の親亡きあとを冷静に考えられるようになると同種の意義である。5点目は，母親に内在化されているネガティブな印象の施設入所を回避できるという意義である。

　森口と福田の研究は，調査対象の年齢及び子どもの障害レベルが同質とはいえないものの，母親の経験や認識を経時的に明らかにしているという点は，共通している。ただし，異なる点は，福田の研究は，暮らしの場をGHへ移行する際の親年齢が高く，制限時間が迫るなかで決定している。そのため，森口の研究で抽出した促進要因のうちの2点《ケアを提供する側と親との信頼関係が

表3-3-4　知的障害の子どもと空間的に暮らしを分けることの親にとっての意義

	親にとって暮らしを分けることの意義
森口の研究 (2014)	①親自身が自らの関わりを客観視できる契機となる ②近視眼的な暮らしから見通し持った暮らしになる ③本人と距離をとることで，本人の成長を確認できる ④親自身が自分の時間を取り戻す機会となる ⑤本人のきょうだいに対してもいい影響を与える ⑥親亡きあとを冷静に考えられるようになる ⑦GHと家の併用は，親と本人の物語を継続していける
福田の研究 (2017)	①親の体力が残されている時にGHへ暮らしの場を分けられる ②GHでの暮らしから本人の成長を確認できる ③本人の居ない生活に慣れる（一般的な家族周期を過ごせる） ④親亡き後の本人の暮らしの目途を持つことができる ⑤ネガティブな印象の施設入所を回避できる

出典）森口（2014）及び福田（2017）の文献をもとに筆者作成

あること》及び《連絡を取り合える関係である》という支援者と親との信頼関係を構築する前に決定している事例のルートでは，GHでの安定した暮らしにつながっていない。2つの研究を比較検討するなかで，支援者と親との信頼関係の有無が，GHへソフトランディング出来るか否かの岐路になることを示唆している。

3-3-4. 対象文献6 福田（2018）のメタデータ分析

対象文献6は，福田（2018）の研究である。言葉による意思疎通が可能な知的障害8名を調査対象とし，知的障害本人が自立をめぐる一連の行動や認識の変容と，その間に働く促進要因と阻害要因を明らかにすることを目的とした研究である。8名へのインタビューデータをTEMで分析し，第1期「当たり前に親と暮らしている時期」，第2期「母親の言葉を咀嚼し自立に向かう時期」，第3期「新生活に馴染みきれない時期」，第4期「GHで暮らしていくと決心する時期」の4期に時期区分がなされている。

対象文献4の森口（2014）の調査対象が「言葉による意思疎通が難しい知的障害者」であるのに対して，福田の調査対象は，言葉によるコミュニケーションが可能な知的障害8名を選定し，インタビュー調査により，本人の経験世界を明らかにしていることを特徴とする。

得られた質的データは，TEMで分析している。表3-3-5は，福田（2018）の調査結果を，筆者がケアの脱家族化の起点及び阻害要因，促進要因という視角からメタデータ分析を行い，表に整理し直したものである。以下，表3-3-5をもとに，ケアの脱家族化の阻害要因を〈　〉，促進要因を《　》として，説明していく。表中の転換点は，BFP，OPP，EFPを包含し，記している。また，最初の転換点は，起点となっている。着眼点にアンダーラインを引く。

　調査対象8名のケアの脱家族化の起点は，全員が母親である。「母親にGHに入るよう切り出される」（BFP・OPP）という経験により，ケアの脱家族化に向かっていく。

　そこに至るまでの時期が，「第1期：当たり前に親と暮らしている」である。「繰り返しGHを見学する」（BFP）は，起点に至るまでの促進要因として作用している。既にGHへ入居している人を《一人で暮らすすごい人》とロールモデル化したり，通っている《通所施設がGHを新設》したりするなかで，GHをリアルに感じ，《いずれGHに入る》というイメージを持つ。また，《病気のお父さんがいなくなる》や《お母さんがダメになる》といった家族内における親のケア力が小さくなっていくことを実感することも促進要因として作用する。この時期の阻害要因は，〈どこにもGHがない〉状況や今は〈家に居なくちゃダメ〉と母親に言われることがあげられる。

　「母親にGHに入るよう切り出される」（BFP・OPP）の次の時期区分である「第2期：母親の言葉を咀嚼し自立に向かう」は，正式にGHへ暮らしが移行するまでの準備期間である。「母親にGHに入るよう切り出される」（BFP・OPP）時点での本人の思いは，それまでの「繰り返しGHを見学する」（BFP）があるものの，「先行きが不安」であったり，母親に「申し訳ないけど入って」あるいは「いいGHがある」と言われたり，戸惑いを感じている。〈家に居たい〉という思いも持ちながら，《GHの訪問やお泊まり》をする。GHの《面接に受かる》ことや，小さい頃から《GHで暮らす友達》を知っていたり，《遠く（の施設）に引っ越した友達》の存在を知ったりすることは，GH入居の促進要因となっている。

　準備期間を経て，いよいよ「家を出る」（EFP）。この時点における本人の思いは，4つのタイプに分かれる。1つは，「やっとGHへ入れる」という即決

表 3-3-5　対象文献 6 の GH へ入居した知的障害 8 名の軌跡

時期区分	阻害要因	促進要因
第 1 期 当たり前に 親と暮らしている	どこにも GH がない 家に居なくちゃダメ	繰り返し GH を見学する（BFP） 一人で暮らすすごい人 通所施設が GH を新設 いずれ GH に入る 病気のお父さんがいなくなる お母さんがダメになる
起点（転換点）	母親に GH に入るよう切り出される（BFP・OPP）：先行きが不安，申し訳ないけど入って，いい GH がある	
第 2 期 母親の言葉を咀嚼し 自立に向かう	家に居たい	GH の訪問やお泊まり 面接に受かる GH で暮らす友達 遠く（の施設）に引っ越した友達
転換点	家を出る（EFP）：「やっと GH へ入れる（即決型）」，「嫌だけど選択肢はない（諦め型）」，「友達と一緒になれる（希望型）」，「近いからまだマシ（消去法的選択型）」	
第 3 期 新生活に馴染みきれない	いじわるが続く 友達がやめる お父さんの死	GH の居心地のよさ
転換点	家に帰りたい（OPP）：一人ぼっちのお母さんを助けたい，悲しくて寂しい	
第 4 期 GH で暮らしていくと 決心する		自分と同じ家に帰れない仲間 お母さんは自分のことだけでも大変 今まで通りお母さんに会える
転換点	親がいなくなっても GH で頑張る（EFP 2）	

出典）福田（2018）の文献をもとに筆者作成

型。2 つめは「嫌だけど選択肢はない」という諦め型。3 つ目は，「友達と一緒になれる」という希望型。4 つ目は，《遠く（の施設）に引っ越した友達》を知る本人は「近いからまだマシ」という消去法的選択型，である。

「家を出る」（EFP），ここから時期区分「第 3 期：新生活に馴染みきれない」時期となる。GH 入居当初，《GH の居心地のよさ》を感じていたものの，その後，他の入居者からの〈いじわるが続く〉，家に帰る入居者〈友達がやめる〉，〈お父さんの死〉により母親を助けなければと思う阻害要因がある。

時期区分の第 3 期から「第 4 期：GH で暮らしていくと決心する」時期への移行期には，「一人ぼっちのお母さんを助けたい」あるいは「悲しくて寂しい」

思いから「家に帰りたい」（OPP）と考える。移行期の「家に帰りたい」（OPP）を経て，《自分と同じ家に帰れない仲間》や《お母さんは自分のことだけでも大変》ということに気づき，GH に入居していても《今まで通りお母さんに会える》と考えられるようになっていく。それらの促進要因により，セカンド等至点である「親がいなくなっても GH で頑張る」（EFP 2）となっていく。

　以上，対象文献 6 の自宅から GH へ入居し，暮らしの場を移行した知的障害本人 8 名への調査について，ケアの脱家族化の起点，促進要因，阻害要因という観点からメタデータ分析を行った。このメタデータ分析の作業を通して，青年期から成人期にかけて GH へと暮らしの場を移行することの本人にとっての意義を考察した。それらの意義は，以下の 5 点に集約される。

　1 点目は，地域生活を継続できるという意義である。前述した図 3 - 3 - 2 の知的障害者のドミナント・ストーリーではないオルタナティブ・ストーリーを親によるケアの消滅前に GH という暮らしの場を選択出来たことにある。

　2 点目は，リハーサルを繰り返し行うことに意義がある。これは，「繰り返し GH を見学する」（BFP）や《GH の訪問やお泊まり》が重要であり，「一人で暮らすすごい人」とピアな仲間をロールモデル化していることを示唆している。

　3 点目は，伴走者的支援を行うことの意義である。第 2 期，第 3 期における阻害要因と促進要因の相克のなかで，本人が GH で暮らし続けることを選択しているのは，支援する専門家と母親の伴走的な関与の影響が大きい。言語による意思疎通が可能である知的障害者の場合，より効果的に作用すると思われる。

　4 点目は，GH への入居後に「家に帰りたい」（OPP）という揺り戻しがあることを発見したことに意義がある。定位家族からの自立支援を行う際に，ノーマルな反応として表出されることを意味している。反面，阻害要因〈友達がやめる〉は，どのような理由で GH から退去したのかが不明である。ただ，この阻害要因〈友達がやめる〉は，GH 入居に至るまでに，親，本人，支援者の調整という多大な労力のうえ入居となった後に定位家族へ戻るということを意味している。それゆえ，GH 入居当初は，親，本人，支援者の密な連携が求められる時期であるといえる。

5点目は，セカンド等至点である「親がいなくなってもGHで頑張る」（EFP2）を見いだせたことの意義である。近視眼的に自身の生活を捉えていた本人が，自らを客体化し将来を見通せるようになったことを示唆している。

3-3-5．知的障害ケアの脱家族化の特徴

第2項から前項まで，ケアの脱家族化の起点，阻害要因，促進要因という視点から先行研究の知見を整理した。それらを本章第2節の全身性障害ケアの脱家族化の表3-2-3と同じ枠組みで，本人，母親，本人と母親との関係性，社会的・文化的背景，という視角からメタデータ分析を行い，表3-3-6に整理した。

本人の阻害要因は，〈ロールモデルの不在〉から〈家に居たいという思い〉がある。母親からの「GH入居の提案」に対しては，〈家を出たあとの先行きの不安〉がある。GH入居後の〈父の死に伴う母を手伝いたいという思い〉や〈GH内での人間関係（仲間のいじわる，仲間がGHを退去する）〉は，GHから自宅へ戻ろうとするベクトルが働く。

本人の促進要因は，《GHでの宿泊体験》による《ロールモデルとの出会い》がある。また，《遠くの入所施設に入った仲間》を知ることは，促進要因として作用する。また，《GHの居心地の良さ（仲間・支援者）》は，《GHの所属意識の高まり》となる。GHでの時を重ね《自分と同じ帰る家の無い仲間の存在》を知ることや年老いた《親は親自身のことだけで精一杯ということを知る》こともケアの脱家族化の促進要因となる。

次に，母親の阻害要因は，〈自立は論外という思い込み〉や〈最後は入所施設という諦め〉といった地域生活をしているロールモデルを知らないことによる認識がある。また，GHの存在を知ったあとにも〈一緒に暮らしたいとGHで暮らして欲しいというアンビバレントな心情〉や〈家族がケアすべきという社会的・文化的規範〉に基づく〈GH入居に対する不憫さ・申し訳ないという思い〉がある。また，阻害要因として〈GH入居に対する父親の反対〉がある場合もある。

母親の促進要因は，高等部卒業後時間だけが過ぎる《時間の限界性の気づき》がある。中根のいう「時間の限界性」が符合する。《入所施設に対するネガティ

表 3-3-6　知的障害ケアの脱家族化の起点・阻害要因・促進要因の整理

起点	阻害要因	促進要因
親	【本人】 ①ロールモデルの不在 ②家に居たいという思い ③家を出たあとの先行きの不安 ④父の死に伴う母を手伝いたいという思い ⑤GH内での人間関係（仲間のいじわる，仲間がGHを退去する）	【本人】 ①GHの宿泊体験 ②ロールモデルとの出会い ③遠くの入所施設に入った仲間 ④GHの居心地の良さ（仲間・支援者） ⑤GHの所属意識の高まり ⑤自分と同じ帰る家の無い仲間の存在 ⑥親は親自身のことだけで精一杯ということを知る
	【母親】 ①自立は論外という思い込み ②最後は入所施設という諦め ③一緒に暮らしたいとGHで暮らして欲しいというアンビバレントな心情 ④GH入居に対する不憫さ・申し訳ないという思い ⑤GH入居に対する父親の反対	【母親】 ①時間の限界性の気づき ②入所施設に対するネガティブな思い ③GH宿泊訓練の成功体験 ④本人の同意 ⑤GHで生活する本人の成長 ⑥これまでの母親自身のパターナリスティックな関わりへの気づき ⑦母親自身が自分の時間を取り戻す
	【本人と母親との関係性】 ①母親が代決権を握っている ②GHと自宅トータルの経済的負担の増加 ③GH入居後も減らない母親による本人へのケア	【本人と母親との関係性】 ①母親と本人の間に支援者が入る関係性 ②本人と母親の関係性が占める比率が漸次低下（本人と仲間や本人と支援者の関係性が構築される） ③母親の直接的な手段的ケアが低下し，情緒的なケアが保持される
	【社会的・文化的背景】 ①家族がケアすべきという社会的・文化的規範 ②家族によるケアを前提とした制度設計 ③GHの施設整備が遅れている ④ロールモデルが知られていない（親元からの自立という実践モデルの欠如）	【社会的・文化的背景】 ①専門機関（福祉事務所）の後押し ②ケア提供者と親との信頼関係 ③同じ知的障害の子どもを持つ親同士のつながりと支え合い

出典）森口（2014）及び福田（2017, 2018）の文献のメタデータ分析により筆者作成

ブな思い》や《GH宿泊訓練の成功体験》，そして本人へGHへの入居を切り出した時の《本人の同意》は，促進要因となっている。結果として《GHで生活する本人の成長》や《これまでの母親自身のパターナリスティックな関わりへの気づき》もある。何よりもGH入居に伴い空間的に暮らしを分けることにより，《母親自身が自分の時間を取り戻す》ことは，序章第2節第4項で述べ

た家族周期説による子ども全員が独立する「向老期」を迎えることとなる。また，ライフコース理論に即して考えると，知的障害の子どものケアにより多様な生き方を剥奪されている状況から，脱出出来る可能性を持つものである。

　本人と母親との関係性に関する阻害要因は，〈母親が代決権を握っている〉ことである。これは，本節第1項　知的障害ケアの脱家族化が進まない背景，で述べた〈母親が面倒を見るのが当たり前という社会的・文化的規範〉や「残余的公的福祉サービス」により必然として生じる「母親による本人の抱え込み」がもたらすものである。また，身体障害と同様に二世帯となることによる〈GHと自宅トータルの経済的負担の増加〉や連絡を取り合える《ケア提供者と親との信頼関係》の欠如からくる〈GH入居後も減らない母親による本人へのケア〉がある。

　本人と母親との関係性に関する促進要因としては，これまで母親と本人の二者で重要な決定を下していたが，《母親と本人の間に支援者が入る関係性》が新たに出来ることである。そのことの副次的効果として，《本人と母親の関係性が占める比率が漸次低下（本人と仲間や本人と支援者の関係性が構築される）》し，《母親の直接的な手段的ケアが低下し，情緒的なケアが保持される》ようになっていく。

　社会的・文化的背景から見出されるケアの脱家族化の阻害要因は，〈家族がケアすべきという社会的・文化的規範〉が根強いことや〈家族によるケアを前提とした制度設計〉であることだ。これは，鈴木ら（2005）や植戸（2012）の指摘と符合する。また，母親がGHへの入居を希望するタイミングでGHの空きが無いという〈GHの施設整備が遅れている〉。また，〈ロールモデルが知られていない（親元からの自立という実践モデルの欠如）〉がある。これは，麦倉（2004）のモデルストーリーの不在という指摘と符合する。

　他方，社会的・文化的背景から見出される脱家族化の促進要因は，《専門機関（福祉事務所）の後押し》や《ケア提供者と親との信頼関係》というフォーマルなケア提供機関の後ろ盾と<u>《同じ知的障害の子どもを持つ親同士のつながりと支え合い》</u>というインフォーマルなつながり，それらが相俟っていることがケアの脱家族化を促進している。

3-3-6．分析枠組みからみた知的障害ケアの脱家族化の特徴

前項でメタデータ分析を行ったコードを表3-3-6に整理した。それらを第1節で設定した分析枠組み①起点，②社会的・文化的背景，③本人と親のパワーバランスの推移，④ピアの関与，⑤ソーシャルワーカーの関与によるメタ統合を行った。

その結果は，以下のとおりである。

(1) 知的障害親

①起点

知的障害ケアの脱家族化の起点は，親である。

②社会的・文化的背景

親によるケアを前提とした制度設計である。知的障害があると分かり，当時の療育教室へ行く頃から，優秀な療育者であることを求められている。知的障害のGH入居は，週末は実家，平日はGHという文化がある。

③本人と親のパワーバランスの推移

パワーバランスは，同居から非同居全ての過程において，親優位である。親元からの自立については，施設職員から情報を得た親が決断し，GHへ入るように本人へ切り出している。

④親のピアの関与

本人が幼少期からピアとの関係はあり，障害受容に寄与している。交流のある親の子どもがGHに入居すると「乗り遅れた感」が認められ，ケアの脱家族化の促進要因となっている。

⑤ソーシャルワーカーの関与

法人の行うGHの見学会や説明会等において，法人若しくは施設のソーシャルワーカーからグループホーム入居に関する情報提供を受けている。親との連絡帳を通したやりとり等，ソーシャルワーカーとの信頼関係の有無は，GHへの入居決定へ影響している。

(2) 知的障害本人

①起点

知的障害ケアの脱家族化の起点は，親である。

②社会的・文化的背景

　親によるケアを前提とした制度設計である。これまでの人生の大事な局面で，自らが決定し責任を負う経験がない。いつも親が本人に代わり重要なことを決める。抽象的な思考が困難なこともあり，いつまでも親と一緒に暮らしていけるという感覚を持っている。

　③本人と親のパワーバランスの推移

　パワーバランスは，同居から非同居の全ての期間において，親優位である。GH入居については，親から「悪いけど入って」とお願いされ，それに従う。

　④本人のピアの関与

　GHの見学や宿泊体験で，ピアに出会う。一人で暮らすすごい人と認識し，本人にとってロールモデルとなる。

　⑤ソーシャルワーカーの関与

　GHの宿泊体験によるロールモデルとの出会いといった具体的な体験がGH入居の決断を促進している。背景には，ソーシャルワーカーのコーディネイトも推察される。入居後は，GHソーシャルワーカーの伴走的関わりが本人の「GHで頑張る」という意味づけを醸成している。

第4節　薬物依存症ケアの脱家族化実証研究のレビュー

　本節では，薬物依存症ケアの脱家族化に関する実証研究をレビューする。第1項では，薬物依存症を比較対象とした理由を述べる。第2項では，薬物依存症とは何かを明らかにする。第3項では，分析の対象文献を示し，山野（2001, 2002）による薬物依存症家族を対象とした初期介入型グループワークの対象文献7及び8のメタデータ分析を行う。第4項では，安髙（2016）によるセルフ・ヘルプ・グループを10年以上利用している薬物依存症家族のインタビュー調査による対象文献9のメタデータ分析を行う。第5項では，薬物依存症家族会会員へのインタビュー調査による対象文献10のメタデータ分析を行う。第6項では，薬物依存症ケアの脱家族化の特徴を整理し，設定したケアの脱家族化の分析枠組みに即して，薬物依存症ケアのメタ統合を行う。

3-4-1. 薬物依存症を比較対象とした理由

　統合失調症は，1993（平成5）年の障害者基本法改正により，障害者と位置づけられた。そこで本章では，統合失調症ケアの脱家族化の比較対象として，第2節で全身性障害ケアの脱家族化実証研究を，第3節で知的障害ケアの脱家族化実証研究を，それぞれレビューした。

　一方，統合失調症は，障害者であると同時に病者でもある。本節でとりあげる薬物依存症は，統合失調症と同様に，思春期の発症が最も多く。社会的に正しく理解されていない。これらの点は，統合失調症と同種の問題を持つものである。

　わが国の物質依存の依存症対策は，アルコール依存症から始まり，薬物依存症対策へと続いている。アルコール依存症に関しては標準化された治療システムが普及している。しかしながら薬物依存症の治療システムは，道半ばである。

　なぜ，本論文の比較研究では，アルコール依存症ではなく，薬物依存症を扱うのか。それは，家族支援の現場に登場する続柄の違いである。樋口ら（2010）の報告書によると，アルコール依存症の家族は配偶者が殆どであるが，薬物依存症では「親」が9割を超えている。依存症に家族が気づく平均年齢は，アルコール依存症が41.7歳，薬物依存症が22.8歳となっている。回復のキーマンとなる家族は，アルコール依存症では配偶者となり，薬物依存症では親である。アルコール依存症も薬物依存症も，ファーストクライエントは，家族となることが多い。

　因みに同報告書では，相談機関へ相談した薬物依存症の平均年齢は，25.8歳であり，親が気づいてから3年間を要していることになる。山口ら（2016）が調査したわが国の統合失調症の発病から初診までの未治療期間（Duration of Untreated Psychosis，以下，DUP）は，17か月と欧米諸国に比べて著しく長い。背景には，統合失調症に対する偏見・差別がある。塩満（2003b）は，社会的偏見が本人や家族にも内在化されており，それゆえ疾病に対して忌避的となり，専門機関への相談が遅れると指摘している。このDUPが長いことも，薬物依存症と統合失調症は，共通する。

　一方，社会参加という点において，薬物依存症と統合失調症で最も異なる点

は，能力障害に起因する生活困難の有無である。統合失調症は，第2章第1節で詳述したように生活障害を有する。しかしながら，薬物依存症の生活障害は，認められないとされる。単居の統合失調症者の多くは，ホームヘルプサービスや訪問看護等のケアを利用している。薬物依存症では，残遺障害のある方を除き，ホームヘルプサービス等の社会資源の利用は限定的である（山口：2010）。

付言すれば，薬物依存症は，警察行政による「ダメ，ゼッタイ」に象徴されるように，「病気」ではなく，「犯罪」として捉えられ，未だにその傾向が続いている。そのため，精神科病院においても薬物依存症の治療には，消極的である。樋口ら（2007）の調査によると，アルコール依存症専門医療機関128施設のうち，53％は薬物依存症を受け入れていない。2016（平成28）年3月，再犯率の高い覚醒剤事犯者に対して「薬物使用等の罪を犯した者に対する刑の一部の執行猶予に関する法律」が施行された。司法が刑罰だけでなく，回復支援をもその範疇に含めることとなった。

3-4-2．薬物依存症とは何か

嗜癖は，物質依存，行為依存，人間関係依存の3つに類型化される。物質依存には，アルコール，薬物がある。行為依存には，ギャンブル，セックス，暴力，万引き，買い物，インターネット，ゲームがある。人間関係依存には，いじめ，パワハラ，虐待がある。

アルコール依存症や薬物依存症だけでなく，近年では，ギャンブル依存症，インターネット依存症も専門機関による治療が始まっている。依存症に共通する特徴は，「手っ取り早く強力に気分をかえることにのめり込んでコントロールがつかなくなり，問題が起きても修正できなくなっていくこと」（成瀬：2019）である。

WHOは，2018年にICD10（疾病及び関連保健問題の国際統計分類：International Stational Classification of Diseases and Related Health Problems）に代わるICD11を公表し，2019年5月の総会で承認した。アルコール依存症や薬物依存症の物質依存の診断ガイドラインは，表3-4-1の3項目のうち2項目以上が過去3か月以上続いている場合，依存症と診断される。

薬物依存症に即して言えば，1）物質使用のコントロール障害は，薬物使用の自己管理が出来なくなることである。薬物の自己管理をしようとすればするほど，薬物使用への渇望が強くなる。渇望とは，コントロールが困難な病的欲求のことである。薬物依存症者は，渇望により薬物探索が始まり，薬物使用が最優先課題となる。

　2）は，生活のなかで，何よりも薬物使用を優先し，そのことにより趣味や家庭，友人への関心を失い，仕事に対する責任を感じなくなり，薬物使用が至上化される。薬物の連続使用が出来なくなることを恐れ，絶えず薬物の使用，入手のことのみを考え行動するようになる。

　3）は，繰り返し薬物を体内に摂取することにより，従来の量では満足できる快感を得られなくなる「耐性の増大」がみられる。そのため，それまで得ていた快感を求めるため，薬物の増量やより濃度の高い薬物へ移行していく。「耐性の増大」により依存症が進行すると，「身体依存」が形成される。「身体依存」が形成されると，血中の薬物濃度が低下していく段階で，「離脱症状」が出現する。発汗，不眠，頭痛，焦燥感，幻覚・妄想といった不快な離脱症状は，薬物を摂取することにより消失する。これらが，薬物の連続使用とコントロール障害を引き起こす精神と身体の機序である。

　上記のような薬物依存症の症状は，この薬物依存症の疾病の結果であると理解していない家族や友人，職場の上司は，何とかして薬物使用をやめさせようと説得し，世話をやき，薬物使用をコントロールしようとする。本人から「もう薬物に手を出さない」の言質をとったり，誓約書を書かせたりする。しかし

表3－4－1　物質依存の診断ガイドラインの概要

以下の3項目のうち2項目以上を満たす
1）物質使用のコントロール障害
2）健康維持や日常生活などの人生の他の側面よりも物質使用を優先することが多くなっており，害の発生にもかかわらず物質使用が持続する，または，増加している。
3）物質に対する神経順応を示唆する，耐性または離脱症状の存在。
依存の特性は通常，過去12か月移行の期間にみられるが，診断は，使用が3か月以上継続されている場合（毎日またはほぼ毎日）に下すことができる。

出典）樋口（2022）880頁表転載

ながらそれらは，ことごとく失敗する。友人や職場の上司は，早い段階から，本人と距離をとりはじめるが，家族，とりわけ親はそう簡単に距離をとれない。

次項では，分析の対象文献となる薬物依存症ケアの脱家族化の実証研究を提示し，対象文献7及び対象文献8のメタデータ分析を行う。

3-4-3．対象文献7及び対象文献8山野（2001, 2002）のメタデータ分析

薬物依存症ケアの脱家族化の分析対象文献は，表3-4-2のとおりである。本項では，対象文献7及び対象文献8の家族をクライエントとして位置づけるソーシャルワーク実践のアクションリサーチである山野(2001, 2002)のメタデータ分析を行う。

第4項では，安高（2016）の対象文献9のメタデータ分析を行い，第5項では，五十嵐（2011）の対象文献10のメタデータ分析を行う。

対象文献7は，薬物依存症家族を対象とした家族支援プログラムの実践報告である。家族支援プログラム参加者250名の発言記録をもとに，主にはプログラム参加時における家族の薬物問題に関する認識と行動を詳述し，家族支援プログラムの指針について，述べている。

対象文献8は，対象文献7と同じ著者である。分析対象も家族支援プログラム参加者250名の発言記録という点も同じである。文献8は，家族が相談に至るまでの薬物依存症に対する認識を分析し，それに対応する家族支援プログラムの概要と有効性を論じている実証研究である。

対象文献9は，薬物依存症親で自助グループ（以下，SHG）へ参加している18名を対象にインタビューを実施し，KJ法で分析を行っている。分析の結果，親の回復過程を7期に時期区分し，それぞれの時期区分ごとに，関与している機関，人の整理を試みている。薬物依存症親も援助を必要とする当事者であり，支援体制の構築の必要性を論じている。

対象文献10は，薬物依存症家族のSHGに参加している22名の親へインタビューを実施し，KJ法を援用し分析を行っている。家族が薬物依存問題を受容し，適応に至るまでの過程を8期に時期区分し，薬物依存症親の回復のモデルストーリーを明示している。

表3-4-2 薬物依存症ケアの脱家族化実証研究の概要

文献No.	タイトル（著者，発行年）	研究目的	対象者	研究方法	結果の概要
対象文献7	薬物依存者の家族支援プログラム―大阪地域における七年間の実践から（山野，2001）	家族への初期介入プログラムの現状と課題を明らかにすること	1998年10月から2000年3月までの家族支援プログラム参加者250名の発言記録（234名が親）	実践報告	プログラム参加前の家族は，薬物依存症を病気と捉えず，育て方に対する自責感からやめさせることに注力し，即効性のある根治療法を求めている。プログラムでは，①援助者との信頼関係の構築，②適切な情報提供，③ピアな立場の家族との出会いや家族の行動変化を促す。
対象文献8	薬物依存者の家族に対するソーシャルワーク―家族自身の心理・社会的脆弱化と初期介入の試み（山野，2002）	薬物依存症家族が直面する困難の明確化と求められる援助の検討	1998年10月から2000年3月までの家族支援プログラム参加者250名の発言記録（234名が親）	アクションリサーチ	薬物依存症家族を対象とする初期介入型グループワークのアクションリサーチ。薬物依存症家族支援プログラムの指針及び参加者250名の発言記録から，家族が相談に至るまでの薬物依存症に対する認識を分析し，それに応じた家族支援プログラムの概要と有効性を論じている。
対象文献9	子の薬物依存問題によって親に生起する社会関係の変容およびその回復過程（安髙，2016）	子の薬物依存問題に直面した親の回復過程を探求し，支援についての示唆を得ること	薬物依存症親で自助グループへ10年以上参加している親18名	KJ法	18名を対象にインタビューを実施し，KJ法で分析を行う。親の回復過程を7期に時期区分し，それぞれの時期において関わりのある機関や人について，整理を試みている。親も支援を必要とする当事者であり，支援体制の構築の必要性を論じている。
対象文献10	薬物依存症者を抱える家族の適応過程―家族の当事者活動をフィールドとして探る（五十嵐，2011）	薬物依存症者と家族のひとつの再生の雛形を提示すること	薬物依存症家族の自助グループに参加している親22名	KJ法を援用	22名を対象にインタビューを実施し，KJ法を援用し分析を行う。親が薬物依存問題を受容し適応に至るまでの過程を8期に時期区分し，薬物依存症親の回復のモデルストーリーを明示した。

出典）筆者作成

　表3-4-2の対象文献を精読した。いずれの文献もメタ統合の5つの着眼点，①起点，②社会的・文化的背景，③本人と親のパワーバランスの推移，④ピアの関与，⑤ソーシャルワーカーの関与，から再度精読した。着眼点5点のうち4点以上を含むことから，メタ統合の要件を満たしていると判断した。

以下，対象文献7及び対象文献8のメタデータ分析を行う。2つの文献は，調査対象が同一であることから束ねて分析した。表3-4-3は，2つの文献の記述から，親が相談や家族支援プログラムへの参加前と家族支援プログラム参加後におけるケアの脱家族化の阻害要因と促進要因を整理したものである。以下，表3-4-3をもとに，着眼した記述にアンダーラインを引き，ケアの脱家族化の阻害要因を〈　〉，促進要因を《　》とする。

　家族プログラム参加前は，阻害要因がほとんどである。「薬物使用は，警察の管轄」と言われ，相談に応じてもらえない経験や社会的・文化的背景として，薬物依存症は医療の対象ではなく，刑事罰の対象という偏見から〈薬物依存症は刑事罰の対象で警察管轄〉と考えている。〈薬物依存症の原因は子育ての失敗と思い込む〉や〈薬物依存症の問題行動の責任は親にあるという認識〉等，薬物依存症親も一般の偏見を内在化させている。それゆえ，シンナーの袋を持って外出しないように〈本人を監視し，薬物をしないように見張る〉や知人と仕事以外の話しをしないように〈子の薬物問題を外部に漏らさないようにし，人との関わりを避ける〉ようになる。薬さえやめたら問題はないと考え，本人へ〈叱責・哀願・説得で薬物をやめる言質をとる〉行為がみられる。親は薬をやめさせることに何度も失敗し，親自身が身動き出来ない状況になり，本人よりも先に援助を求める。この行為が家族支援プログラム参加前にみられる唯一の促進要因《外部機関に助けを求める》である。親が意を決して助けを求める機関が親自身をクライエントとして受けとめられる機関であるか否かは，その後の展開の分岐点となる。

　家族支援プログラム参加後は，薬物依存症を正しく理解し，本人の問題と親の対処行動の問題を整理出来るようになり，促進要因のみとなっていく。《支援者との信頼関係の構築》は，親が過去の経験から，相談内容が警察に漏れるのではないか，と不安になる。そのため，匿名でのプログラム参加を認めたり，発言を強要しない「パス」を認めたりすることで，安心出来るような配慮をしている。《薬物依存症を正しく理解する》は，薬物依存症の疾病教育である。薬物依存症は疾病であること，《周囲の人を振り回す病気であるという認識がもてるようになる》や《共依存への気づき》，《回復にはセルフヘルプグループ（以下，SHG）が有効であると認識出来るようになる》ことを伝える。とり

表3-4-3　家族プログラム参加前と参加後におけるケアの脱家族化の阻害要因と促進要因

時期	阻害要因	促進要因
家族支援プログラム参加前	①薬物依存症は刑事罰の対象で警察管轄 ②薬物依存症の原因は子育ての失敗と思い込む ③薬物依存症の問題行動の責任は親にあるという認識 ④本人を監視し，薬物をしないように見張る ⑤子の薬物問題を外部に漏らさないようにし，人との関わりを避ける ⑥叱責・哀願・説得で薬物をやめる言質をとる	①外部機関に助けを求める
家族支援プログラム参加後		①支援者との信頼関係の構築 ②薬物依存症を正しく理解する ③本人の責任に帰することを引き受けない ④周囲の人を振り回す病気であるという認識がもてるようになる ⑤過度な自責感が軽減される ⑥共依存への気づき（親の役割と責任の範囲を確認し，親自身の状況に関心を向けられるようになる） ⑦回復にはSHGが有効であると認識出来るようになる ⑧家族支援プログラムで親のピアと出会い，共感出来る場を獲得する

出典）対象文献7及び対象文献8から筆者作成

わけ，薬物依存症は，親の育て方が原因ではないことを伝える。親は，原因を育て方にあると考え，自責的である。それらにより，《過度な自責感が軽減される》。《本人の責任に帰することを引き受けない》は，サラ金からの督促状を親が代わりに支払う，無断欠勤にならないように，本人に代わり会社へ休みの連絡を入れる等，薬物使用による結果責任を親が肩代わりしないことである。ソーシャルワーカーの関与により，薬物依存症を正しく理解した後に，対処出来るようになる。また，自身と同質の体験を持つ《家族支援プログラムで親のピアと出会い，共感出来る場を獲得する》ことも促進要因となる。

　対象文献7及び8について，第1節で設定した分析枠組み5点からのメタデータ分析結果は，以下のとおりである。

①起点

対象文献7及び対象文献8は，主に親を対象とする初期介入型グループワークであることから，ケアの脱家族化の前段階にある。したがって，起点に関する記述はみられない。

②社会的・文化的背景

薬物依存症は犯罪であり，疾病としてみていない，という社会的・文化的背景がある。親もこういった社会的偏見を内在化させている。それゆえ，家族だけで問題解決を図ろうとし続ける。

③本人と親のパワーバランスの推移

初期介入型グループワークのプログラムを受け始めた時期は，本人優位である。親は，本人の問題に振り回され，育て方の自責感や薬さえやめればと考えている。グループワークの講義やピアの話しから薬物依存症の理解を深め，対等に近づいていく。

④ピアの関与

同じ立場にあるピアとの出会いの場を提供している。促進要因で述べているが，匿名性を確保したり，発言を強要しない「パス」を認めたり，緩やかな参加条件としている。参加者同士が共感し合い，気づきを得られるように工夫されたプログラムである。

⑤ソーシャルワーカーの関与

親へ薬物依存症の正確な知識・情報を提供している。そのことにより，親は，薬物依存症の子を客観的にみられるようになっていく。また，社会や周囲からの「今まで何をしていたのか」というプレッシャーからの焦燥感や切迫感から解放する「過度な自責感の軽減」を図っている。親が負うべき範囲に限度があることを確認し，薬物依存症の断薬継続のために，自身の健康な生活を犠牲にして優先すべき義務はないことの理解を促し，「親の役割と責任範囲の再確認」を図っている。このことにより，親は本人の責任に帰することを引き受けないようになっていく。共依存への気づきを促し，「親自身の社会生活上の諸問題の解決」を図っている。これまで自身の苦痛に麻痺している親が，自分自身の状況に関心を向けられるようになっていくことを支援する。薬物依存症本人が治療を受け，断薬生活が維持された時点で，薬物依存症本人も薬物に翻

弄されてきたことを理解していく働きかけである「薬物依存者との関係の修復」を支援する。

　対象文献7及び8からみえてくる薬物依存症親へのソーシャルワーク実践の特徴を記しておきたい。薬物依存症親を対象とする初期介入型グループワークは，親をクライエントとして位置づけ，薬物依存者本人と親の課題を切り分け，親の課題に焦点化し，親自身の回復を支援していることを特徴とする。そのために薬物依存症の正しい知識を提供し，親が薬物依存者との共依存状態「必要とされる必要」（斎藤：1999）のなかで生きていることを客観視させていく取り組みとなっている。社会から薬物依存者へ向けられるまなざしもソーシャルワーク実践の視野に入れ，親子ゆえの陥穽を確認・共有していく実践ともいえる。

3-4-4. 対象文献9安髙（2016）のメタデータ分析

　安髙（2016）の対象文献9の概要は，表3-4-2で示しているとおりである。SHGへ10年以上参加している18名の薬物依存症親のインタビューを実施し，KJ法で分析を行っている。親の回復過程を7期に時期区分し，図3-4-1の結果図を作成し，回復過程の説明的記述を以下のように記している。【　】はKJで生成した島である。時期区分に加えて，【直接的契機】と【価値観転換の契機となる出来事】の2つの移行期の島を生成している。カテゴリーレベルでのケアの脱家族化のストーリーラインは，以下のとおりである。

　【Ⅰ薬物問題発生前】の状況に薬物使用の引き金となる【直接的契機】があり，【Ⅱ薬物問題発見期】に至り，長く続く【Ⅲ堂々巡りの混乱】から【価値観転換の契機となる出来事】を経て，SHGのメンバーシップとプログラムに支えられながら【Ⅳ（親の）自己覚知・問題明確化期】と【Ⅴ問題構造化・対処期】を行きつ戻りつしながら，内面的な小さな変化の積み重ねによる成長によって【Ⅵ家族関係再構築期】，【Ⅶ主体的自立／自律期】と進んでいく。

図3-4-1　薬物依存症親の回復過程全体概念図

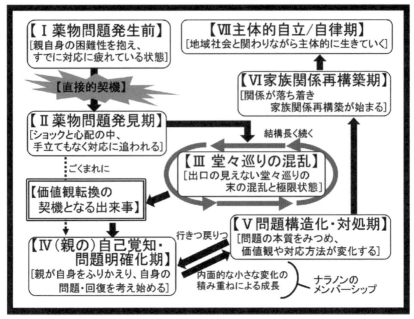

出典）安髙（2016）91頁図1を転載

　表3-4-4は，10年以上SHGに通う薬物依存症親の軌跡を転換点，阻害要因，促進要因で整理したものである。10年以上SHGに通っていることは，図3-4-1にあるナラノン（薬物依存症の家族のSHG）の原理である回復の「12のステップ」を歩んできている人と考えられる。
　以下，着眼した記述にアンダーラインを引き，ケアの脱家族化の阻害要因を〈　〉，促進要因を《　》とする。
　表3-4-4から，全体として，【価値観転換の契機となる出来事】以前は阻害要因が夥しくあり，それ以後は，促進要因が著しく増え，阻害要因が少なくなっている。以下詳述する。
　【直接的契機】である薬物問題の発見後の【Ⅱ薬物問題発見期】の阻害要因は，〈薬物は犯罪者というイメージ〉があり，〈地域や周囲との関係は疎遠になる〉。つまり，家庭内だけで問題解決を図ろうとする時期である。やっとの思いで相

表3-4-4　10年以上SHGに通う親の薬物依存症ケアの脱家族化の阻害要因と促進要因

時期区分	阻害要因	促進要因
Ⅰ薬物問題発生前	①大変な状況下で問題行動への対応や治療に奔走 ②援助を受けるというより本人の処遇や指導上のかかわり ③親は誰からも保護されない	
直接的契機	薬物問題の発見	
Ⅱ薬物問題発見期	①親は対応に追われ右往左往する ②地域や周囲との関係は疎遠になる ③たどり着いた先での的外れな助言 ④本人に対する拒否感と混乱 ⑤家族全体が影響を受ける ⑥薬物は犯罪者というイメージ	犯罪者にさせたくないという親心
Ⅲ堂々巡りの混乱期	①本人の処理で休職・退職する ②金品強奪、金銭問題、暴力が頻発 ③状況変化のたびに一喜一憂する ④追い詰められながら奔走する混乱状態 ⑤夫婦関係の険悪化	どうにかやめさせようとあちこちに相談する
価値観転換の契機となる出来事	①ダルクでの相談・家族教室、②SHGや家族会の仲間との出会い、③本人の体験談からやめられない本人の苦悩を知る ④精神科医療機関や精神保健福祉センターの関与（ごく一部）	
Ⅳ（親の）自己覚知・問題明確化期	①価値観の転換により生きる指標がぐらつく ②家族に残存する影響や新たな葛藤	①本人が目の前にいないとホッとする（物理的距離確保のための転居・別居） ②焦点を本人から親自身へと転換し始める ③本人へのとらわれから離れて親自身が変わり始める ④再使用・断薬を繰り返しながら少しずつ回復していくのだとわかる ⑤本人なりの頑張りを認め、見守る姿勢に変わる
Ⅴ問題構造化・対処期		①自分自身に目を向けるようになる ②自分自身を変えることの意味を考える ③本人への見方が変わり対応の仕方が変わる ④各々の人生を歩む決意をする
Ⅵ家族関係再構築期	本人が地元へ戻ってくることへの不安と警戒心は残存	①負い目がなくなり地域活動へ参加できる ②本人なりの回復の仕方を受け入れる
Ⅶ主体的自立／自律期		①親しい人には過去のこととして本人のことを話せる ②薬物問題が切り口となり夫婦関係が良くなっていく

出典）対象文献9から筆者作成

談に行っても〈たどり着いた先での的外れな助言〉を受け，〈親は対応に追われ右往左往する〉，〈本人に対する拒否感と混乱〉がある。

【Ⅲ堂々巡りの混乱期】は，【Ⅱ薬物問題発見期】の悪循環が深化した状況にある。この時期の促進要因《どうにかやめさせようとあちこちに相談する》。本人による〈金品強奪，金銭問題，暴力が頻発〉したり，その問題処理から，〈本人の処理で休職・退職する〉こともある。〈状況変化のたびに一喜一憂〉し，〈夫婦関係の険悪化〉もみられ，〈追い詰められながら奔走する混乱状態〉となる。

【価値観転換の契機となる出来事】には，「ダルクでの相談・家族教室」や「SHGや家族会の仲間との出会い」がある。また，「本人の体験談からやめられない本人の苦悩を知る」。ごく一部の親には，「精神科医療機関や精神保健福祉センターの関与」がある。

【Ⅳ（親の）自己覚知・問題明確化期】は，全員ではないものの，《本人が目の前にいないとホッとする（物理的距離確保のための転居・別居）》。距離をとれるようになることで，親は，《焦点を本人から親自身へと転換し始める》。これまでの《本人へのとらわれから離れて親自身が変わり始める》。他方，これまでの〈価値観の転換により生きる指標がぐらつく〉揺り戻しから，〈家族に残存する影響や新たな葛藤〉もみられる。本人は，薬物の《再使用・断薬を繰り返しながら少しずつ回復していくのだとわかる》ことで，《本人なりの頑張りを認め，見守る姿勢に変わる》。

【Ⅴ問題構造化・対処期】は，【Ⅳ（親の）自己覚知・問題明確化期】と行きつ戻りつする時期である。図3-4-1に記されているSHGナラノンのピアとの関わりのなかで，時間をかけながら熟成させていく時期となる。親が《自分自身に目を向けるようになる》ことで，《自分自身を変えることの意味を考える》ようになっていく。結果として，《本人への見方が変わり対応の仕方が変わる》。親・本人それぞれが主体であり，《各々の人生を歩む決意をする》。

【Ⅵ家族関係再構築期】では，【Ⅱ薬物問題発見期】の地域と疎遠になっていた関係から，《負い目がなくなり地域活動へ参加できる》ようになり，《本人なりの回復の仕方を受け入れる》。他方，〈本人が地元へ戻ってくることへの不安と警戒心は残存〉している。

【Ⅶ主体的自立／自律期】になると,《親しい人には過去のこととして本人のことを話せる》ようになり,【Ⅲ堂々巡りの混乱期】に険悪であった夫婦関係が,《薬物問題が切り口となり夫婦関係が良くなっていく》。

　これまで述べてきた対象文献9の実証研究の結果の概説から,5点の着眼点に基づき,メタデータ分析の結果を以下に記す。

①起点

【Ⅳ（親の）自己覚知・問題明確化期】におけるコードに,本人が目の前にいないとホッとする,があることから,起点は親であると推測される。

②社会的・文化的背景

　薬物は犯罪者というイメージがあり,犯罪者にさせたくない親心から,親は対応に右往左往している。社会の薬物に対する偏見は,そのまま親にも内在化しており,忌避的態度となって現れている。

③本人と親のパワーバランスの推移

　価値観転換の契機となる出来事以前は,本人優位であり,親は本人の問題行動に振り回されている。契機となる出来事は,力関係を逆転させる転機にもなっていることを示唆している。【Ⅴ問題構造化・対処期】のコードで「各々の人生を歩む決意をする」がある。親の視点から,パワーバランスが親優位から対等へ移行していくポイントとなっていることが示唆される。

④同質の問題を持つピアの関与

　価値観転換後の契機となる出来事は,ピアの影響が大きい。その後の展開においても,ピアの影響は続いていると考えられる。図3-4-1にあるSHGナラノンのメンバーシップでの分かち合い,学び合いの影響は大きいと考えられる。

⑤ソーシャルワーカーの関与

　価値観転換の契機となる出来事では,精神科医療機関や精神保健福祉センターの関わりは一部に認められる。対象文献9において,薬物依存症ケアの脱家族化において,一部にソーシャルワーカーの関与があるが,多数派とはなっていない。

3-4-5. 対象文献10五十嵐（2011）のメタデータ分析

　五十嵐（2011）の対象文献10の概要は，表3-4-2で示しているとおりである。薬物依存症家族会に参加している薬物依存症親22名をインタビューの調査対象としている。22名中母親が17名であり，父親が5名である。両親ともインタビューを受けている者が1組あることから，当該薬物依存症者は，21名である。調査対象者の家族会への平均参加期間は，7.5年である。薬物使用を確信後，家族会参加までに要した期間の平均は，2.9年である。調査時点における親の平均年齢は，56.4歳である。本人21名中20名は，親と非同居であり，回復

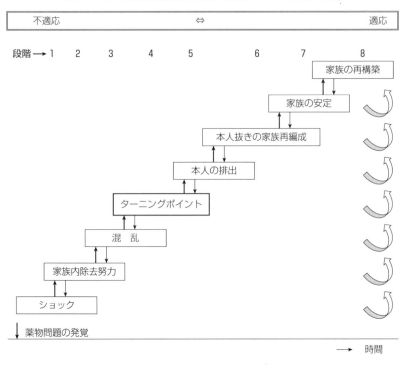

図3-4-2　薬物依存問題を受容し適応にいたる共通の過程

出典）対象文献10より転載

施設入寮中は9名（うち，4名はリカバリースタッフ）であり，自立して暮らしている者が10名，死亡1名となっている。前項の安高（2016）の調査対象がSHGへ10年以上参加している親であることから，調査対象群としては近い。インタビューデータは，KJ法を援用し分析を行っている。親が子どもの薬物依存問題を受容し適応に至るまでの過程を8期に時期区分し，薬物依存症親の回復のモデルストーリーを示している。

　生成したコードから，薬物依存問題を受容し適応にいたる共通の過程を図3-4-2のように，「ショック」，「家族内除去努力」，「混乱」，「ターニングポイント」，「本人の排出」，「本人抜きの家族再編成」，「家族の安定」，「家族の再構築」の8期に時期区分している。

　また，時期区分ごとにケアの脱家族化の阻害要因及び促進要因を整理したのが表3-4-5である。以下，着眼した記述にアンダーラインを引き，ケアの脱家族化の阻害要因を〈　〉，促進要因を《　》とする。

【第1段階：ショック】
　本人の薬物使用を確信した時，〈衝撃を受け，パニック，否認，不安，無力〉状態となる。薬物使用に気づいても「そのうちやめるだろう」と否認する。衝撃を受けた否認により精神の均衡を保とうとし，〈問題に向き合えない段階〉である。

【第2段階：家族内除去努力】
　世間や警察などから薬物問題の発覚を恐れるため，外部には〈薬物問題を隠す〉ようになり，〈自分たちだけで問題を片付けようとする〉。〈薬物を隠す，説教する，なだめる，物を買い与える，監視する〉と共依存を形成し，懸命に〈本人をコントロールしようと努める〉。世間体を気にして，本人の起こした〈問題の後始末をする〉。〈親が社会的に孤立していく段階〉である。

【第3段階：混乱】
　〈薬をやめない本人への怒り〉や〈育て方に対する自責感と自罰的感情〉，さらに〈本人からの暴言・暴力〉により，〈混乱に陥っていく段階〉となる。本人へ向けられる怒りは，怒りを向けられた本人から暴言，暴力を受けるという悪循環となる。

表3-4-5 対象文献10の時期区分ごとの脱家族化の阻害要因と促進要因

時期区分	阻害要因	促進要因
第1段階：ショック	①問題に向き合えない段階 ②衝撃を受け，パニック，否認，不安，無力	
第2段階：家族内除去努力	①親が社会的に孤立していく段階 ②薬物問題を隠す ③自分たちだけで問題を片付けようとする ④薬物を隠す，説教する，なだめる，物を買い与える，監視する ⑤本人をコントロールしようと努める ⑥問題の後始末をする	
第3段階：混乱	①混乱に陥っていく段階 ②薬をやめない本人への怒り ③育て方に対する自責感と自罰的感情 ④本人からの暴言・暴力	
第4段階：ターニングポイント		①外部へ援助要請を行うか否かのターニングポイントの段階 ②家庭内除去努力のあきらめ ③親は無力であると考える ④絶望し，努力を放棄する
第5段階：本人の排出	「突き放し」することへの不安・喪失感	①家族機能として自立を促す「突き放し」段階 ②家族会で「突き放し」を学習し，実行 ③「突き放し」がなければ共依存状態が続くことを学ぶ ④本人は，治療・リハビリ施設で治療を受け，親も家族会で学習し始める ⑤家族会のピアからの共感と支持
第6段階：本人抜きの家族再編成		①本人抜きの家族の再編成を図る段階 ②本人と親は別々のSHGで学ぶ ③親のピアが回復していく様から本人との新たな関係の作り方を学ぶ ④本人へ関心を向け続ける弊害を学ぶ ⑤親自身が共依存であったと気づく
第7段階：家族の安定		①本人も親も回復の道のりを歩む段階 ②本人をコントロールしようとすることをやめる ③家族であっても「私は私，あなたはあなた」と自分に目を向け，自分のために生き始める ④本人と親双方がそれぞれを独立した個人として認識
第8段階：家族の再構築		①混乱していた家族の再生が図られる段階 ②本人が回復すると家族間の信頼関係を取り戻す ③同居ではなく，距離をおきながらの新たな家族関係

出典）対象文献10から筆者作成

【第4段階：ターニングポイント】
　本人の改善が期待できなくなり，《家族内除去努力のあきらめ》が始まり，《親は無力であると考える》ようになる。すべてに《絶望し，努力を放棄する》。本人を遺棄するか，親自身が死を選択するか，外部へ援助を求めるかの選択を迫られる。親が3つの選択肢のなかで，《外部へ援助要請を行うか否かのターニングポイントの段階》である。

【第5段階：本人の排出】
　親は，《「突き放し」がなければ共依存状態が続くことを学ぶ》。《家族会で「突き放し」を学習し，実行》する。薬物依存症本人を家庭から排出し，《家族機能として自立を促す「突き放し」段階》に入る。親が居場所を移すこともある。《本人は，治療・リハビリ施設で治療を受け，親も家族会で学習し始める》。それぞれが回復への道を歩み始める。親は，本人を〈「突き放し」することへの不安・喪失感〉を持つが，《家族会のピアからの共感と支持》により，親子であっても本人をひとりの人間として尊重し，新たな関係の礎となることを理解する。

【第6段階：本人抜きの家族再編成】
　本人との関わりを一切やめて，《本人と親は別々のSHGで学ぶ》。親は，家族会の先輩である《親のピアが回復していく様から本人との新たな関係の作り方を学ぶ》。本人と一定の距離を保ち，《本人へ関心を向け続ける弊害を学ぶ》ことから，《親自身が共依存であったと気づく》。本人を家から出す，或いは親が家を出て，《本人抜きの家族の再編成を図る段階》である。

【第7段階：家族の安定】
　家族会に通い続けることで，《本人をコントロールしようとすることをやめる》。家族の安定を取り戻せることを実感する。親は，《家族であっても「私は私，あなたはあなた」と自分に目を向け，自分のために生き始める》。《本人と親双方がそれぞれを独立した個人として認識》するようになり，《本人も親も回復の道のりを歩む段階》となる。

【第8段階：家族の再構築】
　本人を家族から排出し，《本人が回復すると家族間の信頼関係を取り戻す》ようになり，本人は，定位家族での《同居ではなく，距離をおきながらの新た

な家族関係》が保てるようになる。《混乱していた家族の再生が図られる段階》となっていく。

　全体として，前項の安髙（2016）対象文献9のメタデータ分析による表3-4-4と同種のプロセスを経ていると考えられる。つまり，薬物依存症の親は，子の薬物問題を発見すると，家庭内だけで問題処理をしようとする。家庭内だけでの対応が限界に達して外部機関へ援助を要請する。多くはピアから専門知識や対応方法を学ぶ。本人とも空間的にも距離をとり，非同居となる。本人は治療やリハビリ施設で暮らし，親も治療や家族会で学び人間として成長していく。本人との共依存状態にあったことに気づき，自分自身に関心を向けるようになっていく。本人が断薬し始めると，非同居のまま，これまでと異なる新たな親子関係が構築される。お互いを尊重し，家族であっても「私は私，あなたはあなた」という家族規範である。

　子の薬物依存問題が発覚した時の親は，序章第2節で述べた「家族のため」という近代の家族規範（杉井：2018）であるが，ケアの脱家族化後は，現代の家族規範へと変容しているといえる。

　これまで述べてきた対象文献10の実証研究結果の概説から，5点の着眼点に基づき，メタデータ分析の結果を以下に記す。

　①起点
　「突き放し」をするのは，親であることから，起点は親である。
　②社会的・文化的背景
　社会にある薬物依存症に対する偏見・差別を親も内在化している。子の薬物問題を発見した時，隠す，自分たちだけで問題を片付けようとする等の忌避的態度として現れている。
　③本人と親のパワーバランスの推移
　薬物依存を発見後，家庭内のみで問題処理をしようとしている時期のパワーバランスは，本人優位である。親は本人からの暴言・暴力や育て方に対する自責感と自罰的感情から混乱に陥っている。「突き放し」の段階では，親優位にパワーバランスが逆転している。【第7段階：家族の安定】のコード「本人と親双方がそれぞれ独立した個人として認識」にあるように，対等なパワーバランスへ移行している。つまり，パワーバランスは，本人優位から親優位を経て

対等なパワーバランスへと変化を続けている。

④ピアの関与

ピアからほとんどのことを学んでいると思われる。同質の問題を持つピアからの共感，支持だけでなく，第3項山野（2001, 2002）の対象文献7及び対象文献8でメタデータ分析をしたソーシャルワーカーの関与に相当する「薬物依存症に関する正確な情報」の提供もピアが担っていると考えられる。

⑤ソーシャルワーカーの関与

対象文献10では，ソーシャルワーカー或いはMHSWの記述はなく，ソーシャルワーカーの関与は認められない。専門家では医師の記述のみである。

3-4-6. 薬物依存症ケアの脱家族化の特徴とメタ統合
(1) 薬物依存症ケアの脱家族化の特徴

前項までの対象文献のメタデータ分析から，薬物依存症ケアの脱家族化の特徴として，5点あげられる。1点目は，疾病受容が困難であり，未治療期間が長いということ。2点目は，親と本人が共依存状態に陥りやすいということ。3点目は，共依存状態から脱却するために非同居が有効であるということ。4点目は，SHGの利用が本人の回復だけでなく親の回復にも有効であるということ。5点目は，薬物依存症の場合，全身性障害及び知的障害のように日常生活で手段的ケアを必要としないということである。

1点目の疾病の受容が困難であり未治療期間が長いということは，全ての対象文献により認められた。対象文献10では，薬物使用を確信後，本人が受療するまでの期間が平均2.4年である。親は，薬物依存症は犯罪であり，疾病と捉えていない。それゆえ，本人をコントロールしようと試みたり，薬物をやめる言質をとろうとしたり，薬物を隠したり，何回も同じ失敗を繰り返す。また，社会的な偏見・差別も疾病受容を困難にしている。

2点目の親と本人が共依存状態に陥りやすいということは，未治療期間中，疾病受容の出来ていない親は，本人を懸命にコントロールしようとする。こういった家族の行為について，西川（2007）は，以下のように説明する。

社会は，薬物関連問題が他人や社会に迷惑を及ぼさないように家族が解決するべき

だと期待する。家族は，この社会からの期待や要求を痛感し，世間体もあり，また罪を犯すことへの恐れもあって，薬物使用の結果生じた関連問題を後始末し，代わって解決し，責任をとる。しかし，薬物使用が継続している限りは，同じ繰り返しが続くために，家族は薬物使用をコントロールしようとする。しかし，それは成果が上がらず，薬物を使用する人と家族の間にネガティブな感情が強化され関係が悪化する。

親の思考は，四六時中本人の薬物問題に支配され，共依存「必要とされる必要」（斎藤：1999）の関係が形成される。親自身のことや自らの置かれた状況を客観視することができなくなる。共依存状態であることを気づかせる介入が必要である。

3点目の共依存状態からの脱却には，非同居が有効であるとされる。本人との固定化した関係性のパターンから空間的に離れることは有効である。表3-4-4にある「本人が目の前にいないとホッとする」や表3-4-5の「突き放し」は，親の思考を自分自身へ向ける時間と場を保障する。

4点目のSHGの利用が本人の回復だけでなく親の回復にも有効であるということは，対象文献9及び対象文献10からも明らかである。本節1項で述べたように，アルコール依存症専門医療機関でさえ，薬物依存症の治療受け入れに消極的である。山野（2001, 2002）の対象文献7及び8のように，ソーシャルワーカーによる相談やグループワークは，正しい知識を学び，親の責任範囲を明確化し，ピアと共感し合う機会を得，SHGの利用へ誘う効果的な支援である。しかしながら，実施機関は少なく，その役割をダルクの相談やSHGが担っている（安髙：2020）のが現状である。

5点目は，薬物依存症は，全身性障害及び知的障害のように日常生活で手段的ケアを必要としないということである。全ての対象文献において，ケアの脱家族化により，親に代わり手段的ケアを必要とする記述は認められなかった。

（2）薬物依存症ケアの脱家族化のメタ統合

本章第1節で設定した分析枠組み，①起点，②社会的・文化的背景，③本人と親のパワーバランスの推移，③ピアの関与，⑤ソーシャルワーカーの関与，によるメタ統合を行った。

表3-4-6 対象文献ごとのメタデータ分析結果

	対象文献7 対象文献8	対象文献9	対象文献10
起点	初期介入プログラムのため、起点の記述はない。	親と推測される。	親
社会的・文化的背景	社会的偏見を内在化させ、発病も問題行動も親の責任と考えている。	同左	同左
本人と親のパワーバランスの推移	グループワーク受け始めは本人優位である。講義やピアとの交流から薬物依存症の理解を深め、対等に近づく。	薬物問題発覚後は本人優位であり、転機となる出来事から親優位となり、本人の回復により、対等のパワーバランスへ移行していく。	同左
ピアの関与	ピアの関与は大きい。共感し合える場となっている。	ピアの影響は大きい。本来はソーシャルワーカー業務であると思われる部分もピアが担っている。	同左
ソーシャルワーカーの関与	非常に大きい。正確な情報提供、過度な自責感の軽減、親役割と責任範囲の再確認、親自身の社会生活上の諸問題解決等がある。	ソーシャルワーカーの関与は一部でしか確認出来ず低い。	医師の記述は認められるが、ソーシャルワーカーやMHSWの記述は認められない。

出典）本節第3項、第4項、第5項のメタデータ分析結果を転載

　最初に、本節第3項の対象文献7及び対象文献8のメタデータ分析結果、第4項の対象文献9のメタデータ分析結果、第5項の対象文献10のメタデータ分析結果を表3-4-6に整理した。当該表を比較検討し、分析枠組みによりメタ統合を行った。結果は、以下のとおりである。
　①起点
　起点は親である。
　②社会的・文化的背景
　親も社会的偏見を内在化させている。薬物依存は触法行為であり、刑事施設で隔離すべきであると考えている。発病も問題行動も親の責任と考えている。

③本人と親のパワーバランスの推移

　パワーバランスは，薬物依存症発覚後は本人優位であり，親元から自立時には親優位に逆転し，本人の断薬が継続していくに従い，対等に近づいていく。

　④ピアの関与

　ピアの関与は大きい。同質の経験を持つピアはロールモデルでもあり，助言や提案者でもあり，共感してくれる仲間でもある。

　⑤ソーシャルワーカーの関与

　ソーシャルワーカーの関与は，一部の地域に限定される。初期対応をソーシャルワーカーが行う場合，効果は大きい。

第5節　3領域におけるケアの脱家族化の比較検討

　本節では，第1項で，ケアの脱家族化実証研究における研究方法，分析の対象，分析の視座の観点から，全身性障害，知的障害，薬物依存症におけるケアの脱家族化実証研究のアプローチを整理し，到達点を述べる。第2項では，全身性障害，知的障害，薬物依存症のケアの脱家族化実証研究の特徴を比較検討する。第3項では，第4章以降で行う統合失調症ケアの脱家族化の実証研究の枠組みについて述べる。

3-5-1．ケアの脱家族化実証研究のアプローチ及び到達点

　本章「隣接領域におけるケアの脱家族化をめぐる実証研究」では，第1節「ケアの脱家族化実証研究の抽出」で，分析対象とする実証研究の論文を論文検索データベース「Cinii Articles」を用いて抽出した。「ケアの脱家族化」に関する実証研究は，身体障害領域で4本，知的障害領域で2本，精神障害領域で2本と低調である。そのため，当該論文の引用文献も参照し，分析の対象文献を抽出した。また，実証研究のアプローチの分析対象に薬物依存症を加えた。理由は，統合失調症と同様に思春期の発病であり，疾病受容が困難であり，親と本人が共依存状態に陥りやすいという共通項があるからである。理由の詳細は，第4節第1項で述べた。

　本章における分析の対象文献は，10本である。全身性障害，知的障害，薬物

依存症ケアの脱家族化実証研究で分析対象とした文献のアプローチの概要を表3-5-1に整理した。

表3-5-1の分析対象と分析の視座の項目は、ケアの脱家族化に関するステークホルダーである本人、親、ソーシャルワーカーの三者のうち、誰を分析対象としているのか。また分析の視座は、イーミックなのかエティックなのかを記している。

表3-5-1 ケアの脱家族化実証研究で用いられた対象文献のアプローチ

	実証研究文献（著者，発行年）	研究方法	分析対象と分析の視座
全身性障害	対象文献1（三毛，2007a）	参与観察	本人を分析対象とするイーミックな視座
	対象文献2（三毛，2007b）	参与観察	本人を分析対象とするイーミックな視座
	対象文献3（三毛，2007c）	M-GTA	本人を分析対象とするイーミックな視座及びフィールドワーカーからのエティックな視座
知的障害	対象文献4（森口，2014）	質的データ分析	母親を分析対象とするイーミックな視座
	対象文献5（福田，2017）	TEM	母親を分析対象とするイーミックな視座
	対象文献6（福田，2018）	TEM	本人を分析対象とするイーミックな視座
薬物依存症	対象文献7（山野，2001）	実践報告	親（主に母親）を分析対象とするイーミックな視座
	対象文献8（山野，2002）	アクションリサーチ	親（主に母親）を分析対象とするイーミックな視座及びソーシャルワーカーからのエティックな視座
	対象文献9（安髙，2016）	KJ法	親を分析対象とするイーミックな視座
	対象文献10（五十嵐，2011）	KJ法を援用	親を分析対象とするイーミックな視座

出典）筆者作成

全身性障害の分析対象は、3本とも本人を分析対象としている。対象文献1及び対象文献2は、本人のイーミックな視座からの分析である。対象文献3は、本人を分析対象とするイーミックな視座と著者でもあるフィールドワー

カーからのエティックな視座による分析である。親及びソーシャルワーカーを分析対象とした文献は，管見の限り見出すことが出来なかった。

　知的障害の分析対象は，対象文献4及び対象文献5が，母親を分析対象としており，母親のイーミックな視座からの分析である。対象文献6は，本人を分析対象としており，本人のイーミックな視座からの分析である。ソーシャルワーカーを分析対象とした文献は，管見の限り見出すことが出来なかった。

　薬物依存症の分析対象は，対象文献7，対象文献9，対象文献10が親を分析対象とし，親のイーミックな視座からの分析である。対象文献8は，親を分析対象とし，親のイーミックな視座からの分析に加え，著者でもあるソーシャルワーカーからのエティックな視座の分析も加えている。本人を分析対象とした文献は，管見の限り見出すことが出来なかった。

　ケアの脱家族化を志向するソーシャルワーク実践のモデル構築は，本人，親，ソーシャルワーカーというステークホルダー三者の視座から行う実証研究は不可欠である。その意味から現時点におけるケアの脱家族化実証研究の到達点は，全身性障害では，親及びソーシャルワーカーを分析対象とする実証研究が不足し，知的障害では，ソーシャルワーカーを分析対象とする実証研究が不足し，薬物依存症は，本人を分析対象とする実証研究が不足しているといえる。

3-5-2．全身性障害，知的障害，薬物依存症におけるケアの脱家族化の特徴

　表3-5-1のとおり，10本の対象文献は，全て質的研究であるが，分析手法は異なる。そこで，Patersonら（2001＝2010）により開発された質的メタ統合の方法を援用し，5の着眼点による分析枠組みからメタデータ分析を行い，それぞれの領域の複数の実証研究のメタ統合を行った。表3-5-2は，それぞれの領域においてメタ統合した分析結果を整理したものである。前項で述べたように，ケアの脱家族化のステークホルダー三者全てを含む領域はない。したがって，分析対象に偏りがあるという分析上の限界はある。

　以下，表3-5-2を基に説明する。ケアの脱家族の起点は，独立時にパワーバランスの優位な者が行っている。劣位にある者が起点とはならない。

　社会的・文化的背景は，全身性障害及び知的障害では，親がケアの与え手と

なることを前提とした制度設計であり，社会的・文化的にも親がケア出来なくなれば，施設入所という考え方が親にも内在化している。薬物依存症では，薬物依存は触法行為であり，刑事施設で隔離すべきという社会的・文化的背景がある。また，薬物依存症発症やそのことに起因する問題行動の結果責任は親に帰するという社会的偏見は，親にも内在化している。

親と本人のパワーバランスの推移では，全身性障害の場合，同居時はケアの与え手である親優位である。独立時は，力関係が逆転し，本人優位となる。独立後の非同居時のパワーバランスは不明である。知的障害は，同居時から非同居時に至る全ての期間で親優位である。薬物依存症は，同居時は本人優位である，独立時は力関係が逆転し親優位となり，非同居時は本人の回復に伴い対等に近づいていく。

本人，薬物依存症親，いずれにおいてもピアの影響は大きい。全身性障害本人及び知的障害本人にとっては，自立生活のロールモデルとなっていることが窺える。とりわけ，薬物依存症親にとってのピアは，ロールモデル，助言・提案者，共感してくれる仲間，個別相談及び専門知識の提供，とピアが担っている役割は幅広い。逆説的に言えば，薬物依存症及び親を支援する体制整備が不十分であることの証左でもある。知的障害親にとってのピアは，幼少期からの障害受容を促す存在ではあるが，ケアの脱家族化におけるピアの影響は大きくない。

ソーシャルワーカーの関与は，全身性障害では，宿泊体験プログラムを実施したり，将来生活のミーティングをしたり，ケアの脱家族化に向けた情報提供等の働きかけを行っている。知的障害では，施設職員の親への情報提供やケア提供者であるGH職員による本人への働きかけが行われている。薬物依存症におけるソーシャルワーカーの関与は，対象文献7及び対象文献8で詳述されている「薬物依存症に対する疾病としての認知」，「過度な自責感の軽減」，「親の役割と責任範囲の再確認」，「親自身の社会生活上の諸問題の解決」といった教育的な関与がある。加えて先輩親であるピアが関与することによるケアの脱家族化への効果は極めて大きい。しかしながら，薬物依存症親を対象とするソーシャルワーク実施機関は，そのニーズに比べて極めて少ない。

表3-5-2　ケアの脱家族化実証研究の分析枠組みからの比較

分析枠組み	全身性障害	知的障害	薬物依存症
起点	本人	親	親
社会的・文化的背景	親によるケアを前提とした制度設計であり、親のケアが出来なくなると施設入所という社会的・文化的規範が存在。「住む」・「通う」・「ケア」をマネジメントする体制整備が普及していない。	親によるケアを前提とした制度設計である。知的障害があると分かり、当時の療育教室へ行く頃から、優秀な療育者であることを求められている。知的障害のGH入居は、週末は実家、平日はGHという文化がある。本人の代決権者は親であり、人生の大事な局面で、自ら決定し責任を負う経験がない。	社会的偏見・差別は親自身も内在化させている。薬物依存は触法行為であり、刑事施設で隔離すべきであると考えている。発病も本人の問題行動も親の責任と考えている。
親と本人のパワーバランス推移	同居時：親優位 独立時：本人優位 非同居時：不明	同居時：親優位 独立時：親優位 非同居時：親優位	同居時：本人優位 独立時：親優位 非同居時：本人の回復に伴い対等に近づいていく
ピアの関与	ロールモデルとしてのピアの存在は大きい。	GHで暮らすピアは、本人にとってのロールモデルとなっている。親にとってのピアは、幼少期からの障害受容を促す存在であるが、ケアの脱家族化におけるピアの影響は大きくない。	親にとってピアの関与の影響は極めて大きい。ピアはロールモデルであり、助言・提案者でもあり、共感してくれる仲間でもある。専門機関における支援体制が十分でない地域では、本来ソーシャルワーカー等の専門職が担う相談、専門知識の提供も行っている。
ソーシャルワーカーの関与	施設職員（ソーシャルワーカー）は、社会資源の紹介・具体的な提案といった情報提供を行っている。	施設職員（ソーシャルワーカー）及び法人職員の情報提供、直接のケア提供者であるGH職員の関与がある。	アルコール依存症専門医療機関においても、半数以上が薬物依存症を受け入れていない。ソーシャルワーカーの関与は、一部の地域に限定される。初期対応をソーシャルワーカーが行う場合、効果は大きい。

出典）第2節，第3節，第4節におけるメタ統合分析をもとに筆者作成

3-5-3．統合失調症ケアの脱家族化の実証研究の枠組み

　前項で述べたように，全身性障害，知的障害，薬物依存症のケアの脱家族化実証研究では，本人・親・ソーシャルワーカーのステークホルダー三者による実証研究は，行われていない。

本論文では，統合失調症ケアの脱家族化を志向するソーシャルワークの実践モデルを検討し，提示することを目的としている。そのためには，親，本人，ソーシャルワーカー（＝ MHSW）のケアの脱家族化のステークホルダー三者への調査は不可欠であると考えた。

　調査対象としては，①ケアの脱家族化を選択し実行した統合失調症の親，②ケアの脱家族化を選択し実行した統合失調症本人，③ケアの脱家族化を支援した MHSW を調査対象に設定した。

　第1章で論じたように，実践上も制度上も統合失調症親は，本人のケア提供者であり続けることを求められている。つまり，実践も制度もケアの脱家族化という社会的な文化を持っていない。それゆえ，統合失調症ケアの脱家族化の実態は，ケアの脱家族化を阻害しようとする力（TEM でいう SD）とケアの脱家族化を促進していこうとする力（TEM でいう SG）のせめぎ合うプロセスにより，等至点（親元からの自立）に至ると想定される。

　そこで，ケアの脱家族化を選択し実行した統合失調症親及び統合失調症本人への調査は，親及び本人のイーミックな視座から描いていくことが重要であると考え，インタビューデータの分析を TEM で行うこととした。

　TEM とは，ヤーン＝ヴァルシナー（Valsiner）が，「発達心理学・文化心理学観点に等至性（Equifinlity）概念と複線径路（Trajectory）概念を採り入れようと創案したもの」(サトウら：2006)である。安田ら（2012）は，TEM の特徴を「人間を解放システムとして捉えるシステム論（Bertalanffy：1968, 1973）に依拠する点，時間を捨象して外在的に扱うことをせず，個人に経験された時間の流れを重視する点の2点にあり，時間を捨象せず個人の変容を社会との関係で捉え記述しようとする文化心理学の方法論である」と説明する。つまり，研究手法としての TEM は，ある意思決定に至るまでのプロセスをイーミックな視座から構造化していくことを目的とする研究に適している分析手法である。

　統合失調症親への調査及び本人への調査は，「統合失調症と診断される」という必須通過点（Obligatory Passage Point：OPP，必ず全員が通過する地点ではなく多くの者が通過する地点）から「親元から自立する」という等至点（Equifinlity Point：EFP）まで，どのようなプロセスを経て到達するのか，TEM 分析により，径路を可視化していく。

TEM分析は，分析対象である質的データのコーディングを行い，TEM分析の主要概念である①社会的方向付け（Social Direction：SD，本研究でいうとケアの脱家族化を阻害する社会的・文化的諸力の総体），②社会的ガイド（Social Guide：SG，本研究でいうとケアの脱家族化を促進する社会的・文化的諸力の総体），③必須通過点（OPP）や④分岐点（Bifurcation Point：BFP，本研究でいえば，ケアの脱家族化という経験において複数の径路を可能とする結節点）という分析概念を用いて，結果図であるTEM図とストーリーラインで分析対象者の人生の径路をコンパクトに説明することに優れている分析手法である。また，複数のTEM図を比較検討し，等至点（EFP）に至るまでの径路の類型化にも優れている。

　もうひとつの調査対象者であるMHSWへの研究方法は，M-GTAで行うこととした。M-GTAを採用した理由は，M-GTAが適している以下の3要件を満たしているからである。3要件とは，①人間と人間が直接的にやりとりをする社会的相互作用に関する研究であること，②ヒューマンサービス領域に関する研究が適しており，まとめられたグラウンデッド・セオリーを実践現場に還元されることが期待されていること，③研究対象とする現象特性がプロセス的であること（木下：2003），である。

　また，M-GTAは，状況をどう捉え（エティックな視座）とその人自身がそのことをどう意味づけし，どのような意図で介入したか（イーミックな視座），エティックな視座とイーミックな視座双方を併せ持つ研究法である。つまり，本研究でいえば，統合失調症本人と親との関係をどう捉え（エティックな視座），それをどう意味づけし介入したのか（イーミックな視座）とを，分析焦点者であるMHSWの経験として，明らかにしていくことを可能とすると考えた。

第 4 章

統合失調症ケアの脱家族化実証研究

　本章では，第 1 節で，ケアの脱家族化を選択し実行した統合失調症の母親 6 名への質的調査について論じる。第 2 節で，ケアの脱家族化を選択し実行した統合失調症本人 9 名への質的調査について論じる。第 3 節で，統合失調症ケアの脱家族化の特徴について論じる。

第 1 節　統合失調症母親 6 名への質的調査

　本節では，第 1 項で予備調査として実施した「離れて暮らすことを選択した統合失調症母親の意識変容プロセス」研究の概要及び結果，知見について論じる。第 2 項では，本調査として実施した「統合失調症ケアの脱家族化を選択した母親の価値変容プロセス」研究の概要及び結果，知見について論じる。

　なお，調査対象は，父親を含む親を対象としていたが，結果として調査対象は，表序-3-1のとおり全て母親であった。統合失調症の好発年齢20±5歳は，一世代を30年とすると，親年齢が50±5歳となる。統合失調症父親が本人へ関わり始めるのは，定年後の時間的余裕が増えてきてからであるという報告（徳田：2019）がある。予備調査の調査対象 3 名及び本調査の調査対象 3 名全てが母親であることは，統合失調症父親を対象とする徳田（2019）の先行研究を反映していると考えられる。

4-1-1．予備調査の概要及び結果，考察，知見
（1）研究の目的
　離れて暮らすことを選択した統合失調症親の経験を明らかにすることにより，今後の統合失調症ケアの脱家族化における親支援のあり方の示唆を得るこ

とを目的とする。

(2) 研究の対象

本研究の対象者は、統合失調症の子を持つ非同居の親とし、以下3点を全て満たす者とした。①子が統合失調症であること。②同一住所ではなく、別世帯で暮らしていること。③同居時に統合失調症の子と葛藤関係でないこと。

②の空間的に離れて暮らしていることを要件としたのは、同居の場合、親によるケアが継続するという立岩(1990)「同居している限り保護・依存の関係を断ち切るのが難しい。家族の中に介助者がいる限り、家族外の介助者もそれをあてにしてしまう。また、家族が介助者に気を使ってしまう」の指摘に拠る。

③の同居時の葛藤関係でないことを要件としたのは、以下の理由に拠る。統合失調症本人と親との葛藤関係の固定化により、定位家族での生活が困難な統合失調症者は存在する。本研究では、情緒的交流が無く葛藤関係が固定化している親を研究対象から除いている。なぜならば、本研究の趣旨は、手段的ケアを親によるケアから社会的ケアへ移行させていく統合失調症親の経験を明らかにすることを目的としているからである。

研究対象の選定は、筆者が理事をしている社会福祉法人2か所の精神保健福祉士へ研究趣旨を説明し、該当する親への打診を経て、筆者へ紹介してもらった。研究対象の確定には、難航した。支援担当職員へは「諾」と回答した親へ筆者から連絡をすると、「顔も見たこともない大学教員へ、これまでの辛い気持ちを話す気にはなれない」という趣旨のことを言われ、推薦のあった候補者には、悉く断られた。最終的な研究対象者は、表4-1-1の3名である。

表4-1-1 研究対象者の概要

	本人性別	初診年齢	独立年齢	調査時母親年代	調査時本人年代	調査時の本人の暮らしの形態	ケアの脱家族の最初の提案者
a氏	男性	18歳	37歳	60代後半	40代前半	ひとり暮らし	両親
b氏	男性	20歳	37歳	70代前半	40代後半	同病者と生殖家族	本人
c氏	女性	19歳	27歳	50代後半	20代後半	ひとり暮らし	本人

出典) 筆者作成

（3）倫理的配慮

本研究は，佛教大学「人を対象とする研究」倫理審査委員会あてに研究計画書等必要書類を添付のうえ申請し，2013（平成25）年8月26日付，承認番号H25-17の承認を受け実施している。また，研究協力者には，研究趣旨及び研究協力の自由意思，拒否権，プライバシーの厳守，ICレコーダーでの録音とメモをとることについて，口頭及び書面で説明し文書による同意を得て実施している。インタビュー調査は，2013（平成25）年9月～11月に実施した。

（4）研究方法

データの収集方法は，半構造化インタビューにより収集した。インタビューガイドを作成し，予め研究対象者へ，以下の設問項目を文書で伝えた。

1．子どもが統合失調症と告知された時に，どのように感じ，どんなことを考えましたか？
2．子どもと世帯分離をしようと考え始めたのはいつ頃ですか？
3．子どもと世帯分離をしようと考えるようになったきっかけや理由があれば教えてください。
4．実際に世帯分離をしたのは，いつ頃ですか？
5．世帯分離までに，子どもと話し合ったことがあれば，教えてください。
6．世帯分離までに他の家族や関係者と話し合ったことがあれば，教えてください。
7．世帯分離された当初には，子どものことをどのように考えていましたか？
8．今は，子どものことをどのように考えていますか？
9．7から8に至るまで，どのような出来事があり，そのように変わってきたのか。詳しく教えてください。

以上の9項目である。

データ分析は，半構造化インタビューで得た音声データを逐語録に起こした文字データにより行った。分析方法は，TEM（Trajectory Equifinality Model：複線径路・等至性モデル）を採用した。TEMを採用した理由は，子どもが統合失調症に罹患し，世帯を分けて暮らすことを決意し，実行するまでの母親の意識や決断，行為について，社会的・文化的な背景や影響，文脈を捨象せずに，時

間軸でその実相を明らかにしようと考えたからである。

TEMの主要概念とTEMによる分析の手順は，以下のとおりである。

表4-1-2は，TEMの主要概念と本研究における主要概念ごとの意味を記したものである。TEMの主要概念は，等至点（Equifinality Point：以下EFP），両極化した等至点（Polarized Equifinality Point：以下P-EFP），分岐点（Bifurcation Point：以下BFP），必須通過点（Obligatory Passage Point：以下OPP），社会的方向付け（Social Direction：以下SD），社会的ガイド（Social Guidance：以下SG）である。以下，本研究でいうEFP，P-EFP，BFP，SD，SGについて，表4-1-2に基づき，説明する。

EFP（等至点）は，統合失調症の子どもと同居している母親が，当該子どもとの同居を解消した暮らしに至った状態のことである。P-EFP（両極化した等至

表4-1-2　TEMの主要概念と本研究における主要概念の意味

用語	意味
等至点：EFP	等至点とは，研究者が等しく至るとして焦点を当てた点。研究協力者は，この等至点に至った人を招待することとなる。本研究では，統合失調症の子どもと同居している母親が，当該子どもとの同居を解消した暮らしに至った状態。
両極化した等至点：P-EFP	等至点に対する補集合的行為を考えて，それを「両極化した等至点」として設定する。人生の径路の可視化を可能とする。本研究では，統合失調症の子どもとの同居を解消する分岐点を経ても，同居を続けている状態。
分岐点：BFP	ある経験のなかで，実現可能な複数の径路がある状態において，複線径路を可能にする結節点のこと。本研究では，統合失調症の子どもとの同居を解消して暮らすことにつながる岐路になる状況のこと。
必須通過点：OPP	必須通過点は，ある地点に行くために多くの人が通ると考えられる地点のこと。この「必須」という意味は「全員が必ず」という強い意味ではなく，「多くの人が」という幅を少し広げた概念である。本研究では，子どもが統合失調症に罹患し，当該子どもとの同居を解消するまでの期間，多くの統合失調症を子どもに持つ母親が通過すると考えられる経験のこと。
社会的方向付け：SD	等至点と対極にある行動の選択肢を選ぶように有形無形に影響を及ぼす社会的・文化的諸力の総体。本研究では，統合失調症の子どもと母親が同居を解消して暮らすことを阻害する社会的・文化的諸力の総体。
社会的ガイド：SG	SDに抗し，等至点へ向かう選択肢を選ぶように支援する社会的・文化的諸力の総体。本研究では，統合失調症の子どもと同居している母親が，同居を解消して暮らすことを促進する社会的・文化的諸力の総体。

出典）安田・サトウ編（2012）を本研究に即して加筆

点）とは，統合失調症の子どもとの同居を解消する分岐点を経ても，同居を続けている状態のことである。

　BFP（分岐点）とは，統合失調症の子どもとの同居を解消して暮らすことにつながる岐路になる状況のことである。

　OPP（必須通過点）とは，子どもが統合失調症に罹患し，当該子どもとの同居を解消するまでの期間，多くの母親が通過すると考えられる経験のことである。母親全てという意味ではない。

　SD（社会的方向付け）とは，統合失調症の子どもと母親が同居を解消して暮らすことを阻害する社会的・文化的諸力の総体のことである。

　SG（社会的ガイド）とは，統合失調症の子どもと同居している母親が，同居を解消して暮らすことを促進する社会的・文化的諸力の総体のことである。

　TEMの分析手順は，以下のように行う。①逐語録の文字データから「主要な出来事」の抽出を行う。②「主要な出来事」を時間軸で整理する。③2つのリサーチクエスチョン「同居を解消し，本人の独立した暮らしを促進しているものは何か」，その対極にある「統合失調症本人が独立し暮らすことを阻害しているものは何か」で関連する文字データの文脈を抽出し，コーディングによりラベルを生成する。④KJ法（川喜田：1967）の要領で，③で生成したラベルをボトムアップ方式で多段階のコーディングを行い，リアリティのあるコードを生成する。⑤④で生成したコードをTEMの主要概念EFP，P-EFP，BFP，SD，SGとの適合性を確認しながら，非可逆的時間軸で，TEM図として適切な空間配置を行う。TEM図は，等至点に近づくと上に，等至点から離れると下に配置する。⑥作成したTEM図に対する説明的記述（ストーリーライン）を作成する。①から⑥の手順で，a氏，b氏，c氏の3名の個別のTEM図とストーリーラインを作成した。3名のTEM図とストーリーラインを照合し，最終的に統合版のTEM図と統合版のストーリーラインを作成した。

(5) 調査結果

1) TEM図

　a氏，b氏，c氏の語りから，(4) 方法で詳述した分析方法により，個別のTEM図とストーリーラインを作成した。そのうえで，三者のTEM図とストーリーラインを比較検討した。図4-1-1は，三者を比較検討し作成した統

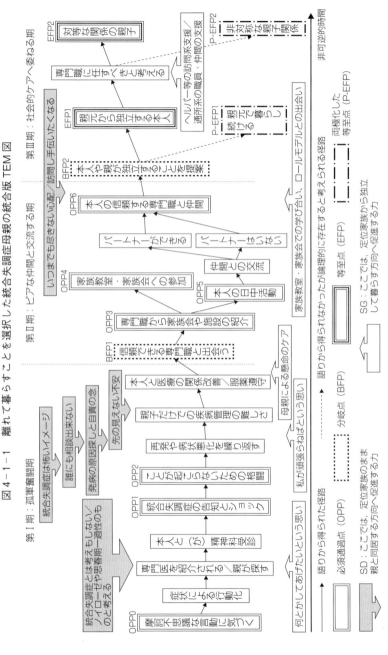

図4-1-1 離れて暮らすことを選択した統合失調症母親の統合版TEM図

出典）塩満（2015）31頁図7を一部修正のうえ転載

合版の TEM 図である。

　２）ストーリーライン

　TEM の分析概念である SD を【　】，SG を［　］，OPP を ¦　¦，EFP《　》，BFP を 〈　〉，客観的事実を「　」で表記する。母親の経験は，第Ⅰ期の孤軍奮闘期，第Ⅱ期のピアな仲間と交流する期，第Ⅲ期の社会的ケアへ委ねる期の3期に時期区分することが出来た。

　以下，ストーリーラインを記す。

第Ⅰ期：孤軍奮闘期

　第Ⅰ期の孤軍奮闘期は，¦摩訶不思議な言動に気づく¦（OPP 0）から〈信頼できる専門職と出会う〉（BFP 1）に至る前までの期間である。

　母親として本人の ¦摩訶不思議な言動に気づく¦（OPP 0）ものの，自分の子がまさか【統合失調症とは考えもしない／ノイローゼや思春期一過性のものと考える】（SD）。「症状による行動化」もみられるようになり，［何とかしてあげたいという思い］（SG）で，「専門医を紹介される／親が探す」や「本人と（が）精神科受診」となる。¦統合失調症の告知とショック¦（OPP 1）を受ける。【統合失調症は怖いイメージ】（SD）や【誰にも相談出来ない】（SD），【発病の原因探しと自責の念】（SD）に押し潰されそうになる一方，［私が頑張らねばという思い］（SG）も起こる。その相反する思いのせめぎ合いのなかで，¦ことが起こらないための格闘¦（OPP 2）を始める。しかしながら「再発や病状悪化を繰り返す」なかで，「親子だけでの疾病管理の難しさ」を感じる。【先の見えない不安】（SD）のなか，［母親による懸命のケア］（SG）もあり，「本人と医療の関係改善／服薬遵守」がみられるようになる。

第Ⅱ期：ピアな仲間と交流する期

　第Ⅱ期のピアな仲間と交流する期は，〈信頼できる専門職と出会う〉（BFP 1）から〈本人や親が独立することを提案〉（BFP 2）に至る前までの時期である。

　母親は，ようやく〈信頼できる専門職と出会う〉（BFP 1）。信頼できる専門職は，母親の課題と本人の課題を切り分け，¦専門職から家族会や施設の紹介¦（OPP 3）を受ける。母親は ¦家族教室・家族会への参加¦（OPP 4）を始める。他方，統合失調症本人は，¦専門職から家族会や施設の紹介¦（OPP 3）により，¦本人の日中活動¦（OPP 5）へ参加し始め，「仲間との交流」へと展開し始める。

本人の「パートナーができる」場合もある。母親は，同質の問題を持つピアが集う［家族教室・家族会での学び合い，ロールモデルとの出会い］（SG）がある。統合失調症に対する正しい情報を得，対処方法を知り，エンパワメントされていく。母親だけでなく，本人も |本人の信頼する専門職と仲間|（OPP5）ができていく。

第Ⅲ期：社会的ケアへ委ねる期

　第Ⅲ期の社会的ケアへ委ねる期は，〈本人や親が独立することを提案〉（BFP2）からセカンド等至点《対等な関係の親子》（EFP2）に至る現在までの時期である。

　〈本人や親が独立することを提案〉（BFP2）があり，［ヘルパー等の訪問系支援／通所系の職員・仲間の支援］（SG）を受けながら，《親元から独立する本人》（EFP1）となる。本人が独立しても，母親は【いつまでも尽きない心配／訪問し手伝いたくなる】（SD）気持ちから訪問しようと考えるが，「専門職に任すべきと考える」ように努めている。こうした新たな関係性は，病気ではない他の子と同様の《対等な関係の親子》（EFP2）となっていく。

第Ⅰ期から第Ⅲ期までの考察

　第Ⅰ期は，「家族内のみで問題解決を図る」時期である。調査対象の母親3名いずれもが，インタビューガイドの最初の設問「1.子どもが統合失調症であることを告知された時に，どのように感じ，どんなことを考えましたか？」を尋ねると，初診に至るまでのエピソードの詳細を語られた。例えば，「長時間の手洗い」，「文字が汚くなった」，「成績の低下」，「昼夜逆転」等である。今振り返ると病気の兆候と分かるものの，当時はそうは考えなかったという反省の弁である。

　なんとなくこれまでと違うという認識のレベルから，盗聴器を仕掛けられている等の訴えによる明らかな |摩訶不思議な言動に気づく|（OPP0）に至る。想定していた最初の必須通過点である統合失調症と診断される，の前に |摩訶不思議な言動に気づく|（OPP0）必須通過点を生成した。

　|統合失調症の告知とショック|（OPP1）は，統合失調症に対するネガティブなイメージから【誰にも相談出来ない】（SD）と家族内での守秘事項となっていく。入院等の「再発や病状悪化を繰り返す」なかで，母親は，【発病の原

因探しと自責の念】(SD) に苛まれていく。本人及び夫から「病気になったのはお母さんの育て方が原因」という趣旨の発言もあり，【発病の原因探しと自責の念】(SD) は強化されていく。[母親による懸命のケア] (SG) には，母親が訪問看護師のように服薬の必要性を説く行為もみられる。

　第Ⅱ期では，第Ⅰ期の疾病に対するネガティブなイメージが薄れ，病気を持ちながら，どう生きていくかを模索し始め，ロールモデルの仲間との出会いが始まる時期である。比喩的に言えば，Ⅰ期の五里霧中の状況から霧が晴れてくる状況とも言える。とはいえ，家族教室・家族会にすんなりと馴染んでいる訳ではない。とりわけ運動体としての家族会の活動は，「家族会のなかの嫌な話題」として語られている。病気の受容が出来はじめた頃の署名集めやバザー等は，子どもが精神病であることを周囲に知られる場ともなり，参加を躊躇うと語られた。ベテラン家族会会員との温度差を感じている。

　第Ⅲ期では，母親自身が【いつまでも尽きない心配／訪問し手伝いたくなる】(SD) に向き合い，これまで担ってきた本人への手段的ケアを専門職へ委ねていく時期である。一方で，情緒的ケアは，つながっている。本人のきょうだいと同様の《対等な関係の親子》(EFP 2) へとなっていく。

　3）知見

　全体を通しての知見は，ケアの脱家族化の起点が，a 氏の場合は親であり，b 氏及び c 氏は本人である。第3章で全身性障害ケアの脱家族化の起点は本人，知的障害ケアの脱家族化の起点は親，薬物依存症ケアの脱家族化の起点は親，であるが，統合失調症の親への予備調査では，親と本人である。全身性障害，知的障害，薬物依存症と異なり，起点が多様であることが示唆される。

　第Ⅰ期孤軍奮闘期の知見は，2点ある。1点目は，未治療期間に対する母親の後悔である。|摩訶不思議な言動に気づく| (OPP 0) から受診までに時間を要し，早期発見・早期治療が出来なかったことである。未治療期間について，山口ら (2016) の調査によると，わが国の統合失調症の発病から初診までの未治療期間 (Duration of Untreated Psychosis：以下，DUP) は17か月も要し，欧米諸国に比べて著しく長いという報告がある。また，早期発見・早期治療への悔恨の情は，親として早期に手立てを講じられなかったことがその後の自責感や無力感につながっているという指摘がある (岩崎：1988, 田上：1997)。予備調

査の母親の語りは，これらのことを裏付けている。

　2点目は，統合失調症に対する社会的偏見が母親に内在化していることである。【統合失調症は怖いイメージ】(SD)や【誰にも相談出来ない】(SD)といった思いは，一般社会だけでなく，母親自身にも内在化され，外部へ支援を求めにくい心理状態を招いている。

　第Ⅱ期のピアな仲間と交流する期の知見は，2点ある。1点目の知見は，統合失調症母親にとっての信頼出来る専門職の要件を示している。そこには，3要件が含まれる。1つは，統合失調症の正しい知識や制度の知識を教えてくれることである。2つめは，ピアの集団を紹介してくれることである。3つ目は，親と本人の課題を切り分け，双方に働きかけてくれることである。2点目の知見は，統合失調症の親は，孤軍奮闘期のあと，「信頼できる専門職」と「家族教室・家族会」という「人」と「場」を獲得していることである。

　第Ⅲ期の知見は，研究前に設定した等至点《親元から独立する本人》(EFP1)の後ろにセカンド等至点《対等な関係の親子》(EFP2)を生成したことである。手段的ケアを訪問系専門職へ委ねることが，セカンド等至点《対等な関係の親子》(EFP2)を獲得する要件ともいえる。非同居と手段的ケアを社会的ケアへ移行することは，親子関係のそれまでの非対称性を解消する可能性が高いことを示唆している。

4-1-2．本調査の概要及び結果，考察，知見

　本項では，前項の予備調査の研究結果及び知見を踏まえ，筆者が実施した本調査「統合失調症ケアの脱家族化を選択した母親の価値変容プロセス」研究について，研究の概要，調査結果，考察，知見を記す。

(1) 研究の目的

　同居の統合失調症の子が親元から独立して暮らすことを選択した親の価値変容プロセスを明らかにし，今後の統合失調症の親支援のあり方を検討する素材に資することを目的とする。

(2) 研究の対象

　本研究の対象は，子が統合失調症に罹患し，親世帯を分離させることを選択した統合失調症の母親3名である。対象者の選定にあたり，筆者が理事をして

いる社会福祉法人及び研究会等で関係のある現場の MHSW へ候補者の推薦を依頼した。現場の MHSW から該当すると思われる親への打診を経て,「諾」と回答した候補者宛てに,改めて正式な依頼を行った。予備調査時と同様に,紹介のあった候補者の多くが辞退された。その辞退理由は,予備調査の辞退理由と同種であった。因みに,本章第2節の統合失調症本人調査は,候補者9名全てが「諾」の回答であった。子が統合失調症に罹患することに対する親の苦悩の深さを示唆している。

3名の研究対象者は,表4-1-3のとおりである。

表4-1-3　研究対象者の概要

	本人性別	初診年齢	独立年齢	調査時母親年代	調査時本人年代	調査時の本人の暮らしの年代	ケアの脱家族の最初の提案者
d氏	女性	18歳	31歳	60代前半	40代前半	同病者と生殖家族	本人
e氏	男性	18歳	32歳	60代後半	40代前半	ひとり暮らし	姉
f氏	男性	21歳	43歳	70代前半	40代後半	ひとり暮らし	主治医

出典）筆者作成

(3) 倫理的配慮

本研究は,佛教大学「人を対象とする研究」倫理審査委員会あて研究計画書等必要書類を添付のうえ申請し,2014（平成26）年5月13日付承認番号 H26-3 の承認を得て実施している。研究協力者に対して,研究趣旨及び研究協力の自由意思,拒否権,プライバシーの遵守,IC レコーダーでの録音,論文化後のデータ廃棄について,口頭及び書面で説明し,文書による同意を得た。インタビュー調査は,2014（平成26）年7月～12月に実施した。

(4) 研究方法

データの収集方法は,半構造化インタビューによる質的データである。インタビューガイドを作成し,予め研究対象者へ,以下の設問項目を文書で伝えた。

1．子どもが統合失調症であると告知された時,どのように感じたか。
2．子どもと同居を解消しようと考え始めたのは,いつ頃か。
3．子どもと同居を解消しようと考えたきっかけ・理由は何だったのか。

4．実際に子どもと同居を解消したのは，いつ頃か。
5．子どもと同居を解消するまでに，子どもと話し合ったことは何か。
6．子どもと同居を解消するまでに，他の家族と話し合ったり相談したりしたことは何か。
7．子どもと同居を解消するまでに，関係者と話し合ったり相談したりしたことは何か。
8．子どもと同居を解消した当初は，子どもとどのような関係だったのか。
9．いま現在は，子どもとどのような関係なのか。
10．8から9に至るまで，どのような出来事があり，どう変わってきたのかを詳しく。

以上の10項目である。

データ分析は，前項と同様に，逐語録に起こした文字データにより分析を行った。分析方法についても，前節と同様に，TEM（Trajectory Equifinality Model：複線径路・等至性モデル）を採用した。分析手順，TEMの主要概念及び本研究における主要概念も前項と同じである。

(5) 調査結果

1) d氏のTEM図及びストーリーライン

本項では，d氏，e氏，f氏の語りをTEMで分析し，個別のTEM図とストーリーラインを作成した。なお，ストーリーラインの記述は，SDを【　】，SGを［　］，OPPを｜　｜，BFPを〈　〉，EFPを《　》，客観的事実を「　」で記すこととする。

図4-1-2は，d氏のTEM図である。以下，d氏のストーリーラインを記す。

高校3年の夏休みに，近所の人の｜悪口が聞こえるという訴え｜（OPP1）が始まる。普通でないと感じ，「心療内科へ連れて行き精神科を紹介され受診」する。受診に同行し，［薬で治って欲しく受診時に家での様子を伝える］（SG）ものの，「音への過敏と終日臥床する本人」を心配し，【本人への刺激を少なくするために外出を控える】（SD）ようになる。2学期以降は，ほとんど登校しなくなる。診断名は聞けず｜手帳の診断書で統合失調症と知る｜（OPP2）。【人に話せる病気ではない】（SD）という思いと【仕事一筋であまり関与しない夫】

図4-1-2 d氏のTEM図

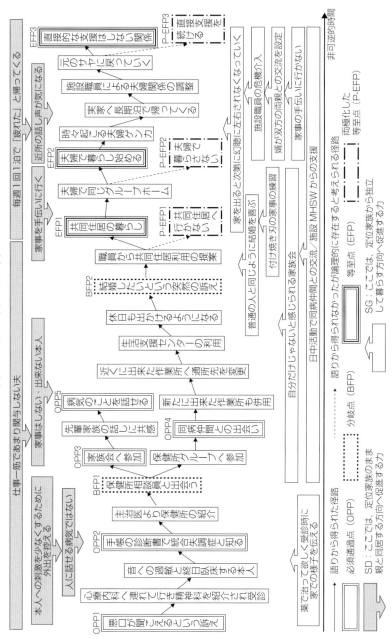

第4章 統合失調症ケアの脱家族化実証研究　179

(SD) であり，状況は変わらない。

　そんななか,「主治医より保健所の紹介」があり,〈保健所相談員と出会う〉(BEP1)。|家族会へ参加|(OPP3)すると,「先輩家族の話しに共感」した。[自分だけじゃないと感じられる家族会] (SG) の中では,|病気のことを話せる|(OPP5) ようになる。

　他方，本人は精神障害者の「保健所グループへ参加」するようになり,|同病仲間との出会い|(OPP4)も始まり,「新たに出来た作業所も併用」するようになる。「近くに出来た作業所へ通所先を変更」し,「生活支援センターの利用」も始める。[日中活動で同病仲間との交流／施設MHSWからの支援]を受けるなか，友人と約束し「休日も出かけるようになる」。本人から親へ同病仲間と〈結婚したいという突然の訴え〉(BFP2)があり,[普通の人と同じように結婚を喜ぶ] (SG)。他方，これまで【家事はしない・出来ない本人】であるので，利用している施設「職員から共同住居利用の提案」もあり,[付け焼き刃の家事の練習] (SG) という位置づけで《共同住居の暮らし》(EFP1)を始める。本人からのゴミ出しや料理などの依頼に応じて，母親は【家事を手伝いに行く】(SD)。

　半年の《共同住居の暮らし》(EFP1)を経て,「夫婦で同じグループホーム」で生活を始める。不思議なことに,[家を出ると次第に幻聴に左右されなくなっていく] (SG)。グループホームを出て，借家で《夫婦で暮らし始める》(EFP2)。その時点から母親は[家事の手伝いに行かない] (SG)。幻聴ではなく【近所の話し声が気になる】(SD) ことや「時々起こる夫婦ゲンカ」もあり,「実家へ長期泊で帰ってくる」ことも年に数回ある。その都度,「施設職員による夫婦関係の調整」という[施設職員の危機介入] (SG) があり,「元のサヤに戻っていく」ことを繰り返す。父の日や母の日に[婿が双方の両親との交流を設定] (SG) してくれてもいる。《共同住居の暮らし》(EFP1)を始めた時から現在に至るまで【毎週1回1泊で「疲れた」と帰ってくる】(SD)のは変わらないが，夫婦の暮らしに《直接的な支援はしない関係》(EFP3)となっている。

　2）e氏のTEM図及びストーリーライン

　図4-1-3は，e氏の語りを分析し，作成したTEM図である。以下，ストーリーラインを記す。

高校卒業前に|空笑が始まる|（OPP 1）。【おかしいと感じる】ものの，どうすれば良いか分からず，「市へ相談し，A精神科病院を紹介」され，受診する。高校卒業後，「就職し研修期間中に解雇」される。ここでも［市や精神科医を頼る］（SG）しかなく，「市へ相談し，B精神科病院を紹介」され，|B精神科医病院へ入院させる|（OPP 2）。心配で様子を【毎日病棟へ電話】（SD）で聞くと，「医師に『腹をくくれ』と言われる」。【重い病気と考える】（SD）。「退院後，アルバイトが続かない」状態で，【幻覚・妄想と暴力】（SD）があり，「C精神科病院へ複数回入院させる」。母親は，【他の子どもより遅れる】（SD）や【育て方への自責感】（SD）を強く感じる。

　「病院職員から障害年金受給の勧め」があるが，【病気・障害を認めたくない】（SD）と年金申請を躊躇う。しかし，［治ったら返上すれば良い］（SG）とも考え，「障害年金申請・受給」をする。本人が24歳の時，59歳で「夫が病で急死する」。【途方に暮れる】（SD）なか，［同居長女の支え］（SG）もあり，本人を［死ぬまで支える覚悟］（SG）を持つ。他方，本人は【妄想を否定する母への暴力】（SD）を振るうようになり，【暴力に怯え・妄想を肯定】（SD）することがパターン化する。妄想は，「二重見当識で母に対してのみ妄想の訴え」であり，同居姉や他の人には言わない。暴力も姉の居るところではしない。「妄想と暴力を原因とする入院」や「しんどくなり自ら入院」することもある。

　発病後，【母親の職場への頻回の電話】（SD）や暴力もあり市へ相談したところ，〈市から家族会と作業所を紹介〉（BFP 1）される。|家族会への参加|（OPP 3）は，［先輩家族の体験談に見通しを持つ］ことが出来，〈頼りになる施設職員と出会う〉（BFP 2）。本人も「作業所で出会う同病仲間」と友人関係が拡がっていく。

　本人が32歳の時に，「同居長女の結婚」により，母とのふたり暮らしとなる。【母への暴力激化】（SD）し，［ケア会議で世帯分離を検討］（SG）し始める。34歳時に，母が「本人の暴力から長女宅へ逃げる」。本人を含む〈ケア会議で世帯分離することを決定〉（BFP 3）する。《母が長女宅へ出てひとり暮らし》（EFP 1）となる。本人へのケアは［ヘルパー，訪問看護，社協の金銭管理サービス］（SG）が担うようになる。

　【長女宅で住むな！と訴える本人】（SD）に対して，母親は【本人のことが心

第4章　統合失調症ケアの脱家族化実証研究

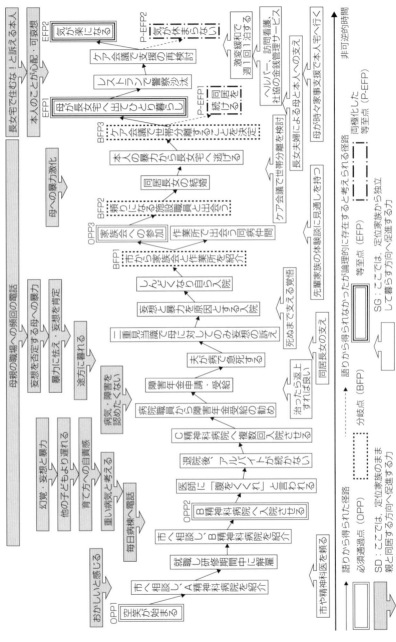

図4-1-3　e氏のTEM図

出典）塩満（2022）72頁図2を転載

配・可哀想】(SD) と感じ，［母が時々家事支援で本人宅へ行く］(SG)。また，［長女夫婦による母と本人への支え］(SG) もある。ひとり暮らしをしてしばらく経った頃，本人が「レストランで警察沙汰」を起こす。「ケア会議で支援の再検討」を行い，母親が本人宅へ［激変緩和で週1回1泊する］(SG) こととする。本人と離れて暮らすようになり，母親自身，今までは本人のことばかり考えていたが自分のことも考えられるようになり《気が楽になる》(EFP2)。

3）f 氏の TEM 図及びストーリーライン

図4-1-4は，f 氏の TEM 図である。以下，f 氏のストーリーラインを記す。

大学2年で中退後，実家へ戻る。車で「夜中にひとりで出かける」ようになり，「夫の紹介で就いた仕事を無断欠勤」することが続く。|警察に取り囲まれていると訴え|(OPP1) があり，【おかしいと感じる】(SD) 両親は，「X 精神科病院へ連れて行き受診」させる。|統合失調症と診断|(OPP2) され，【大変な病気】(SD) と考えたが，［主治医に治ると言われる］(SG)。

初回の受診以降，「受診と服薬は遵守する」。本人の「幻覚（テレパシー）の訴え」は続く。【病気のことはよく分からない】(SD) 母親は，［しっかりして欲しい］(SG) という思いが優先し，「幻覚は病気と説得する」ことを続ける。

「夫が病気で自宅療養」となり，本人は，主治医の勧めで通院先「病院の給食部のアルバイト」を他の患者らと始める。本人27歳時に「療養中の夫死亡」し，母親にとって唯一の【相談相手が居なくなる】(SD)。本人にとって怖い父親が亡くなり，勝手に「病院の給食部のアルバイトを辞める」。母親にとって［仕事中は本人のことを忘れることが出来る］(SG) が，夫の療養と本人の病気への対応が重なり【気が休まらない】(SD) 期間が続き，【本人に対する指示的な対応】(SD) を続けていく。

〈X 病院で保健所を紹介〉(BFP1) され，保健所の「家族教室へ参加」する。［家族教室で病気や制度を学ぶ］(SG) なかで，［本人40歳までに独立させたい］(SG) と考えるようになる。|地域家族会へ参加|(OPP3) し始めた当初，署名活動等の【家族会の運動がシンドイ】(SD) と感じる。それでも「家族会会員として活動」を続ける。

【訪問販売・電話セールスに騙される本人】(SD) は，「訪問販売を断れない」。

図 4-1-4　f 氏の TEM 図

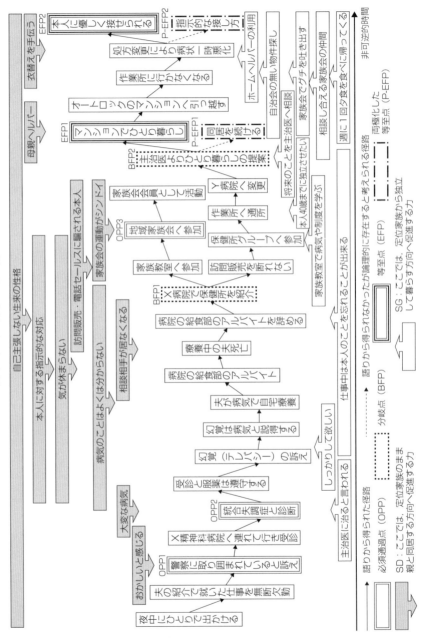

出典：塩満（2022）74頁図3を転載

本人も「保健所グループへ参加」し,「作業所へ通所」するようにもなる。受診先を家から近い「Y病院へ変更」し,母親は［将来のことを主治医へ相談］(SG)したところ,〈主治医よりひとり暮らしの提案〉(BFP2)がある。

人間関係が苦手なので,［自治会の無い物件探し］(SG)を始め,《マンションでひとり暮らし》(EFP1)を始める。初めて入居した物件は,訪問販売等が自由に入れるマンションだったため,「オートロックのマンションへ引っ越す」。独立後は,［週に1回夕食を食べに帰ってくる］(SG)が,泊まることはない。ひとり暮らしを始めて2年間は,食事づくりや掃除といった【母親ヘルパー】(SD)を担う。母親自身の疲れもあり,［ホームヘルパーの利用］(SG)を始める。それ以降は年に数回【衣替えを手伝う】(SD)程度のケアをしている。

「作業所に行かなくなる」ことや「処方変更により病状一時悪化」したこともある。しかし,［相談し合える家族会の仲間］(SG)も出来,［家族会でグチを吐き出す］(SG)ようにしている。家族会のお陰で,出来ないことが気になっていたが,気にならなくなり《本人に優しく接せられる》(EFP2)ようになってきている。

(6) 考察

これまで,d氏,e氏,f氏の質的データを分析し,個別のTEM図とそれぞれのストーリーラインを作成した。三者に共通する分岐点は,本人だけではなく家族へのケアをコーディネイトする頼りになる専門職との出会いであり,親も本人も社会資源利用の端緒となっている。また,頼りになる専門職は,家族教室や家族会を紹介し,母親は親のピアとの交流を始め,共感し学び合う場を獲得している。d氏,e氏,f氏の三者とも,予備調査と同じ時期区分「第Ⅰ期：孤軍奮闘期」,「第Ⅱ期：ピアな仲間と交流する期」,「第Ⅲ期：社会的ケアへ委ねる期」の3期に分けられる。3期の区分ごとに,2つの視角から考察した。1つは,「母親の統合失調症への向き合い方の変化」である。2つめは,「母親によるケアと社会的ケアの時間経過に伴う推移」についてである。

1) 母親の統合失調症への向き合い方の変化

1つめの「母親の統合失調症への向き合い方の変化」について,表4-1-4に整理した。「第Ⅰ期：孤軍奮闘期」は,三者とも「近所に知られたくない」,「病気と認めたくない」,「大変な病気」といった否定的なイメージで疾病を捉

表4-1-4　母親の統合失調症への向き合い方の変化

	第Ⅰ期：孤軍奮闘期	第Ⅱ期：ピアな仲間と交流する期	第Ⅲ期：社会的ケアへ委ねる期
d氏	・薬で治って欲しい ・幻聴さえ治まれば ・人に話せる病気ではない ・近所に知られたくない	・先輩家族の話しに共感 ・家族会で病気のことを話せる	・幻聴は軽減し，生活の安定が気になる
e氏	・重い病気 ・育て方への自責感 ・幻覚・妄想と暴力 ・病気と認めたくない	・二重見当識で母に対してのみ妄想を訴える ・先輩家族の体験談に見通しを持つ ・妄想による暴力で母親が家から逃げる	・妄想的訴えがある時は緊張感がある ・落ち着いている時が多く，ふつうに話しが出来る
f氏	・大変な病気 ・幻覚は病気と本人を説得する ・病気のことはよくは分からない	・家族教室で病気・制度等を理解 ・40歳までに独立させたい	・気になることを家族会で吐き出し，本人へ厳しく言わない ・周囲を気にする本人の症状を受けとめ一緒に考える

出典）筆者作成

え，「育て方への自責感」もみられた。この時期は，「幻聴さえ治まれば」，「幻覚は病気と本人を説得する」等，疾病そのものを忌避する態度があり，病気と認めたくない思いがその背景にあることが示唆される。このことは，子どもが発病するまでの統合失調症に対する母親自身に内在化された偏見からくる反応である。

「第Ⅱ期：ピアな仲間と交流する期」では，「先輩家族の体験談に見通しを持つ」，「家族会で病気のことを話せる」という同質の問題を持つ仲間と出会っている。そして「家族教室で病気・制度等を理解」して正しい知識を学んでいく。このように，同じ悩みを持つ仲間と出会い，病気の正しい知識を得，疾病そのものを客観視できるようになっていく時期である。d氏とf氏の場合，病気を客観的に見られるようになったことが，同居解消の契機となっている。

他方，e氏の場合，「妄想による暴力で母親が家から逃げる」にみられるように，陽性症状による問題行動がある。e氏の場合，暴力が「頼りになる専門職を含む」支援者の関わりの契機となり，専門職との課題共有が同居解消の端緒となっている。

「第Ⅲ期：社会的ケアへ委ねる期」では、d氏の場合、病気よりむしろ結婚生活の安定が気になっている。e氏の場合、妄想的訴えがある時は緊張感があるものの、落ち着いている時が多く、ふつうに話しが出来るようになっている。f氏の場合、本人の症状を受けとめ一緒に考えるようになり、気になることを家族会で吐き出し、本人へ厳しく言わないようになっている。同居解消は、Brownら(1962)らがEE (Expressed Emotion)研究で提唱し、大島ら(1993)が解説しているEE研究の知見「情緒的巻き込まれ (emotional involvement)」から解放されていく有効な手段であることを示唆している。

2）母親によるケアと社会的ケアの時間経過に伴う推移

2つめの「母親によるケアと社会的ケアの時間経過に伴う推移」について、表4-1-5に整理した。「第Ⅰ期：孤軍奮闘期」では、本人への過度な気遣いや親自身の自責感からd氏、e氏、f氏の三者とも「家事全般のケア」を担っており、本人の生活を丸ごとケアしている。

「第Ⅱ期：ピアな仲間と交流する期」では、「施設職員によるケア」、「作業所・施設職員のケア」、「作業所で出会う同病仲間」といった社会的ケアを利用し始めている。結果として、親によるケアの比率は低下していく。

「第Ⅲ期：社会的ケアへ委ねる期」では、親によるケアから社会的ケアへと移行している。親によるケアは、「週に1回夕食を食べに帰ってくる」や「定期的に自宅で泊まり休養する」等限定的なものとなっており、情緒的なつながりを保持していた。ケアの定義によるケア類型で考えると、手段的なケアを社会的ケアへ移行し、情緒的ケアを継続させていると示唆される。

表4-1-5　母親によるケアと社会的ケアの時間経過に伴う推移

	第Ⅰ期：孤軍奮闘期	第Ⅱ期：ピアな仲間と交流する期	第Ⅲ期：社会的ケアへ委ねる期
d氏	・音を立てないように本人への刺激を少なくする ・家事全般のケア	・家事を手伝いに行く ・定期的に自宅で泊まり休養する ・施設職員によるケア	・家事の手伝いには行かない ・定期的に自宅で泊まり休養する ・施設職員からの支援 ・施設職員の危機介入

e氏	・家事全般のケア ・死ぬまで本人を支える覚悟	・作業所・施設職員のケア ・作業所で出会う同病仲間 ・長女夫婦による見守り	・本人宅へ週1回1泊し夕食を作る ・ヘルパー,訪問看護,金銭管理サービスを受ける
f氏	・受診の同行 ・家事全般のケア ・お金の管理	・保健所のグループ仲間 ・作業所職員,仲間	・当初,本人のマンションへ行き,食事や掃除のケアを母親が担っていた ・週に1回夕食を食べに帰ってくる ・ホームヘルパーの利用・衣替えを手伝う

出典）筆者作成

　ケアの3類型から，ケアの与え手としての母親のケア提供の量的変化を考察してみたい。

　「第Ⅰ期：孤軍奮闘期」は親が丸ごと本人をケア（本人へのケア＝家族によるケア）している。本人が必要とする手段的ケア，情緒的ケア，情報的ケアの与え手が全て母親である。

　「第Ⅱ期：ピアな仲間と交流する期」は，親によるケアから社会的ケアの導入（家族によるケア＞社会的ケア）となっている。d氏は施設職員からのケアを受け，e氏は施設職員や仲間からのケアを受け，f氏は保健所グループや作業所での仲間からのケアを受けている。これら職員や仲間によるケアは，情緒的ケアと情報的ケアである。家事等の手段的ケアの与え手は，母親のままである。したがって，家族によるケア＞社会的ケア，となる。

　「第Ⅲ期：社会的ケアへ委ねる期」は，社会的ケアが主力となり，親によるケアは部分的にとどまる（家族によるケア＜社会的ケア）。ここで移行するケアは，手段的ケアである。詳しくみていくと，d氏は，定期的に自宅（実家）で泊まり休養しているが，e氏及びf氏は，週に1回程度，夕食を一緒に食べるという親子関係になっている。つまり，手段的ケアを社会的ケアへ委ね，情緒的ケアを残している。

　「母親の統合失調症への向き合い方」及び「親によるケアと社会的ケアの時間経過に伴う推移」から，「第Ⅰ期：孤軍奮闘期」の親の課題は，病気の受容である。

「第Ⅱ期：ピアな仲間と交流する期」の親の課題は，病気の理解を基礎に，親と本人の関係を客体化していくことである。同じ問題を抱える家族会等でのピアとの交流は，病気の受容及び親と本人の関係を客体化していくことを促進していると示唆している。

「第Ⅲ期：社会的ケアへ委ねる期」は，本人との間でのケアの与え手とケアの受け手という関係性が薄れる。それぞれの語りから生成したセカンド等至点をみていくと，d氏は《直接的な支援はしない関係》（EFP3），e氏は《気が楽になる》（EFP2），f氏は《本人に優しく接せられる》（EFP2）となっている。手段的ケアを社会的ケアへ委ねること，つまりケアを脱家族することで，親は精神的にも身体的にも楽になっていることを示唆している。第Ⅲ期の手段的ケアを社会的ケアへ委ね，情緒的ケアで親とつながっている状況は，介護保険導入時の「介護はプロに，愛情は家族で」（後藤：2012）を体現するものであり，本人と家族双方のwell-beingに寄与する形態である。

4-1-3．本調査の統合版TEM図とストーリーライン

先述したd氏，e氏，f氏のTEM図とストーリーラインの比較検討及び「母親の統合失調症との向き合い方の変化」という視角からの考察，「母親によるケアと社会的ケアの時間経過に伴う推移」という視角からの考察を踏まえ，三者を統合する図4-1-5「統合失調症ケアの脱家族化を選択した母親の価値変容プロセス統合版TEM図」を作成した。

以下，図4-1-5のストーリーラインを，SDを【　】，SGを［　］，OPPを｜　｜，BFPを〈　〉，EFPを《　》，客観的事実を「　」とし，時期区分ごとに記す。

(1) 第Ⅰ期：孤軍奮闘期

｜学校や職場からの離脱｜（OPP1）となり，社会的所属が消失する。「生活リズムの乱れ」が始まる。母親は【おかしいと感じる】（SD）ようになる。｜不思議な言動（幻覚・妄想）｜（OPP2）が現れる。母親は［ただごとではないという思い］（SG）から「夫や市町村・近医に相談」し，｜精神科へ連れて行く｜（OPP3）。［早く治って欲しい］（SG）という思いとは裏腹に，本人の症状は「思うように回復しない」。｜統合失調症という診断｜（OPP4）から【重い病気と考える】（SD）

図4-1-5 統合失調症ケアの脱家族化を選択した母親の価値変容プロセス統合版TEM図

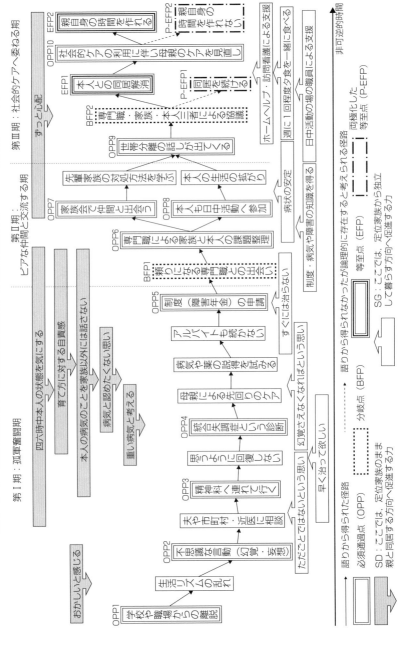

出典：塩満（2022）78頁図4を一部修正のうえ転載

一方で，［幻覚さえなくなればという思い］（SG）もあり，「母親による先回りのケア」や本人へ「病気や薬の説得を試みる」。母親は，【四六時中本人の状態を気にする】（SD）ようになったり，【育て方に対する自責感】（SD）に苛まれたり，【本人の病気のことを家族以外には話さない】（SD）閉じた人間関係になっていく。本人は，「アルバイトも続かない」状態で，［すぐには治らない］（SG）と思い始める。【病気と認めたくない思い】（SD）と［すぐには治らない］（SG）という思いがせめぎあうなかで，|制度（障害年金）の申請|（OPP5）を行う。

(2) 第Ⅱ期：ピアな仲間と交流する期

〈頼りになる専門職との出会い〉（BFP1）は，|専門職による家族と本人の課題整理|（OPP6）が行われ，母親は同質の問題を抱える|家族会で仲間と出会う|（OPP7）。また，「先輩家族の対処方法を学ぶ」など，［制度・病気や障害の知識を得る］（SG）。社会に所属の無かった|本人も日中活動へ参加|（OPP8）するようになり，［病状の安定］（SG）とともに「本人の生活の拡がり」が見られるようになる。

(3) 第Ⅲ期：社会的ケアへ委ねる期

本人，専門職のいずれかから |世帯分離の話しが出てくる|（OPP9）。そこで，〈専門職・家族・本人三者による協議〉（BFP2）が行われ，母親によるケアに代わる社会的ケア［ホームヘルプ・訪問看護による支援］（SG）を導入することが《本人との同居解消》（EFP1）を後押しする。本人へは［日中活動の場の職員による支援］（SG）もあり，母親は |社会的ケアの利用に伴い母親のケアを見直し|（OPP10）始める。《本人との同居解消》（EFP1）後も，母親は【ずっと心配】（SD）で，［週に1回程度夕食を一緒に食べる］（SG）。本人へのケアの中心が社会的ケアとなり，《親自身の時間を作れる》（EFP2）ようになっていく。

(4) 母親の価値変容プロセス研究の知見

母親の価値変容プロセス研究の知見は，以下の2点である。1点目は，子が統合失調症に罹患するから子どもとの同居を解消するまでの母親の主観的経験的世界を可視化したことである。2点目は，ケアの脱家族化の起点が，多様であるということである。

1点目の同居を解消するまでのプロセスの可視化については，図4－1－5統合版 TEM 図のとおりである。同居の解消に至るには，〈頼りになる専門職との出会い〉が分岐点となっている。「頼りになる専門職」は，母親の課題と本人の課題を整理し，母親及び本人双方へ働きかけている。母親は，ピアの集団である「家族会との出会い」を必須通過点としている。本人も仲間であるピアが集まる「日中活動へ参加」を必須通過点としている。母親は，「頼りになる専門職」とピアとの交流から，［制度・病気や障害の知識を得る］（SG）。本人若しくは専門職から「世帯分離の話しが出てくる」という必須通過点を経て，2回目の分岐点「専門職・家族・本人三者による協議」が行われる。ここが母親の担っているケアのうち，情緒的ケアを除くケアを社会的ケアへ移行していく話し合いとなり，等至点《本人との同居解消》（EFP1）に至る。母親は，「社会的ケアの利用に伴い母親のケアの見直し」という必須通過点を経て，セカンド等至点《親自身の時間を作れる》（EFP2）に至っている。

　2点目のケアの脱家族化の起点が，多様であるということについてである。予備調査でも示されたとおり，本調査における起点も「本人」，「姉」，「主治医」と多様である。全身性障害，知的障害，薬物依存症のように固定化されず，多様である。

第2節　統合失調症本人9名への質的調査

　本節では，筆者（塩満：2023）が実施した「定位家族から独立する暮らしを選択した統合失調症者の意識変容プロセス」研究の概要及び知見について論じる。第1項では，研究の目的，対象，倫理的配慮，方法について述べる。第2項では，研究の結果について，結果図とストーリーライン，考察を記し，それぞれについて考察する。第3項では，本研究の知見を述べる。

4-2-1．研究の目的，対象，倫理的配慮，データ収集，方法
（1）研究の目的

　本研究は，定位家族から独立した暮らしを経験している統合失調症者の語りを分析することにより，統合失調症者がケアを脱家族化していくプロセス及び

その類型を明らかにし，今後の統合失調症者及びその家族支援のあり方の示唆を得ることを研究目的とする。

(2) 研究の対象

研究対象者は，統合失調症に罹患し，定位家族から独立した暮らしを経験している9名である。研究対象者の選定は，筆者が理事をしている社会福祉法人職員及び研究会等で関係のある現場のMHSWへ筆者が研究の概要を説明し，MHSWから該当する統合失調症者へ打診し，「諾」と回答のあった9名へ改めて筆者から正式に依頼した。推薦のあった9名全員からインタビューの承諾を得た。

研究対象者の概要は，表序-3-2のとおりである。性別は，女性2名(a氏，g氏)で，男性が7名である。定位家族からの独立の起点(定位家族からの独立を最初に表明した者)の内訳は，専門職(主治医及びMHSW)が2名，本人が2名，家族(父，母，姉)が5名である。また，3名が，病前にひとり暮らしの経験を有している。現在の住まいについては，1名が定位家族に戻っている。訪問系サービス(ホームヘルプ，訪問看護，日常生活自立支援事業等)を利用していないのは3名で，そのうち2名はひとり暮らしの経験がある。なお，g氏とi氏は，夫婦であり，生殖家族である。生活訓練施設やグループホームといったケア付き住宅の利用経験があるのは，c氏とf氏の2名であり，f氏はその後にアパートでの単居となっている。

表序-3-2 研究対象者の概要

	本人性別	初診年齢	独立年齢	調査時年齢	病前の独立経験	調査時の訪問系支援	調査時の本人の暮らしの形態	ケアの脱家族の最初の提案者
a氏	女性	24歳	27歳	41歳	—	—	ひとり暮らし	本人
b氏	男性	21歳	29歳	35歳	—	—	ひとり暮らし	主治医
c氏	男性	22歳	31歳	43歳	有り	独立時有り	定位家族	精神保健福祉士
d氏	男性	22歳	31歳	39歳	有り	—	ひとり暮らし	母親
e氏	男性	18歳	32歳	44歳	—	有り	ひとり暮らし	姉
f氏	男性	20歳	37歳	52歳	—	有り	ひとり暮らし	母親
g氏	女性	23歳	40歳	56歳	—	有り	同病者と生殖家族	両親

| h氏 | 男性 | 31歳 | 41歳 | 46歳 | 有り | ― | ひとり暮らし | 父親 |
| i氏 | 男性 | 22歳 | 51歳 | 58歳 | ― | 有り | 同病者と生殖家族 | 本人 |

出典）表序-3-2を転載

（3）倫理的配慮

本研究は，佛教大学「人を対象とする研究倫理審査委員会」あて研究計画書等必要書類を添付のうえ申請し，2015（平成27）年8月17日付承認番号 H27-19 及び2016（平成28）年4月5日付承認番号 H27-61の承認を得て実施している。

また，研究対象者に対して，研究趣旨及び研究協力の自由意思，拒否権，プライバシーの遵守，ICレコーダーでの録音，論文化後のデータ廃棄について，口頭及び書面で説明し文書による同意を得て実施している。

（4）データ収集

研究対象者に対して，インタビュー時に主たる支援者（MHSW等）の同席を希望するか否かを確認した。9名中8名から希望があり，支援者同席でインタビューを実施した。これには，2つの理由がある。1点目は，発症時を含め，過去のことも尋ねることから，インタビューが病状悪化を招く可能性があると考えたからである。2点目は，統合失調症は，対人緊張が高いとされ，初対面の筆者とのインタビューへの心理的負担の軽減のためである。結果として，補足説明を同席した支援者が担う場面もあり，その補足により，研究対象者の情報を補うことができた。

インタビューは，半構造化インタビューである。インタビューガイドを作成し，予め研究対象者へは，以下の設問項目を文書で伝えた。

1．初めて精神科を受診したのはいつ頃で，受診に至る経過はどのようなものでしたか。
2．親と一緒に暮らしているところから，独立して暮らそうと考えたのはいつ頃ですか。
3．どんなことがあり，独立して暮らそうと考えたのですか。（きっかけ，理由）
4．独立して暮らすまでに，どんなことを家族（親）と話し合いましたか。

5．独立して暮らすまでに，関係者（医師，MHSW，心理士，福祉事務所のケースワーカーなど）とは，どんなことを話し合いましたか。
6．独立して暮らすまでの間に，どのような心配や不安がありましたか。
7．独立して暮らし始めた頃の親や関係者との関係性は，どのようなものだったのですか。
8．現在の親や関係者との関係性は，どのような関係ですか。
9．これからの暮らしのなかでやりたいことや夢や希望があれば教えてください。

以上の9点である。

(5) 研究方法

研究方法は，TEM（Trajectory Equifinality Model：複線径路・等至性モデル）を採用した。TEMを採用した理由は，統合失調症に罹患し，定位家族から出て暮らす，つまり親元から自立することを決意し，実行するまでの統合失調症者の意識や決断，行為について，社会的・文化的な背景や影響，文脈を捨象せずに，時間軸でその実相を明らかにしようと考えたからである。

表4-2-1にTEMの主要概念と本研究における主要概念の意味を整理した。本研究における等至点（EFP）とは，統合失調症者のうち，定位家族から独立して暮らし始めた状態に至っていることを意味する。両極化した等至点（P-EFP）とは，統合失調症者のうち，定位家族から独立する分岐点を経ても，定位家族と暮らし続けている状態のことを意味する。分岐点（BFP）とは，定位家族から独立して暮らすことにつながる岐路になる状況のことである。必須通過点（OPP）とは，統合失調症に罹患し，定位家族から独立するまでの期間，多くの統合失調症者が通過すると考えられる経験のことを意味する。社会的方向付け（SD）とは，統合失調症者が定位家族から独立して暮らすことを阻害する社会的・文化的緒力の総体となる。社会的ガイド（SG）とは，統合失調症者が定位家族から独立して暮らすことを促進する社会的・文化的緒力の総体となる。

TEMによる分析の手順は，①逐語録の文字データから「主要な出来事」の抽出を行う。②「主要な出来事」を時間軸で整理する。③2つのリサーチクエスチョン「統合失調症者本人の独立した暮らしを促進しているものは何か」，

その対極にある「統合失調症者本人の独立して暮らすことを阻害しているものは何か」から，文字データの文脈の抽出とコーディングによりラベルを生成する。④KJ法（川喜田：1967）の要領で，③で生成したラベルをボトムアップ方式で多段階のコーディングを行い，リアリティのあるコードを生成する。⑤④で生成したコードを表4-2-1のTEMの主要概念であるEFP，P-EFP，BFP，SD，SGと照合しながら，非可逆的時間軸で，TEM図として適切な空間配置を行う。TEM図は，等至点に近づくと上に，等至点から離れると下に配置する。⑥作成したTEM図に対する説明的記述（ストーリーライン）を作成する。①から⑥の手順で，a氏からi氏までの9名の個別のTEM図とストーリーラインを作成した。9名のTEM図とストーリーラインを照合し，最終的に親元からの自立に至るパターンの4類型を生成した。

表4-2-1　TEMの主要概念と本研究における主要概念の意味

用語	意味
等至点：EFP	等至点とは，研究者が等しく至るとして焦点を当てた点。研究協力者は，この等至点に至った人を招待することとなる。本研究では，統合失調症者が定位家族から独立して暮らし始めた状態に至っていること。
両極化した等点：P-EFP	等至点に対する補集合的行為を考えて，それを「両極化した等至点」として設定する。人生の径路の可視化を可能とする。本研究では，統合失調症者が定位家族から独立する分岐点を経ても，定位家族で暮らし続けている状態のこと。
分岐点：BFP	ある経験において，実現可能な複数の径路がある状態。複線径路を可能とする結節点のこと。本研究では，定位家族から独立して暮らすか，定位家族でとどまって暮らすかの岐路になる状況のこと。
必須通過点：OPP	必須通過点は，ある時点に行くために多くの人が通ると考えられる地点のこと。この「必須」という意味は「全員が必ず」という強い意味ではなく，「多くの人が」という幅を少し広げた概念である。本研究では，統合失調症に罹患し，定位家族から独立するまでの期間，多くの統合失調症者が通過すると考えられる経験のこと。
社会的方向付け：SD	等至点と対極にある行動の選択肢を選ぶように有形無形に影響を及ぼす社会的・文化的諸力の総体。本研究では，統合失調症者が定位家族から独立して暮らすことを阻害する社会的・文化的諸力の総体となる。
社会的ガイド：SG	SDに抗い，等至点へ向かう選択肢を選ぶように促す社会的・文化的諸力の総体。本研究では，統合失調症者が定位家族から独立して暮らすことを促進する社会的・文化的諸力の総体となる。

出典）安田・サトウ編（2012）一部抜粋のうえ筆者加筆

4-2-2．研究の結果

本項では，本研究の分析結果である4つのパターン及びそれぞれのパターンに関する考察を記す。9名の個々のデータ分析を行い，作成した個々のTEM図とストーリーラインを照合し，一般的なパターン（a氏，b氏，d氏，f氏，h氏を統合化）と定位家族へ戻るパターン（c氏），親が転居するパターン（e氏），同病仲間と生殖家族となるパターン（g氏，i氏），の4つに類型化することができた。

（1）で一般的なパターンとして作成した統合版TEM図とストーリーラインを記し，考察する。（2）で，独立した生活から定位家族へ戻ったパターンを記し，考察する。（3）で，本人ではなく親が転居するパターンを記し，考察する。（4）では，同病仲間と生殖家族になるパターンを記し，考察する。

(1) 一般的なパターンの統合版

1) 統合版TEM図とストーリーライン

a氏，b氏，d氏，f氏，h氏の5名のTEM図を統合化し，図4-2-1統合版TEM図を作成した。図4-2-1のストーリーラインをTEMの主要概念を用い，SDを【 】，SGを［ ］，OPPを｜ ｜，BFPを〈 〉，EFPを《 》，客観的事実を「 」で，以下に記す。

5名のTEM図の統合化により，設定した必須通過点（精神科を受診し診断される）よりも前に必須通過点｜まとまらない思考と幻聴の始まり｜（OPP1）がみられた。また，設定した等至点《ひとり暮らしを始める》（EFP1）の後に，セカンド等至点《気遣い合う普通の親子関係》（EFP2）を生成した。非対称の関係ではない対等の親子関係となっていく。

以下，ストーリーラインを記す。

［現実を脅かす変な感覚］（SG）のなか，【生活パターンの乱れ】（SD）が顕著となり，｜まとまらない思考と幻聴の始まり｜（OPP1）を経験し，「日常生活が破綻」する。本人は，［症状への戸惑い］（SG）があるものの，【ただごとではないという親の気づき】（SD）により，｜親と精神科受診｜（OPP2）をする。受診に同行した母親は，家族教室や家族会での学習から［母親の疾病理解と献身的なケア］（SG）を始めていく。本人は，「職場・学校を休む」こととなり，「自宅での養生」生活が始まる。「自宅での養生」から「服薬遵守」していても「疾

図4-2-1 一般的なパターンとしての統合版TEM図

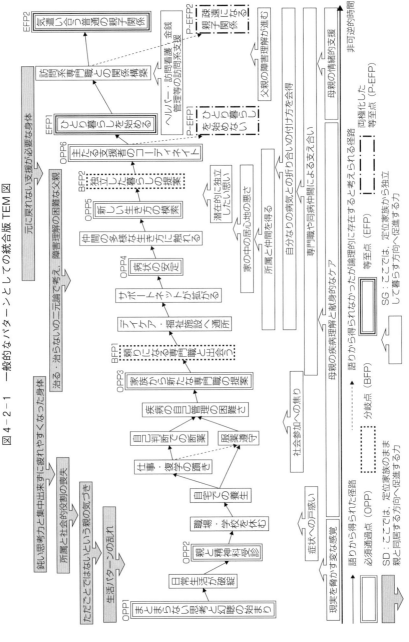

出典）塩満（2023a）67頁図1を転載

病の自己管理の困難さ」が続いたり，【所属と社会的役割の喪失】（SD）と［社会参加への焦り］（SG）のせめぎ合うなかで，早期の復職や復学，就職を試み，「仕事・復学の躓き」を経験する。「自己判断での断薬」により，「疾病の自己管理の困難さ」に気づく。【鈍い思考力と集中出来ずに疲れやすくなった身体】（SD）にも関わらず，［社会参加への焦り］（SG）があるため，|家族から新たな専門職の提案|（OPP 3）がなされ，医師や MHSW の〈頼りになる専門職と出会う〉（BFP 1）。同病仲間が活動している場「デイケア・福祉施設へ通所」し始め，［所属と仲間を得る］（SG）ことで，「サポートネットが拡がる」。新たに出会う［専門職や同病仲間による支え合い］（SG）という経験は，|病状の安定|（OPP 4）をもたらし，「仲間の多様な生き方に触れる」なかで，［自分なりの病気との折り合いの付け方を会得］（SG）していく。そのような本人の経験は，【元に戻れない支援が必要な身体】（SD）になったことを認識し，|新しい生き方の模索|（OPP 5）を始める。一方で，家には，【治る・治らないの二元論で考え，障害理解の困難な父親】（SD）も居る。本人と父と母をめぐる［家の中の居心地の悪さ］（SG）は，本人や家族，専門職のいずれかから〈独立した暮らしの提案〉（BFP 2）がなされる土壌となっていく。

それまでにも［潜在的に独立したい思い］（SG）のある本人は，|主たる支援者のコーディネイト|（OPP 6）により，親が担っていた直接的で手段的ケアを［ヘルパー・訪問看護・金銭管理等の訪問系支援］（SG）から受けながら，《ひとり暮らしを始める》（EFP 1）。空間的に父親と離れることにより，［父親の障害理解が進む］（SG）ことや，直接的な支援を専門職に委ねた［母親の情緒的支援］（SG）のなかで，「訪問系専門職との関係構築」がなされ，親子関係が《気遣い合う普通の親子関係》（EFP 2）へ変容していく。

２）統合版の考察

統合版のパターンでは，以下の５点が重要であると考えられる。１点目は，〈頼りになる専門職と出会う〉（BFP 1）及び本人や家族，専門職のいずれかから〈独立した暮らしの提案〉（BFP 2）がターニングポイントとなっている。母親調査において明らかとなった３期の時期区分と相似形である。

２点目は，必須通過点である |病状の安定|（OPP 4）により，［所属と仲間を得る］（SG）なかで，【元に戻れない支援が必要な身体】（SD）となったこと

の認識が促される。仲間の存在が障害を受けとめる促進要因となっていることが示唆される。

3点目は，[家の中の居心地の悪さ] (SG) が，定位家族からの独立のトリガーとして，作動している。

4点目は，ケアの脱家族化の起点が多様である。5名の起点は，a氏は本人，b氏は主治医，d氏及びf氏は母親，h氏は父親となっている。

5点目は，|主たる支援者のコーディネイト|（OPP6）がうまく機能しない場合，論理的に存在すると考えられるP-EFP1のひとり暮らしを始められないこととなる。逆説的に言えば，定位家族からの独立は，最終局面における主たる支援者の力量に左右されるといえる。

（2）独立後に定位家族へ戻るパターン

1）独立後に定位家族へ戻るパターンのTEM図とストーリーライン

c氏は大学時代の4年間を親元から離れて暮らし，病前にひとり暮らしを経験している男性の統合失調症者である。図4-2-2は，c氏の語りを分析したTEM図である。c氏のパターンは，定位家族へ戻るパターンである。

大学4年生で就職の内定が決まり，卒業前に【不眠・考えが冴えまくる】(SD)状態となり，|幻聴と監視されている|（OPP1）感覚に苦しむ。精神科への[両親の受診勧奨] (SG) があり，|親同行での精神科受診|（OPP2）をする。【内定を断るように医師から指示】(SD) があり，「就職せず実家で養生」する。処方薬を服むと「ヨダレや眠気の副作用」があり，[早く仕事に就きたい思い] (SG)から「自己判断で断薬」し，「営業職で就職」する。しかし，【仕事を覚えられない】(SD) 状況で，病状も悪化し，「再発し仕事を辞める」。発病後しばらくの間，【発病の原因探しをし始め，両親の育て方を批判】(SD) する。[母親の病気の理解：家族会への参加，社会資源の知識] (SG) もあり，〈母の勧めで病院を変わる〉（BFP1）。初めて[主治医より病気・薬の説明] (SG) を受ける。主治医の勧めで，「デイケアを利用する」。他のメンバーが就職しても上手くいかない状態を見て【簡単な病気ではないと感じ始める】(SD)。スタッフとの距離感や他のメンバーとの関係から自分には「デイケアは合わない」と感じ始める。

紹介された|雰囲気の合う福祉施設と出会う|（OPP3）。デイケアとは異な

り，［福祉施設の職員と仲間の互恵的関係］（SG）があり，居心地の良さを感じる。

他方，【父親の病気の無理解（なぜ，仕事を頑張れないの）】（SD）や【滝に打たれに父に連れて行かれる】（SD）への反発から「一般就労」する。「酷い疲れ方を体験」し，自身の身体の【易疲労を自覚】（SD）する。この経験により自身が |障害者であると認識|（OPP４）させられる。以来，負荷のかかる一般就労ではない働き方を模索し始める。病者とは考えてくれるが，障害を持っていると考えない父親と一緒に居る居心地の悪さから［父から離れたい］（SG）という思いが強くなる。まさにそのタイミングで，グループホーム（以下，GH）の利用について〈施設MHSWからグループホームの提案〉（BFP２）もあり，《グループホーム利用》（EFP１）に至り，親元から出る。

GHでは，世話人や［ヘルパーから支援］（SG）を受け，パートの仕事と福祉施設を利用しながら暮らす。２年間GHで暮らすが，【同室者との葛藤関係】（SD）と［ひとりでも暮らせるという思い］（SG）から〈同室者への不満〉（BFP３）が現れ，GHを出て「アパートでひとり暮らし」を始める。アパートでは，［ひとりでも暮らせるという思い］（SG）からヘルパーは利用していない。GHに比べ，家賃や水光熱費の固定費も高く，【寂しい，金欠】（SD）な暮らしとなる。見かねた〈母から実家へ戻る提案〉（BFP４）を受け，「定位家族で再度暮らす」こととなる。GHでの２年間とアパートでの１年半，計３年半のひとり暮らしの経験により，［父母から独立した実績を評価される］（SG）や，自身も反発していた［父親へのリスペクト］（SG）も芽生え，《お互いを尊重し合う同居》（EFP２）となっていく。

２）独立後に定位家族に戻るパターンの考察

ｃ氏のセカンド等至点《お互いを尊重し合う同居》（EFP２）へ至った要因には，以下の２点が考えられる。１点目は，父親の持っていた一般の人と同じように働けるという社会参加のイメージが，ｃ氏の考える「支援を受けながらの自立」という考え方へ同化してきていることである。２点目は，独立する前のケアの与え手とケアの受け手という父母との非対称の関係が，独立後の同居では，対等な関係へと変容している。その変容した親子の関係性が，定位家族へ戻って以降の《お互いを尊重し合う同居》（EFP２）につながっていると示唆さ

図 4-2-2 独立後定位家族へ戻るパターンの TEM 図

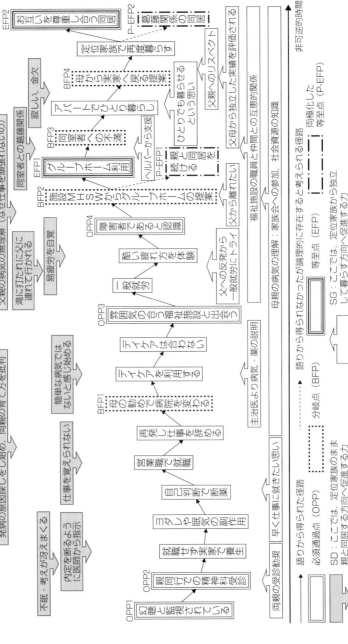

出典）塩満（2023a）68頁図 2 を転載

(3）親が転居するパターン
　1）親が転居するパターンの TEM 図とストーリーライン
　図4-2-3は，e氏のTEM図である．以下，ストーリーラインを記す．
　【家族は高校卒業前から始まった空笑を心配】(SD) していた．「高校卒業後就いた仕事をすぐに退職」し，「母親と保健所へ相談」に行き，|A精神科へ入院|（OPP1）となる．両親は，この時点から【親が面倒をみなければという使命感】(SD) を持つ．A精神科へは，1年間入院するが，［働きたいという思い］(SG) が強く，「退院し仕事に就く」．しかし，A精神科へ「調子を崩し入院を繰り返す」．入院時の楽しみは，［毎週面会に来る父親］(SG) と病院を出て外食をすることだけである．外泊をすると，病院へ戻ることを嫌がり，いつも「退院は外泊退院」となる．A精神科へは思春期病棟に3回入院するが，その後は，調子が悪くなると「B精神科へ入院」となる．20歳を過ぎた時に，「障害年金受給」し，「デイケアと作業所の利用」が始まる．当初，病院デイケアに高い比率で参加しているが，漸次その比率は逆転していく．
　本人24歳時に，父親が病気で急死，【母と姉の三人暮らし】(SD) となる．時期的に「秋・冬に短期間の入院を繰り返す」．「姉の結婚」後は，本人と【母とのふたり暮らし】(SD) となる．姉は，母親の【親が面倒をみなければという使命感】(SD) によるケアがe氏の自立の芽を摘んでしまうと感じる．［姉から親離れの働きかけ］(SG) を始め，施設や病院職員へ相談する．e氏に負荷がかからないように，B精神科〈退院時ケア会議で母が居を移す方向を確認する〉(BFP1)．そこで確認された方針により，《母が近くに居を移し，ひとり暮らし》(EFP1) という，親が出ていくパターンにより，本人の独立した生活を始める．
　e氏の生活費は，【家族の生活保護受給に関する否定的な思い】(SD) のため，しばらく［母からの経済的支援］(SG) で賄っていた．しかし，【経済的支援の限界】(SD) をきたし，|生活保護の申請・受給|（OPP2）となる．
　e氏のひとり暮らしは，デイケアや作業所の通所と［母親及び姉夫婦の家事支援（食事や掃除）や声かけ］(SG) により支えら始められた．しかしながら，母親も姉夫婦もひとり暮らしを【家族だけで支える限界】(SD) を感じ，相談

第4章　統合失調症ケアの脱家族化実証研究　203

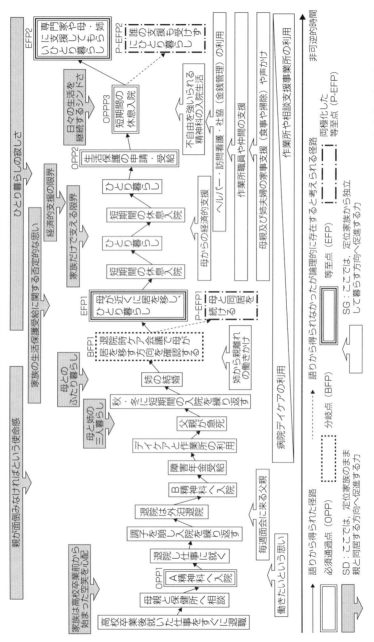

図4-2-3 親が転居するパターンのTEM図

204

支援事業所の勧めで訪問系の［ヘルパー・訪問看護・社協（金銭管理）の利用］（SG）を始める。現在のe氏のひとり暮らしは，【日々の生活を継続するシンドさ】（SD）と［不自由を強いられる精神科の入院生活］（SG）のせめぎ合うなかで，限界を感じたときに自ら｛短期間の休息入院｝（OPP3）を活用し，短期間で退院し，《専門職や母・姉に支援してもらいひとり暮らし》（EFP2）となっている。

　2）親が転居するパターンの考察

　e氏の径路では，定位家族と同居している間は，母親によるパターナリズムと「必要とされる必要」（斎藤：1999）のなかで母親と本人は，共依存関係にあったと考えられる。姉は，「親亡きあと」ではなく「親の居る間」に社会的ケアへと移行させることを希望し，専門職は，現実的な方策として，親が居を移すという選択肢を提示し，サービスのコーディネイトを行っている。定位家族から本人が独立という固定観念に囚われず，本人と母親双方の自己実現を探求した方法論としてユニークであり，実践現場への応用可能性が高いパターンであると思われる。

　なお，筆者がインタビュー後に感じたことを付言しておきたい。9名のインタビューのなかで，最も病気・障害の重篤さを感じたのがe氏である。本人の語りだけでは，理解が困難なことも多く，同席した支援者の状況説明や解説により，当該経験場面を共有することが出来たのは，1度や2度ではない。インタビューに同席した支援者からも，「重度な方が，このようなひとり暮らしのパターンで独立した生活が可能であることを自分たちも学んでいる」と言われていたことが強く印象に残っている。

（4）同病仲間と生殖家族となるパターン

　TEM図とストーリーラインを記す前に，i氏の背景を記しておく。表序-3-2で記しているとおり，i氏は，独立年齢が51歳と最も高年齢である。他の対象者との違いは，発病当時に住んでいた地域は，デイケアや作業所といった地域資源がなかった。i氏は，その地域における作業所づくり運動や当事者会運動にコアメンバーとして活動した経験を持っている。精神保健福祉業界誌の専属ライターとして筆を振るい，全国的な障害者運動へも参画している。また，i氏の母親は，社会資源が何も無いことから，i氏の働く場として，自営

で飲食店を始めている。

1）同病仲間と生殖家族となるパターンのTEM図とストーリーライン

図4-2-4は，i氏のTEM図である。以下，i氏のストーリーラインを記し，考察する。

大学4年時に，【幻聴・妄想だらけ】(SD)となり，［家族がおかしいと気づく］(SG)。母親自身が調子が悪いと言いだし，「母の受診の同行依頼」があり，診察室に入ったら，i氏が診察を受けるという |母親に騙されて精神科受診|(OPP1)となる。［服薬で幻聴が消える］(SG)ことで，［病気かと思う］(SG)ようになる。2～3回は，母に連れられて受診しているが，友達はみんな就職し，やることも無いため，「ひとりで通院」するようになる。主治医から「アルバイトの許可」を得，トライするが【易疲労と仕事を覚えられない】(SD)。複数のアルバイトを経験するが，「アルバイトを続けられない」。幻聴がなくなり，自分では【治ったと思う】(SD)ようになり，|自己判断で断薬|(OPP2)。【幻聴・妄想再燃】(SD)し，母親に「タクシーで病院まで連行」され，|精神科入院|(OPP3)となる。

退院後の本人の働く場として［母親が飲食店を始める］(SG)が，【起きられない／昼まで寝ている】(SD)状態で「飲食店の手伝いが出来ない」。退院後に［同種の症状の患者との出会い］(SG)，［同病の彼女との付き合い］(SG)もあり，|幻聴を病気の症状と認識|(OPP4)する。病状が安定し，「シナリオライター養成学校」へ通う。飲食店だけでなく，［母親は病気の理解者：家族会で学習し支援してくれる］(SG)。主治医からの紹介で〈理解のある相談員との出会い〉(BFP1)があり，「作業所設立準備会」や「精神障害者当事者会」の当事者運動のコアメンバーとなり，「精神の業界誌の専属ライター」となる。［所属と社会的役割を得る］(SG)ことで，［活動→仲間と分かち合い→記事を書く］(SG)という循環ができる。「全国的障害者運動への参加」は，［専門職・仲間との関わりと支援］(SG)を受けながら，途中で【全国的障害者運動の心労とパニック発作】(SD)を起こすなかで，「全国的障害者運動の成果」として制度化される。

障害者運動が一区切りついたことにより，「以前付き合っていた彼女と再会」する。お互いに「結婚する意思確認」をしたものの，【相手方の両親の反対】

図4-2-4 同病仲間と生殖家族となるパターンのTEM図

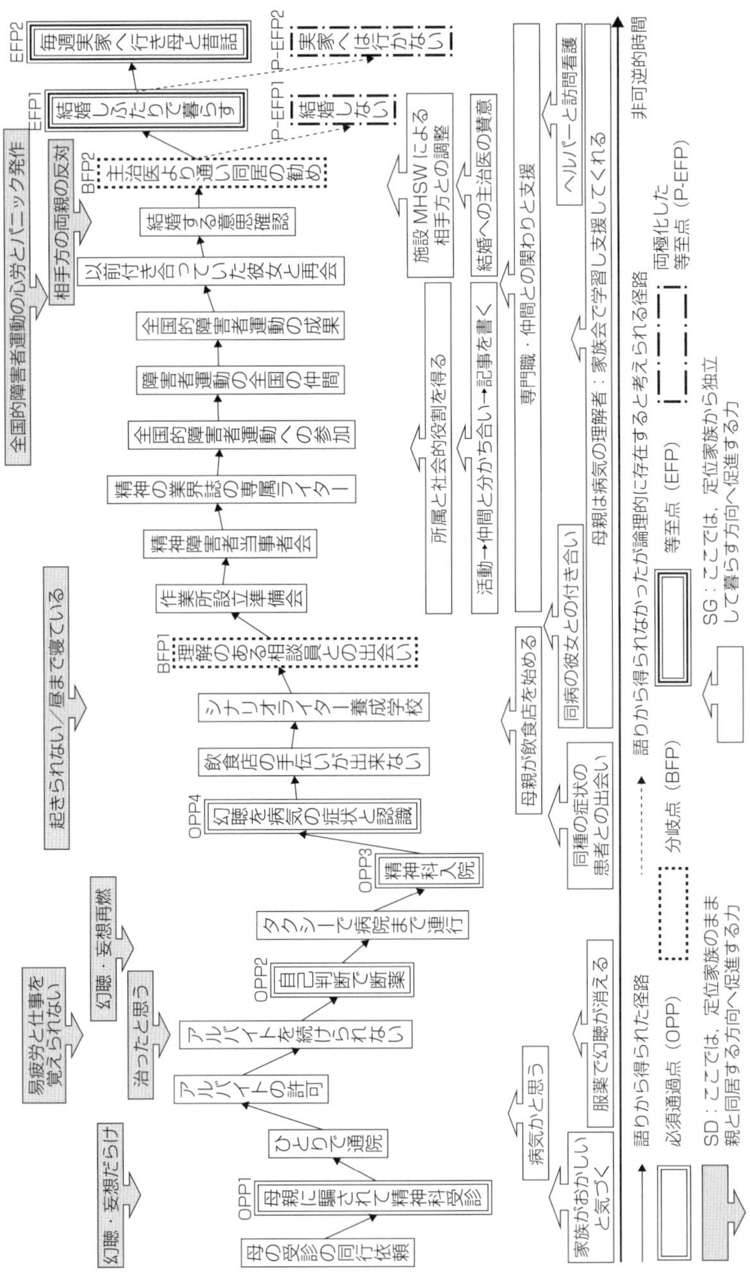

第4章 統合失調症ケアの脱家族化実証研究　207

(SD)にあう。その際，相手方の実家まで行ってくれるi氏担当の［施設MHSWによる相手方との調整］(SG)と［結婚への主治医の賛意］(SG)，〈主治医より通い同居の勧め〉(BFP2)を契機に，通い同居を経て，《結婚しふたりで暮らす》(EFP1)ようになる。結婚して6年になるが，［専門職・仲間との関わりと支援］(SG)，［ヘルパーと訪問看護］(SG)の支援を受けながら，現在は年老いた両親のことも気になり《毎週実家へ行き母と昔話》(EFP2)をする日々を送っている。

　i氏のパターンの起点は，i氏とパートナーであるg氏との「結婚する意思確認」である。それを阻害要因【相手方の両親の反対】(SD)が現れた時に，TEM図にある［施設MHSWによる相手方との調整］(SG)がある。

　2）同病仲間と生殖家族となるパターンの考察

　パートナーが現れ，一緒に暮らしたいというのは，自然な感情である。憲法第24条でも「婚姻は，両性の合意のみに基づいて成立」と記されている。しかしながら，相手方の親への説明，今後の生活の見通しを説明する行為は，統合失調症本人にとって困難を伴うことが少なくない。具体的には，i氏のパターンでは，i氏担当支援者が府県を超えて相手方へ赴き，結婚した場合の支援枠組みの説明をし，将来の見通しを共有する働きかけを行っている。「パートナーと一緒に暮らしたい」という思いを権利としてどう擁護していくのか。担当職員の力量に左右される局面であり，実践課題として事例の集積・分析が求められている。

4-2-3．知見

　本項では，前項の結果図とストーリーライン，それぞれのパターンの考察を踏まえ，ケアを脱家族化する統合失調症者の意識変容の知見を論じる。

(1) 全てのパターンに共通する4点

　9名の研究対象者のTEM図とストーリーラインを作成した。類似性と特異性に着目し，5名を統合化した一般的なパターンの統合版，独立後に定位家族に戻るパターン，本人ではなく親が転居するパターン，同病仲間と生殖家族となるパターン，の4類型とその軌跡をTEM図で可視化し，ストーリーラインを記した。

すべての径路に共通するのは，以下の4点である。1点目は，独立した暮らしに向かっていく最初の分岐点に，「頼りになる専門職」及び「雰囲気の合う福祉施設」といった「人」と「場」の獲得がみられた。南山（1996a）の「転換点となる出来事」に相当する。2点目は，同病の仲間との交流により，病状が安定し，「病気になる前の自分に戻る」という意識や行動から「支援を受けながらの自立」へと，本人の価値変容がみられたことである。3点目は，独立した暮らしのあとに，セカンド等至点である新たな親子関係を築いていることである。これについては，後述する。4点目は，図4-2-1，図4-2-2，図4-2-3，図4-2-4で明確なように，独立前後から，仲間や専門職の支援が重層的に展開されていることである。時間軸でTEM図右下にSGが増えていき，社会的ケアの量が増えていくことからも理解できる。

（2）親から受ける支援割合の低下

　作成した4つのTEM図から明らかなように，本人は，発病後の陽性症状が治まった頃に「易疲労」や「鈍い思考」を体感している。この時に，母親による献身的なケアがみられる。専門職や専門機関との出会いを契機に，本人は，仲間や福祉施設とのつながりが増えてくる。定位家族から独立して暮らすことで，家族の担っていた食事や清潔の保持，服薬管理，金銭管理等の手段的ケアは，ホームヘルパーや訪問看護，日常生活権利擁護事業等の専門職へ移行している。本人のソーシャルサポートにおける親支援の占める割合は，定位家族からの独立により低下していた。

　しかし，親は手段的なケアを専門職に委ねながら，情緒的ケアは，継続している。このことは，介護保険導入時の「介護はプロに，愛情は家族で」（後藤：2012）を体現するもので，本人と家族双方のwell-beingの形態のひとつである。第2章第1節で述べた統合失調症の生活障害に呼応する支援として，精神障害者を対象とするホームヘルプサービスは，2002年度より精神障害者居宅生活支援事業として始まった。その利用状況と効果について触れておきたい。殿村ら（2009）の調査によると，家族が本人と同居している場合，ホームヘルプサービスを利用している比率は低く，サービスを利用しない理由については，「世話は家族がするべき」が26.2％，「知らない」と「本人が拒む」がそれぞれ69.9％となっている。1996（平成8）年に全家連が行った会員を対象にし

た大規模調査では,「本人の世話をするのは自分の役目」と考える家族は,94.0%であった。一方,ホームヘルプサービス利用による効果は,日常生活の安定,不安や心配の解消,社会生活の広がり等があげられている(清水:2016,遠藤:2011,三田ほか:2004)。

これらのことから,親と同居している本人もホームヘルプサービスを利用する等,「親亡きあと」を見据えた制度の柔軟な活用を拡充していくことが求められる。こうした親以外からケアを受ける体験は,「親亡きあと」に備えたリハーサルになると考えられる。

(3) 父子の葛藤関係の解消

父子の葛藤関係は,定位家族から独立することにより,お互いを尊重する関係へと変容していた。9名中,父親が本人の発病後に亡くなったe氏以外の8人の父親は,分かりやすい陽性症状や発病の受けとめは可能であるものの,障害に関する理解が十分ではない。家族教室や家族会で学んでくる母親の理解の対極にある。家族内における本人の疾病や障害を巡る認識のズレは,ケアの与え手とケアの受け手という非対称の関係を生んでいる。非対称の関係は,精神科医療の専門職とクライエントの関係性において先行研究(Chamberlin:1988,南山:2015,吉池:2003)で指摘されている。当事者である広田(1998)は,「『この子を残して死ねない』と思いつつ,その子の生き方をさせず,世間体ばかりを気にして暮らしている。そして子どもに何もさせずに,何でも自分でやってしまう。それも文句を言いながら」と,親と本人の間に不均衡な力関係がある様を述べている。このように,非対称の関係性は,専門職とクライエントの間だけでなく,ケアの与え手である親とケアの受け手である本人の間にも存在することを示唆している。

しかしながら,定位家族から本人が独立する本調査の対象者は,父子の葛藤の場そのものが消失し,本人の父親への認識及び父親の本人への認識双方が肯定的に変化していく。これらのことから,ケアの脱家族化は,父子の葛藤関係を解決する手段となることを示唆している。

(4) ケアの脱家族化による親子のパワーバランスの変化

ケアの脱家族化の結果図であるTEM図から,定位家族から独立後,ホームヘルパーや訪問看護,地域福祉権利擁護事業の専門職が手段的ケアを担うよう

になっている。

分析の結果，生成したセカンド等至点を確認すると，一般的なパターンのセカンド等至点は《気遣い合う普通の親子関係》（EFP2）を生成し，独立後に定位家族に戻るパターンのセカンド等至点は《お互いを尊重し合う同居》（EFP2）を生成し，親が転居するパターンのセカンド等至点は《専門職や母・姉に支援してもらいひとり暮らし》（EFP2）を生成し，同病仲間と生殖家族となるパターンのセカンド等至点は《毎週実家へ行き母と昔話》（EFP2）を生成している。イーミックな分析手法である TEM で生成したセカンド等至点を考察すると，親子のパワーバランスは，対等な関係に近づいていることを示唆している。

(5) ケアの脱家族化のトリガーは家庭内の居心地の悪さ

9名中，e氏を除く8名は，父親の統合失調症の障害理解の不十分さを原因とする家族内の居心地の悪さが，独立するトリガーとなっていた。EE 研究の知見（Leff, Vaughn：1985＝1991）によると，居心地の悪さという葛藤関係は，高 EE 家族と判断され，低 EE 家族を目指す教育の対象とされる。しかしながら本研究における本人が感じる居心地の悪さは，定位家族から独立していく支援の契機となるという知見である。これまで提唱されていないオリジナルな知見である。また，居心地の悪さは，三毛（2007c）の全身性障害者が自立生活の契機となる「同居生活の窮屈さ」と同種の意味概念であると考えられる。

現行の障害者総合支援法は，障害福祉サービスの給付手続きに特化した制度設計である。日常的に統合失調症親が担っているケアに関する悩みや親自身の将来への不安を受けとめる相談機関は，不在のままである。親によるケアは，高齢化に伴い細くなり，必ず消える。したがって，統合失調症支援においては，同居の親もアセスメントの対象とし，支援の選択肢に「定位家族からの分離」支援を含める必要性がある。第2章第2節第6項で論じたように，イギリスを始め諸外国で法制化されているケアラー支援の制度化が求められている（三富：2007，湯原：2010）。

(6) 起点の多様性

本研究の対象者である統合失調症9名の起点を表序-3-2で確認すると，本人2名，専門職2名，親4名，姉1名と，起点が多様である。第3章で述べた

全身性障害，知的障害，薬物依存症のケアの脱家族化の起点は，パワーバランスの上位の者で固定化されている傾向があった。

統合失調症ケアの脱家族化の起点が多様であること，親と本人のパワーバランスとの関連について，第3節で考究することとしたい。

第3節　統合失調症ケアの脱家族化の特徴

本節では，ケアの脱家族化を選択し実行した統合失調症母親6名の調査及び統合失調症9名の調査結果を第3章で用いた5つの分析枠組みから整理する。そのうえで，全身性障害，知的障害，薬物依存症のケアの脱家族化との比較検討を行い，統合失調症ケアの脱家族化の特徴を論じる。第1項では，本章第1節で論じた統合失調症母親6名への質的調査及び第2節で論じた統合失調症本人9名への質的調査を第3章で用いたケアの脱家族化の分析枠組みを用いて整理する。第2項では，統合失調症ケアの脱家族化の特徴を第3章で文献調査を行った3領域と比較検討する。第3項では，統合失調症ケアの脱家族化において，MHSWの介入が不可欠であることについて論じる。

4-3-1．統合失調症ケアの脱家族化の特徴

本項では，統合失調症ケアの脱家族化の特徴を第3章において用いた5つの分析枠組みを用いて整理する。分析枠組みから考察する前段階として，母親及び本人のイーミックな視座から，それぞれが病気及びケアに関する価値をどのように変容させていったのかを分析する。次に，5つの分析枠組みである起点，本人と親のパワーバランスの推移，ピアの関与，ソーシャルワーカーの関与，社会的・文化的背景に分けて論じる。

（1）病気及びケアの配分に関する母親の価値変容プロセス

表4-3-1は，第4章第1節の本調査「統合失調症ケアの脱家族化を選択した母親の価値変容プロセス」研究の統合版TEM図と表4-1-4「母親の統合失調症への向き合い方の変化」及び表4-1-5「母親によるケアと社会的ケアの時間経過に伴う推移」を照合し，「疾病の受けとめ」，「ケアの配分の実態」，「病気とケアに関する母親の価値」という視点から整理したものであり，統合

表4-3-1　病気及びケアの配分に関する母親の価値変容

	第Ⅰ期：孤軍奮闘期	第Ⅱ期：ピアな仲間と交流する期	第Ⅲ期：社会的ケアへ委ねる期
病気の受けとめ	・ネガティブなイメージ ・誰にも話せない病気 ・何とか治って欲しい ・育て方が原因という自責感	・親のピアとの交流から同じような病気の人も多いと気づく ・慢性の経過を辿ると知る ・「治る」ことを期待しない	・精神症状を客観視 ・病気よりも障害の認識の深まり
ケアの配分の実態	・親が生活を丸ごとケア ・幻覚・妄想への説得 ・親が何とかして治す	・本人が日中活動利用（情報的ケア）する ・本人がピアとの交流（情報的ケア・情緒的ケア）を受ける ・母親は手段的ケアを継続するが，情報的ケア・情緒的ケアが分散される	・訪問系支援（ホームヘルパー・訪問看護・金銭管理）を利用し，手段的ケアを専門職へ委ねる ・母親ゆえのケアの模索
病気とケアに関する母親の価値	・偏見・差別を母親自身も内在化し，忌避的態度。 ・病気を周囲に隠したい ・病前の本人に戻すために母親がケアすべき	・内なる偏見への気づき ・病気と障害を受け入れる ・社会資源利用の抵抗が減る ・手段的ケアは，親がすべきという認識	・出来ないことがあってもいい ・手伝いたい気持ちを抑制 ・情緒的ケアが続く ・ずっと心配

出典）筆者作成

失調症母親の病気及びケアの配分に関する価値変容を記している。

　母親の価値は，時期区分により大きく変容していることが分かる。「第Ⅰ期：孤軍奮闘期」の母親の価値は，「病前の本人に戻すために母親がケアすべき」と考えていた。その背景には，統合失調症を「誰にも話せない病気」というネガティブなイメージを持ち，発病は「育て方が原因という自責感」に苛まれていることが認められた。

　「第Ⅱ期：ピアな仲間と交流する期」における母親の価値は，「親のピアとの交流から同じような病気の人も多いと気づく」。「慢性の経過を辿ると知る」ことで，「『治る』ことを期待しない」ようになっていく。「病気と障害を受け入れる」ようになり，「社会資源利用の抵抗が減る」。しかしながら，本人への直接的な世話である「手段的ケアは，親がすべきという認識」は第Ⅰ期から変わらない。第Ⅰ期から第Ⅱ期への病気の受容は，第Ⅰ期の孤軍奮闘期には，「誰

にも話せない病気」と考え，であればこそ「何とか治って欲しい」と願っている。しかし，第Ⅱ期には「病気と障害を受け入れる」ようになっていく。この背景には，d氏，e氏，f氏の三者いずれもがピア活動へ参加していることが影響していると思われる。d氏の家族会でようやく「病気のことを話せる」という語りは，ピア活動固有の機能「分かち合い」（伊藤：2019）を如実に言い表している。母親にとってピアとの交流は，口に戸を立てていた子の病気について，唯一話せる場となり，病気の受容を促進していることが窺われる。

「第Ⅲ期：社会的ケアへ委ねる期」における母親の価値は，本人が「出来ないことがあってもいい」と考えるようになり，それまで担っていた「手段的ケアを専門職へ委ねる」ようになる。そのため，本人を「手伝いたい気持ちを抑制」し，「母親ゆえのケアの模索」を始め，「情緒的ケアが続く」状況になっている。「ずっと心配」ではあるものの，第Ⅰ期は「幻覚・妄想への説得」を試みていたが，第Ⅲ期では「精神症状を客観視」するようになり，「病気よりも障害の認識の深まり」がみられ，本人と距離がとれていることが示唆される。

病気とケアに関する母親の価値は，第Ⅰ期の「病前の本人に戻す」が第Ⅱ期「病気と障害を受け入れる」となり，第Ⅲ期では，「出来ないことがあってもいい」と価値が180度変容している。

(2) 病気及びケアの配分に関する本人の価値変容プロセス

第4章第2節の「統合失調症ケアの脱家族化を選択した母親の価値変容プロセス」研究の一般的なパターンの統合版TEM図（図4-2-1）は，5名のTEM図を統合化したものである。ケアの脱家族化は3期に時期区分され，母親調査におけるケアの脱家族化の3期の時期区分と同種の経過を辿ることを第4章第2節の考察で記した。

表4-3-2は，5名のTEM図及び統合版TEM図をもとに，統合失調症本人の病気及びケアの配分に関する価値変容を整理したものである。表4-3-2は，表4-3-1と同じ構成である。主体が異なることから，母親調査の表4-3-1の項目である「第Ⅰ期：孤軍奮闘期」を「第Ⅰ期：所属を喪失している期」へ変更している。「第Ⅱ期：ピアな仲間と交流する期」は，項目名は同じであるが，母親調査のピアは，家族教室や家族会という母親にとってのピアを意味し，表4-3-2のピアは，本人のピアを指す。また，母親調査における「第Ⅲ

期:社会的ケアへ委ねる期」を「第Ⅲ期:親元から自立している期」へ変更している。

表 4-3-2 病気及びケアの配分に関する本人の価値変容

	第Ⅰ期: 所属を喪失している期	第Ⅱ期: ピアな仲間と交流する期	第Ⅲ期: 親元から自立している期
病気の受けとめ	・まとまらない思考と幻聴 ・現実を脅かす変な感覚 ・自己判断での断薬	・ピアとの交流から病気との折り合いの付け方を会得 ・障害者であると認識する	・調子悪化の前兆を認識し対応する ・訪問看護のバックアップ
ケアの配分の実態	・易疲労となった身体 ・断薬に伴う再発 ・母親による懸命のケア(手段的・情報的・情緒的) ・母親の指示・助言に従う	・日中活動及び頼りになる専門家から情報的ケアを受ける ・ピアから情報的ケア・情緒的ケアを受ける ・手段的ケアは母親から全面的に受け,情報的ケアは減少する	・訪問系支援(ホームヘルパー,金銭管理)から手段的ケア ・日中活動の専門家から情報的ケア ・ピアから情報的ケア・情緒的ケア ・母親から情緒的ケア
病気とケアに関する本人の価値	・偏見・差別を内在化し,病気及びケアに対して忌避的 ・病前の自分に戻りたい ・社会参加への焦り ・復学・就職で躓き,以前のように社会に適応出来ない自身に気づき始める	・内なる偏見を乗り越える ・服薬の必要性を理解 ・対人関係・仕事の能力が落ちていることを認識し,助言等のケアが必要であると認識する	・病気・障害と向き合えるようになる ・必要な支援を受けながらの自立を目指す

出典)筆者作成

統合失調症本人も母親と同様に,病気及びケアに関する価値を大きく変容させている。

「第Ⅰ期:所属を喪失している期」における病気は,「まとまらない思考と幻聴」により,「現実を脅かす変な感覚」や「易疲労となった身体」を感じている。そのような体調であるにも関わらず,「社会参加への焦り」により,「復学・就職で躓き,以前のように社会に適応出来ない自身に気づき始める」。「病前の自分に戻りたい」思いと統合失調症(精神病)に対する「偏見・差別を内在化し,病気及びケアに対して忌避的」であり,「自己判断での断薬」を試みる。「断薬に伴う再発」を経験し,「母親による懸命のケア(手段的・情報的・情緒的)」を受け,「母親の指示・助言に従う」。本人にしてみると,病気というより「現実

を脅かす変な感覚」という認識である。「社会参加への焦り」があり、「自己判断での断薬」で再発や状態悪化を繰り返し、母親による懸命のケアを受けている時期といえる。第Ⅱ期への転換点は、「頼りになる専門家」との出会いである。

「第Ⅱ期：ピアな仲間と交流する期」になっていくと、「対人関係・仕事の能力が落ちていることを認識し、助言等のケアが必要であると認識する」。「日中活動及び頼りになる専門家から情報的ケアを受ける」ようになり、「ピアとの交流から病気との折り合いの付け方を会得」し、「服薬の必要性を理解」し、「障害者であると認識する」ようになる。「ピアから情報的ケア・情緒的ケアを受ける」ことで、「内なる偏見を乗り越える」。「手段的ケアは母親から全面的に受け、情報的ケアは減少する」。第Ⅱ期の特徴は、病気に抗わなくなっていることである。そこには、ピアとの交流が大きく影響している。統合失調症という病気の部分だけでなく、障害についても関心を向け、受けとめられるようになっている。ここでも同じ病を持つピアの影響が大きい。第Ⅲ期への契機には父親との葛藤関係を要因とする「家の中の居心地の悪さ」と「潜在的に独立したい思い」がある。

「第Ⅲ期：親元から自立している期」になると、「調子悪化の前兆を認識し対応する」ようになり「訪問看護のバックアップ」を受ける。「病気・障害と向き合えるようになる」。「必要な支援を受けながらの自立を目指す」。「日中活動の専門家から情報的ケア」を受けたり、「ピアから情報的ケア・情緒的ケア」を受けたりする。「母親から情緒的ケア」を受け、つながっている。

(3) 統合失調症ケアの脱家族化の特徴

第3章で設定した5つの分析枠組みを用いて、主に表4-3-1及び表4-3-2を参考に統合失調症ケアの脱家族化の特徴を整理する。

1) 起点

起点は、6名の母親調査で、本人3名、親1名、姉1名、専門職1名である。9名の本人調査では、本人2名、親4名、姉1名、専門職2名と、多様である。

第3章でケアの脱家族化実証研究を分析したところ、パワーバランスの優位な方が起点となっている。例えば、全身性障害は、パワーバランスが親優位か

ら本人優位へ変わり，本人が起点となっている。知的障害のパワーバランスは，同居時から自立後の現在に至る全過程において，親優位であり，親が起点となっている。薬物依存症のパワーバランスは，本人優位から親優位へ逆転した時点で，親が起点となっている。詳細は，第3章第4節で述べたとおりである。

2）社会的・文化的背景

統合失調症は怖い病気，治らない，何をするか分からない等，統合失調症に対する社会の偏見や差別意識を親も本人も内在化させている。インタビュー調査では，発病から受診までの未治療期間が長いこと，受診後も家庭内だけで何とか処理しようとしていることを確認することができた。こういった統合失調症に対する忌避的態度は，親も本人も偏見や差別意識を内在化させていることの証左である。

3）親と本人のパワーバランスの推移

親元からの自立後は，親も本人もパワーバランスは，対等であると認識していると思われるが，それまでは，親と本人のパワーバランスの認識にズレがある。本人が自立するまでの期間について，親も本人も自らを劣位であると認識している。親の「第Ⅰ期：孤軍奮闘期」，「第Ⅱ期：ピアな仲間と交流する期」は，本人の「第Ⅰ期：所属を喪失している期」，「第Ⅱ期：ピアな仲間と交流する期」，と重なる。なぜ，親も本人も自らを劣位と認識しているのか，以下に説明する。

母親の「第Ⅰ期：孤軍奮闘期」は，誰にも話せない病気であると認識したり，発病は育て方が原因という自責感から，幻覚・妄想への説得を試みたり，親が生活を丸ごとケアしている。図4-1-5のTEM図にあるように，四六時中本人の状態を気にして過ごしている。まさに共依存状態である。陽性症状に苦しむ本人に振り回され，母親は，本人優位のパワーバランスと認識している。

「第Ⅱ期：ピアな仲間と交流する期」は，手段的ケアは，親がすべきという認識は不変であり，継続して行っている。第2章第2節で論じたように，罹病期間の長期化に伴い，家族のケア負担感は増大し，犠牲感も強まることを先行研究は明らかにしている。個人差はあるものの，第Ⅱ期においても親は，パワーバランスが劣位であると認識している。

本人の「第Ⅰ期：所属を喪失している期」は，所属と社会的役割を喪失し，社会参加への焦りがある。まとまらない思考と幻聴，現実を脅かす変な感覚があるなかで，親の指示・助言に従い，受診先を変更したり，親の勧める病院を受診したりする。本人は，親優位のパワーバランスと認識している。「第Ⅱ期：ピアな仲間と交流する期」は，日中活動への参加やピアとの交流により，生活領域は拡大していくが，「家の中の居心地の悪さ」は続いている。本人は，親優位のパワーバランスという認識である。

　以上のように，親と本人の間で，パワーバランスの認識にズレがあることを特徴とする。

　4）ピアの関与

　ピアの関与は，親と本人にとっても，病気及び障害の受容を促進している。

　親にとってのピアは，誰にも話せないと考えていた子の病気のことを共感し，支持してくれる存在となっている。ピアとの実体験に基づく学び合いは，自らの生活に還元されている。他方，運動体としての署名活動やバザー等，地域社会のなかで顔と名前を出すことには，躊躇いがみられる。

　本人にとっては，病気や障害受容において，大きな影響があるのは勿論であるが，何よりも「病前の自分に戻りたい」という価値から「必要な支援を受けながらの自立を目指す」という生き方の根幹に関わる価値変容の影響を受けている。ピアからの影響は大きい。

　5）ソーシャルワーカーの関与

　インタビューで語られる「頼りになる専門職」は，MHSW である。クライエントシステムとして，本人だけでなく親にもアプローチしている。親と本人の課題整理を行い，病気や制度に関する専門的知識を提供し，親と本人それぞれに地域資源を紹介し，伴走的に関わっている。全ての事例において，MHSW の関与を確認した。

4-3-2．ケアの脱家族化実証研究の分析枠組みからの比較検討

　統合失調症は，第2章第1節で述べたように生活障害を併せ持ち，生活の折々でケアを必要とする。その点においては，全身性障害及び知的障害と共通するところである。一方，統合失調症と薬物依存症は，本人だけでなく親も病

気の受容の困難さがあるという点では共通する。さらに，親と本人の関係が共依存状態に陥りやすいという点においても共通する。薬物依存症の子が薬物を使用することによる親の混乱と統合失調症の子が自己判断で断薬することによる親の混乱は，外部機関へ援助を求めない時期に繰り返されるパターンである。薬物依存症は，障害を認められることは極めて稀である。この点は，統合失調症と異なる。しかしながら，薬物依存症には，本人にも親にも回復のステップがSHGのプログラムとして示されている。

　表4－3－3は，統合失調症を含むケアの脱家族化実証研究の分析枠組みから整理した表である。統合失調症ケアの脱家族化の固有性は3点である。1点目は，起点が多様であること。2点目は，先述したが，親と本人の認識するパワーバランスがズレており，お互いに劣位の位置にいると捉えていること。3点目は，ケアの脱家族化にソーシャルワーカーが親・本人双方へ働きかけていること。1点目の起点が多様であることは，2点目のお互いにパワーバランスが劣位にあると認識し，ズレが生じていることが原因のひとつであると考えられる。3点目のソーシャルワーカーによる親・本人双方への伴走的関与は，他の領域の分析対象の文献では確認することが出来なかった。

4－3－3．研究課題「ケアの脱家族化におけるMHSWの実践過程」を設定

　前項では，統合失調症ケアの脱家族化の固有性を3点あげた。①起点が本人であったり，親であったり，専門職であったり，多様であること。②親と本人のパワーバランスに対する認識では，お互いに劣位と感じており，認識にズレがあること。全身性障害，知的障害，薬物依存症の他の分野におけるケアの脱家族化は，パワーバランスの優位な方が起点となっており，パワーバランスと起点の関係が明確であること。この点は，明らかに統合失調症は異なっていること。③他の分野におけるケアの脱家族化のプロセスと異なるのは，ソーシャルワーカーが親・本人双方へ伴走的に関与していることである。

　そこで，次に行うMHSWを対象とする調査では，MHSWがケアの脱家族化の実践過程で，親・本人の何に着目し，どう介入しているのか。そのことを明らかにする研究課題「ケアの脱家族化におけるMHSWの実践過程」を設定することとした。また，ケアの脱家族化実践の経験を有する複数のMHSWへ

表4-3-3 ケアの脱家族化実証研究の分析枠組みから比較

	起点	親と本人の パワーバランス	ソーシャル ワーカーの関与	ピアの関与	社会的・文化的背景
統合失調症母親	多様	・同居時：親劣位 ・独立時：親優位 ・非同居時：対等	・親、本人双方への働きかけと伴走的関与	・病気・障害受容を促進 ・ロールモデル	・家族ケアを前提とした制度設計とそのことを自明視する社会的・文化的背景 ・統合失調症に対する偏見を内在化
統合失調症本人	多様	・同居時：本人劣位 ・独立時：本人劣位 ・非同居時：対等	・親、本人双方への働きかけと伴走的関与	・病気・障害受容を促進 ・生き方の価値受容を促進	・家族ケアを前提とした制度設計とそのことを自明視する社会的・文化的背景 ・統合失調症に対する偏見を内在化
全身性障害本人	本人	・同居時：本人劣位 ・独立時：本人優位 ・非同居時：不明	・宿泊体験プログラム、将来生活のミーティング、ケアの脱家族化に向けた情報提供	・自立生活のロールモデル	・家族ケアを前提とした制度設計とそのことを自明視する社会的・文化的背景
知的障害親	親	・同居時：親優位 ・独立時：親優位 ・非同居時：親優位	・GH見学会や説明会における情報提供 ・GH職員との連絡帳を通した情報共有	・親同士のつながりは、障害受容やGH入所を決めるその他の親はケアの脱家族化の促進要因となる	・家族ケアを前提とした制度設計とそのことを自明視する社会的・文化的背景 ・優秀な療育者であることを求められる
知的障害本人	親	・同居時：本人劣位 ・独立時：本人劣位 ・非同居時：本人劣位	・ソーシャルワーカーのGH入所のコーディネイト ・GH職員の伴走的関わり	・GH宿泊体験で出会うピア ・GH入居者はロールモデル	・家族ケアを前提とした制度設計とそのことを自明視する社会的・文化的背景 ・重要なことは親が代決する ・いつまでも親と暮らせるという感覚
薬物依存症親	親	・同居時：親劣位 ・独立時：親優位 ・非同居時：本人の回復に伴い対等に近づいていく	・ソーシャルワーカーの関与は一部の機関である ・ソーシャルワーカーの初期介入では親をクライエントとして位置づけ、共依存状態からの脱却を含む支援を行う	・民間施設のピアやSHGのピアから病気や制度の情報提供、共感と支持、回復のステップを支援。回復のスタッフに伴い学び合い等がありその影響は大きい	・薬物依存は、触法行為であり警察の取締の対象という社会的・文化的規範 ・発病も本人の問題行動も親の責任 ・親を対象とするSHGや本人を対象とする民間リハビリ施設がある ・親と本人は別々の集団が必要というSHGの文化がある

出典）筆者作成

のインタビュー調査を行い統合化する分析手法を選択し，分析テーマを「親元からの自立をめぐる MHSW からの本人及び親への関わりのプロセス」と設定することにより，生成される結果図とストーリーラインは，実践モデルになると考えた。

第5章

統合失調症ケアの脱家族化ソーシャルワークの実践モデル

　本章では，統合失調症ケアの脱家族化ソーシャルワーク実践の実証研究を詳述する。研究対象は MHSW 4名であり，研究方法は M-GTA である。ケアの脱家族化を支援した MHSW は，当該事例の統合失調症本人と親の関係をエティックな視座からどのように捉え，MHSW 自身のイーミックな視座からどのような意図でどう介入したのかをプロセス的に明らかにする。

　第1節では，実証研究の概要について述べる。第2節では，M-GTA による分析結果を実践モデルとして提示する。第3節では，手段的ケアが親によるケアから社会的ケアへと移行していくプロセスを分析し。結果を明示する。

第1節　統合失調症ケアの脱家族化実証研究の概要

　本節では，実証研究の目的，分析焦点者，質的データの収集，倫理的配慮，研究方法について述べる。

5-1-1. 研究の目的

　本研究の目的は，MHSW が行う統合失調症者ケアの脱家族化実践のモデルストーリーを示し，統合失調症ケアの脱家族化ソーシャルワーク実践のモデルを提示することである。

5-1-2. 分析焦点者

　本研究の分析焦点者は，統合失調症ケアの脱家族化実践の経験を有する4名の MHSW である。研究方法で採用する M-GTA は，「社会的相互作用一般のプロセスを明らかにしていくのではなく，特定の目的的な文脈で関係づけら

れ，社会的相互作用が始まり展開し，終わっていく」（木下：2003）研究に適している手法である。つまり，特定の領域における限定された人々の現象特性を理論化することに適した研究である。統合失調症ケアの脱家族化ソーシャルワークは，MHSW の実践として制度化されていないため，ケアの脱家族化の経験を有する MHSW は多数派ではない。

こうした意味から研究方法としての M-GTA は，研究対象という用語ではなく，特定の領域における限定された人々という意味から「分析焦点者」という用語を用いる。

MHSW 4 名の分析焦点者は，第 4 章第 1 節における母親への質的調査及び第 4 章第 2 節における本人への質的調査においてケアの脱家族化実践を行っていた MHSW 3 名と MHSW の研究会で研究趣旨を説明し同意を得た MHSW 1 名の 4 名である。MHSW 4 名の概要は，表序-3-3 のとおりである。

表序-3-3　MHSW 4 名の概要

	MHSW 勤務歴	支援事例時の勤務年数	所属歴	支援事例時の所属
a 氏	44 年	29 年	精神科病院→就労継続支援	就労継続支援
b 氏	26 年	20 年	精神科病院→就労継続支援	就労継続支援
c 氏	22 年	14 年	相談支援	相談支援
d 氏	15 年	7 年	精神科病院→自立訓練（宿泊型）	自立訓練（宿泊型）

出典）表序-3-3 を再掲

また，a 氏，b 氏，c 氏，d 氏が介入した実践事例の概要は，表 5-1-1 のとおりである。d 氏の介入事例は，インタビュー調査後にアパートでひとり暮らしをしている。

表 5-1-1　分析焦点者 MHSW 4 名が介入した事例の概要

	性別	初診年齢	独立年齢	同居時の家族	自立後の暮らしの場
a 氏事例	男性	22 歳	31 歳	父母と本人の 3 人暮らし	グループホーム
b 氏事例	女性	19 歳	27 歳	母親と本人の 2 人暮らし	アパート
c 氏事例	男性	18 歳	41 歳	母親と本人の 2 人暮らし	アパート

| d氏事例 | 男性 | 24歳 | 40歳 | 父母と本人の3人暮らし | 生活訓練施設 |

出典）筆者作成

5-1-3．質的データの収集

　質的データは，以下の3点である。①分析焦点者に対する半構造化インタビューによって得られた質的データ，②分析焦点者より提供のあった施設のパンフレット等の資料，③インタビュー時に記したフィールドノーツである。最も活用したデータは，①インタビューデータである。

　以下の設問項目を記したインタビューガイドを作成し，予め分析焦点者へはインタビューガイドの内容を伝えたうえで，インタビューを実施した。

　設問項目は，①当該事例の概要聴取と当該事例の共有，②当該事例で親元からの自立を支援しようと考えた端緒は何か。③当該事例で親元からの自立支援を始める根拠は何か。④当該事例において，親元からの自立支援に向けての具体的な働きかけ。⑤具体的な働きかけにおいて，苦労した場面と工夫した支援は何か。⑥統合失調症の親支援に関するMHSWとしての考え。以上の6点である。インタビュー調査は，2017（平成29）年8月から同年9月に実施した。

5-1-4．倫理的配慮

　本研究は，佛教大学「人を対象とする研究倫理審査会」あて研究計画書等必要書類を添付のうえ申請し，2017（平成29）年8月1日付承認番号H29-22の承認を得て実施している。

　また，研究対象者に対して，研究趣旨及び研究協力の自由意思，拒否権，プライバシーの遵守，ICレコーダーでの録音，論文化後のデータ廃棄について，口頭及び書面で説明し文書による同意を得て実施している。

5-1-5．研究方法

　研究方法は，M-GTAを用いた。この手法を採用した理由は，M-GTAで生成した理論は，実践現場へ還元し応用されることを主目的としており，また本研究がM-GTAの分析手法に適しているといわれる以下の3つの要素（木下：2003）を満たしているからである。①人間と人間が直接的にやり取りをする社

会的相互作用に関わる研究であること。②健康問題や生活問題を含む人々に専門的支援を提供するヒューマンサービスに関する領域であること。③研究対象とする現象がプロセス的性格を有していること、の3点である。

分析の手順

(1) オープンコーディング

　M-GTA では、分析テーマを設定し、分析ワークシートを用いて、オープンコーディングによる概念生成を行う。分析テーマを「親元からの自立をめぐる MHSW からの本人及び親への関わりのプロセス」と設定し、概念生成を行った。

　概念生成は、表5-1-2分析ワークシートの例示のように、分析テーマに該当する語りを探索・抽出し、ワークシートのヴァリエーション欄に転記する。分析テーマに該当する語りの文脈に下線を引き、意味解釈を行う。解釈した際の思考、抽出した理由と分析テーマの関係性等を理論的メモに記す。理論的メモと語りを照合し、分析テーマに即して、分析焦点者を主語にした定義を短文で記す。定義を圧縮した概念名を一行見出しで名づける。同種の語りを探索（理論的サンプリング）し、ヴァリエーション欄に追記する。そのうえで継続的比較分析を行い、理論的メモに追記し、定義・概念名の修文を繰り返す。語りのなかで対極例も探索（理論的サンプリング）し、あれば対極例欄に書いていく。

表5-1-2　分析ワークシートの例示

概念名	ケアの丸抱え
定義	家族が本人のしんどさを一身に受け止め、ひとりで対応している状態のこと。
ヴァリエーション	・親が見ている子どものしんどさと一体化して離れられない（a60） ・面談をしててもそうなんです。もう一体化している（a61） ・結局それはお母さんが全部丸抱えしてはったんですよ（c59） ・本人が希望するんであれば常に行動を共にして、疲弊してもうギリギリまで（c120）
理論的メモ	・本人のしんどさを家族が同一視 ・共依存関係
対極例	彼女が一人暮らしを始めたいっていうので。お母さんの中で、少しずつ彼女に自立をさせていこうっていう思いができてきて（b56）

出典）筆者作成

（2）選択的コーディング

　オープンコーディングで生成した個々の概念について他の概念との関係を検討し，ひとつの概念の相方になる概念を探していく（木下：2020）。分析の最小単位である概念が複数で関係し合うことの意味を解釈し，カテゴリーを生成する。これが選択的コーディングである。選択的コーディングは，結果図作成の作業となる。生成した概念の中には，カテゴリーへ昇格していく概念もあり，オープンコーディングと選択的コーディングは，段階的な分析作業ではなく，概念生成とカテゴリー生成とを多重的同時並行して行う。これ以上，概念もカテゴリーも生成することが出来ない状態である理論的飽和化まで分析を続け，結果図を作成する。

（3）ストーリーライン

　ストーリーラインは，分析結果を生成したカテゴリー，サブカテゴリー，必要に応じて主要な概念を用いて簡潔な文章にしたものである。結果図とセットになる。結果の視角的な確定が結果図であるのに対して，文章化による確定方法がストーリーラインである（木下：2020）。

第2節　ケアの脱家族化ソーシャルワークの実践モデル

　本節では，実証研究の結果である実践モデルを提示する。第1項では，オープンコーディングにより生成した概念一覧を示し，選択的コーディングで生成したカテゴリーの構造をサブカテゴリー，概念を用いて示す。第2項では，ケアの脱家族化ソーシャルワークの実践モデルの結果図を提示し，現象特性を説明的に記述する。第3項では，実践モデルと第3章及び第4章で論じたケアの先行研究の脱家族化実証研究と比較検討を行う。

5-2-1．概念及びカテゴリーの構造

（1）概念生成

　分析テーマ「親元からの自立をめぐるMHSWからの本人及び親への関わりのプロセス」に基づき語りのヴァリエーションを抽出し，ワークシートを用いたオープンコーディングを行った。理論的サンプリングによりヴァリエーショ

ンを追記し，定義及び概念名を修正し，ワークシート間の継続的比較分析を行い，最終的に表5-2-1のとおり，28の概念を生成した。

　また，概念間の関係性に着目し，選択的コーディングを行い，サブカテゴリー，カテゴリーを生成した。カテゴリーは，《家族ケアラーを発見》，《内在化された偏見へ寄り添う》，《現実的な目標を紡ぐ》，《本人と親の思いのズレの調整》，《本人・親・サービスへの目配り》である。表5-2-2は，カテゴリーの内部構造をサブカテゴリー，概念で整理したものである。

　以下，カテゴリーを《　》，サブカテゴリーを【　】，概念を〈　〉とし，カテゴリーの構造を説明する。

　《家族ケアラーを発見》は，【母親による強迫的なケア】及び【家族関係の全体的理解】により構成され，【母親による強迫的なケア】は，概念〈ケアの丸抱え〉，〈本人の生活の監視役〉により構成される。【家族関係の全体的理解】は，概念〈親のしんどさへ着目〉及び〈思いどおりにならない子育てを共感〉により構成される。

　《内在化された偏見へ寄り添う》は，【使える制度のアナウンス】があり，その下部構造に概念〈制度利用の拒否反応〉と〈制度の利便性を共有〉により構成される。

　《現実的な目標を紡ぐ》は，【本人と親双方への働きかけ】から成り，〈自立したい思いを育てる〉，〈仲間の言動を支援に生かす〉，〈自立させたい思いの強化〉，〈家族会への誘い〉により構成される。

　《本人と親の思いのズレの調整》は，【非対称のパワーバランス】及び【認識のズレの調整】から成る。【非対称のパワーバランス】は，概念〈自立を迫る親〉及び〈自立を嫌がる本人〉により構成される。【認識のズレの調整】は，概念〈自立生活前の危機介入〉及び〈自立生活のイメージづくり〉により構成される。

　《本人・親・サービスへの目配り》は，【制度を活用しながらの自立】及び【ほど良い距離感の親子関係】から構成される。【制度を活用しながらの自立】は，概念〈サービスにつなぐ〉から成り，【ほど良い距離感の親子関係】は，概念〈情緒的なつながりへの配慮〉から成る。

　カテゴリーに含まれない独立した概念は，〈繰り返される介入の省察〉，〈親元からの自立を提案〉，〈機が熟すのを待つ〉がある。

表 5-2-1　概念名一覧

No.	概念名	定義
1	家族ケアラーを発見	母親が本人に対するケアラーとしてのみで生きていることに気づくこと
2	母親による強迫的なケア	体力の限界を超えても，本人のケアを続けようとする母親の態度のこと
3	ケアの丸抱え	母親が本人のしんどさを一身に受け止め，ひとりで対応している状態を知ること
4	本人の生活の監視役	家族が本人の暮らしをチェックし，コントロールしようとする思いと行為のこと
5	家族関係の全体的理解	家族の歴史と親子の関係性から家族をトータルにアセスメントすること
6	親のしんどさへ着目	親自身も本人をめぐり，悩みやしんどさを抱えていることを理解し共有すること
7	思いどおりにならない子育てを共感	支援者自身の体験から，思いどおりにならない子育てについて親と共感すること
8	使える制度のアナウンス	社会資源のメリットを分かりやすく説明すること
9	制度利用の拒否反応	家族も本人も障害年金や生活保護受給，手帳の取得の勧めに抵抗すること
10	制度の利便性を共有	制度活用を支援し，暮らしに役立つことを共有すること
11	現実的な目標を紡ぐ	心身の状態に合わない目標から達成可能なサイズの目標に共に練り上げること
12	自立したい思いを育てる	本人が自立した暮らしをしたいという希望を関わりのなかで育むこと
13	仲間の言動を支援に生かす	活動中の的を射た仲間の発言や行動を本人支援に生かすこと
14	自立させたい思いの強化	親の潜在意識にある出来れば本人を自立させたい思いを強化するように関わること
15	家族会への誘い	同じ立場の家族同士の分かち合いの必要性を感じ，母親へ家族会を勧めること
16	自立を迫る親	本人との調整が不十分な状況下で，親が一方的に自立を求めること
17	自立を嫌がる本人	自立を迫る親の方針に対して，本人が示す拒否的な態度のこと
18	認識のズレの調整	親子での話しが噛み合わない時に，介入し双方が納得出来る解を探すこと
19	自立生活前の危機介入	自立生活前やお試し時に調子を崩した時に即時対応していくこと
20	自立生活のイメージづくり	施設見学等，本人と家族に現実の自立生活のイメージを持ってもらう支援のこと
21	繰り返される介入の省察	自立支援の過程でリフレクションを続ける支援者態度のこと
22	親元からの自立を提案	支援者が現状の限界を説明し，親元からの自立を本人と親に提案すること
23	機が熟すのを待つ	自立を本人・家族へ無理強いせず，双方の気持ちが固まるのを待つ姿勢のこと
24	本人・親・サービスへの目配り	本人支援の状況や親子の関係を見守り，必要に応じて関与していくこと
25	制度を活用しながらの自立	社会資源を利用することで親元からの自立生活ができていくこと
26	サービスにつなぐ	訪問系や通所系の必要と思われるサービスを使えるように支援すること
27	ほど良い距離感の親子関係	親元からの自立生活により親子の非対称の関係性が変容していくこと
28	情緒的なつながりへの配慮	自立したあとも本人と親の情緒的な関係が続くように配慮すること

出典）塩満（2021）表4を筆者再分析し修正のうえ転載

表 5-2-2　カテゴリーの構造

カテゴリー	サブカテゴリー	概念
家族ケアラーを発見	母親による強迫的なケア	ケアの丸抱え
		本人の生活の監視役
	家族関係の全体的理解	親のしんどさへ着目
		思いどおりにならない子育てを共感
内在化された偏見へ寄り添う	使える制度のアナウンス	制度利用の拒否反応
		制度の利便性を共有
現実的な目標を紡ぐ	本人と親双方への働きかけ	自立したい思いを育てる
		仲間の言動を支援に生かす
		自立させたい思いの強化
		家族会への誘い
本人と親の思いのズレの調整	非対称のパワーバランス	自立を迫る親
		自立を嫌がる本人
	認識のズレの調整	自立生活前の危機介入
		自立生活のイメージづくり
本人・親・サービスへの目配り	制度を活用しながらの自立	サービスにつなぐ
	ほど良い距離感の親子関係	情緒的なつながりへの配慮

出典）筆者作成

5-2-2．統合失調症ケアの脱家族化ソーシャルワークの実践モデルの提示
（1）結果図とストーリーライン

　本項では，概念，サブカテゴリー，カテゴリーから作成した結果図とストーリーラインを記し，統合失調症ケアの脱家族化ソーシャルワークの実践モデルを提示する。カテゴリーベースの結果図が図5-2-1である。カテゴリーは，実践モデルの現象特性である。カテゴリーである5つの現象特性を中心とするストーリーラインは，以下のとおりとなる。

図5-2-1 統合失調症ケアの脱家族化ソーシャルワークの実践モデル（カテゴリーベース版）

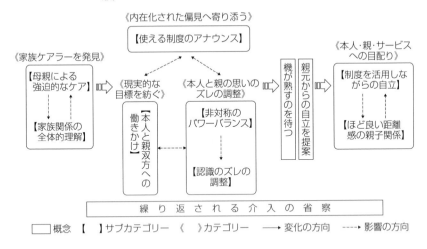

出典）筆者作成

> MHSWは，統合失調症者へ関わるなかで，《家族ケアラーを発見》し，本人と家族に《内在化された偏見へ寄り添う》。《本人と親の思いのズレの調整》をしながら，《現実的な目標を紡ぐ》支援を展開していく。〈繰り返される介入の省察〉を行いつつ，〈機が熟すのを待つ〉なかで，〈親元からの自立を提案〉する。本人が親元から自立したあとには，《本人・親・サービスへの目配り》を続けている。

図5-2-2は，カテゴリーの内部構造であるサブカテゴリー，概念を用いて，現象特性を詳述したものである。それぞれの現象特性は以下のとおりである。

1）《家族ケアラーを発見》

MHSWは，統合失調症者への関わりのなかで，母親が〈ケアの丸抱え〉をしつつ，〈本人の生活の監視役〉もしており，体力の限界を超えても【母親による強迫的なケア】を続けていることに気づく。そのため，〈親のしんどさへ着目〉するようになり，MHSW自身の経験値も参照枠に母親と〈思いどおり

図5-2-2 統合失調症ケアの脱家族化ソーシャルワークの実践モデル（概念ベース詳述版）

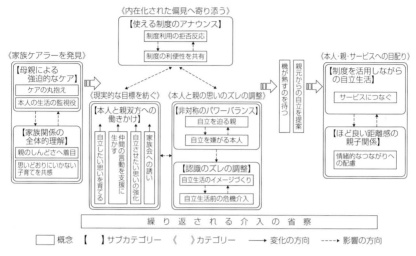

出典）筆者作成

にいかない子育てを共感〉し，家族の歴史や親子の関係性を探りつつ【家族関係の全体的理解】を深めていく。

　2）《内在化された偏見へ寄り添う》

　MHSWは，本人の自立支援のために障害年金の受給や手帳の取得，生活保護受給など社会資源のメリットを分かりやすく【使える制度のアナウンス】をするが，本人も親も〈制度利用の拒否反応〉を示し，制度を利用しない期間がしばらく続く。時を経て，実際に制度を使い，MHSWと〈制度の利便性を共有〉する。【使える制度のアナウンス】は，統合失調症に対する本人と親に《内在化された偏見へ寄り添う》関わりとなっている。

　3）《現実的な目標を紡ぐ》

　MHSWは，本人の「働きたい」とか「ひとり暮らしをしたい」とかいう言動をキャッチし，〈自立したい思いを育てる〉働きかけをし，活動中の的を射た〈仲間の言動を支援に生かす〉。また，母親の潜在的な〈自立させたい思いの強化〉を図り，同じ立場の家族の集まりである〈家族会への誘い〉も行う。

このようにMHSWは，【本人と親双方への働きかけ】を行いながら，《現実的な目標を紡ぐ》支援を展開している。

4）《本人と親の思いのズレの調整》

ケアの与え手である親とケアの受け手である本人の間には，【非対称のパワーバランス】が存在する。親元からの〈自立を迫る親〉と〈自立を嫌がる本人〉という現象がみられたりもする。MHSWは，本人とGHや通所施設見学で〈自立生活のイメージづくり〉をしたり，暮らしが一変する〈自立生活前の危機介入〉を行い，話しが噛み合わない親子間の【認識のズレの調整】を適宜行い，《本人と親の思いのズレの調整》を図っている。

5）《本人・親・サービスへの目配り》

MHSWは，本人の親元からの自立という局面で，ホームヘルパーや訪問看護や通所系事業所等，本人の自立生活に必要と考えられる〈サービスにつなぐ〉手続を支援し，本人の【制度を活用しながらの自立生活】を送れるように介入している。MHSWは，本人が親元から自立した後，必要に応じて本人と親の間に立ち，親子の〈情緒的なつながりへの配慮〉も行い，【ほど良い距離感の親子関係】を築けるように《本人・親・サービスへの目配り》を続けている。

(2)《内在化された偏見へ寄り添う》，《現実的な目標を紡ぐ》，《本人と親の思いのズレの調整》の3カテゴリーの円環関係

《内在化された偏見へ寄り添う》と《現実的な目標を紡ぐ》，《本人と親の思いのズレの調整》の3カテゴリーは，それぞれが原因でもあり，結果でもある円環関係（倉石：2005）となり，支援は展開されていく。この三者の円環関係における関わりは，〈繰り返される介入の省察〉が行われ，MHSWは〈機が熟すのを待つ〉なかで，〈親元からの自立を提案〉する。

(3) コアカテゴリー

5カテゴリー《家族ケアラーを発見》，《内在化された偏見へ寄り添う》，《本人と親の思いのズレの調整》，《現実的な目標を紡ぐ》，《本人・親・サービスへの目配り》を生成した。分析テーマ「親元からの自立をめぐるMHSWからの本人及び親への関わりのプロセス」から考える最も中心となるコアカテゴリーは，《本人と親の思いのズレの調整》である。第4章第3節の表4-3-3において，親と本人のパワーバランスに関する認識のズレと符合する。

5-2-3. 統合失調症ケアの脱家族化実践モデルの考察

本項では，提示した実践モデルの現象特性を第4章で論じたケアの脱家族化を選択した統合失調症母親の軌跡及びケアの脱家族化を選択した統合失調症本人の軌跡と照合し，考察する。ケアの脱家族化ソーシャルワークの実践モデルがステークホルダーである本人，親，MHSWの経験世界と重なり，適合するモデルとなり得るか否かを検証する。

(1)《家族ケアラーを発見》の現象特性

最初の《家族ケアラーを発見》という現象特性について，考察する。ここでのストーリーラインは，以下のようになる。

> MHSWは，統合失調症者への関わりのなかで，母親が〈ケアの丸抱え〉をしつつ，〈本人の生活の監視役〉もしており，体力の限界を超えても【母親による強迫的なケア】を続けていることに気づく。そのため，〈親のしんどさへ着目〉するようになり，MHSW自身の経験値も参照枠に母親と〈思いどおりにならない子育てを共感〉し，家族の歴史や親子の関係性を探りつつ【家族関係の全体的理解】を深めていく。

ここでの〈ケアの丸抱え〉と〈本人の生活の監視役〉から成る【母親による強迫的なケア】に相当する母親への調査と本人への調査の軌跡と照合するか所を表5-2-3に整理した。

母親調査の軌跡では，社会的偏見の内在化である【統合失調症は怖いイメージ】(SD) と [私が頑張らねば] (SG) がせめぎあい，｜ことが起こらないための格闘｜ (OPP) となっている。本人軌跡の調査では，【所属と社会的役割の喪失】(SD) のなか，[症状への戸惑い] (SG) や [早く仕事に就きたい] (SG) 思いのなか，｜自己判断で断薬｜ (OPP) し，再発する時期となる。これらは，薬物依存症の実証研究における薬物は犯罪者というイメージで，家庭内だけで問題解決を図ろうとする時期，と符合する。

表5-2-3 《家族ケアラーを発見》における【母親による強迫的なケア】

ケアを脱家族化する母親	ケアを脱家族化する本人	先行実証研究の知見
【統合失調症は怖いイメージ】(SD) と［私が頑張らねば］(SG) の相克のなか,｜ことが起こらないための格闘｜(OPP) をしている時期。	［所属と社会的役割の喪失］(SD) と［症状への戸惑い］(SG)［早く仕事に就きたい］(SG) 思いのなか,｜自己判断で断薬｜(OPP) し, 再発。	第3章第4節（安髙：2016）薬物は犯罪者というイメージがあり, 地域社会や周囲との関係は疎遠となり, 家庭内だけで問題解決を図ろうとする時期。

出典）筆者作成

次に《家族ケアラーを発見》という現象特性のなかで,〈親のしんどさへの着目〉と〈思いどおりにならない子育てを共感〉から成る【家族関係の全体的理解】に相当する母親への調査と本人への調査の軌跡と照合するか所を表5-2-4に整理した。

表5-2-4 《家族ケアラーを発見》における【家族関係の全体的理解】

ケアを脱家族化する母親	ケアを脱家族化する本人	先行実証研究の知見
【誰にも相談できない】(SD),【育て方が原因という自責感】(SD) と［早く治って欲しい］(SG) がせめぎ合い, 支援者へ友好的ではない。	［社会参加への焦り］(SG),［服薬で幻聴が消える］(SG)。【治ったと思う】(SD), 病気になる前の自分に戻りたいという意識がみられる。	第3章第4節（山野：2001, 2002）薬物依存症の父母は, 薬物使用の原因を育て方に求め, すべて親が責任を負うべきと考える。初期グループでは, 薬物依存に関する基礎知識を提供。

出典）筆者作成

〈親のしんどさへ着目〉の定義は,「親自身も本人をめぐり, 悩みやしんどさを抱えていることを理解し共有すること」のとおり, もうひとりのクライエントとして認識する。〈思いどおりにならない子育てを共感〉は, MHSW自身の人生経験をもとに, 子育ての難しさを共感する概念である。塩満（2012）は,「MHSWの成長過程」の研究を行い, 熟達したMHSWには, MHSW自身の暮らしにおけるライフイベントの経験を支援の準拠枠にしていることを明らかにしている。

【家族関係の全体的理解】は, 母親が【誰にも相談できない】(SD),【育て方が原因という自責感】(SD) と偏見に苛まれている状況である。薬物依存症の父母も「薬物使用の原因を育て方」とし,「全て親が責任を負うべき」と考えている（山野：2001, 2002）。親もクライエントとして捉え, 統合失調症の基礎

知識を提供し始める時期である。母親及び本人の軌跡と重なる。また，薬物依存症の初期介入のソーシャルワークの枠組みと符合する。

(2)《内在化された偏見へ寄り添う》の現象特性

円環関係にある3つの現象特性のうち《内在化された偏見へ寄り添う》について考察する。ここでのストーリーラインは，以下のようになる。

> MHSWは，本人の自立支援のために障害年金の受給や手帳の取得，生活保護受給など社会資源のメリットを分かりやすく【使える制度のアナウンス】をするが，本人も親も〈制度利用の拒否反応〉を示し，制度を利用しない期間がしばらく続く。時を経て，実際に制度を使い，MHSWと〈制度の利便性を共有〉する。【使える制度のアナウンス】は，統合失調症に対する本人と親に《内在化された偏見へ寄り添う》関わりとなっている。

【使える制度のアナウンス】は，〈制度利用の拒否反応〉と〈制度の利便性を共有〉から成る。ここに相当する母親への調査と本人への調査の軌跡と照合するか所を表5-2-5に整理した。

母親は，【病気・障害を認めたくない】(SD)と［治ったら返上すればいい］(SG)の葛藤のなか，障害年金を申請する。本人は，病気になる前の自分に戻るという価値から［一般就労にトライ］するが，以前の自分の身体ではない【易疲労体質を自覚】(SD)し，|障害者であると認識|(OPP)する。制度利用の前提に障害受容があることが示唆される。安積(1990)の論考は，ピアから制度利用の正当性を価値づけられている。MHSWの実践における現象特性【使える制度のアナウンス】と母親及び本人の軌跡は重なる。

第5章 統合失調症ケアの脱家族化ソーシャルワークの実践モデル 235

表5-2-5 《内在化された偏見へ寄り添う》における【使える制度のアナウンス】

ケアを脱家族化する母親	ケアを脱家族化する本人	先行実証研究の知見
【病気・障害を認めたくない】（SD）と［治ったら返上すればいい］（SG）の相反する感情で揺れ動き，障害年金を申請する。	［一般就労にトライ］（SG）するも【易疲労体質を自覚】（SD）し，｛障害者であると認識｝（OPP）する。	全身性障害の安積は，仲間から「生活保護は権利」へと価値変容していく。 （安積：1990）

出典）筆者作成

（3）《現実的な目標を紡ぐ》の現象特性

円環関係にある3つの現象特性のうち《現実的な目標を紡ぐ》について考察する。ここでのストーリーラインは，以下のようになる。

> MHSWは，本人の「働きたい」とか「ひとり暮らしをしたい」とかいう言動をキャッチし，〈自立したい思いを育てる〉働きかけをし，活動中の的を射た〈仲間の言動を本人支援に生かす〉。また，母親の潜在的な〈自立させたい思いの強化〉を図り，同じ立場の家族の集まりである〈家族会への誘い〉も行う。このようにMHSWは，【本人と親双方への働きかけ】を行いながら，《現実的な目標を紡ぐ》支援を展開している。

《現実的な目標を紡ぐ》は【本人と親双方への働きかけ】から成り，〈自立したい思いを育てる〉，〈仲間の言動を本人支援に生かす〉，〈自立させたい思いの強化〉，〈家族会への誘い〉より構成される。ここに相当する母親への調査と本人への調査の軌跡と照合するか所を表5-2-6に整理した。

表 5-2-6 《現実的な目標を紡ぐ》における【本人と親双方への働きかけ】

ケアを脱家族化する母親	ケアを脱家族化する本人	先行実証研究の知見
【病気と認めたくない】(SD)と［すぐには治らない］(SG)がせめぎあう。 社会資源利用の抵抗が減る。 家族教室で病気・制度を知る。	仲間を得，｛症状の安定｝(OPP)がある。多様な仲間の生き方に触れ，｛新しい生き方の模索｝(OPP)を始める。	母親の［すぐには治らない］(SG)は，安髙(2016)の「薬物をやめられない本人の苦労を知る」と重なる。本人の多様な仲間から触発されるは，三毛(2007a)の「自立生活プログラム」で自立生活のロールモデルとの出会いがある。

出典）筆者作成

　《現実的な目標を紡ぐ》における【本人と親双方への働きかけ】の現象特性は，病気と障害を受け入れつつあり，現実的な目標を紡いでいく関わりとなる。カテゴリー《本人と親の思いのズレの調整》との違いは，それぞれへ個別的に関わり，それぞれの所属する仲間のグループダイナミクスを利用しているのが，【本人と親双方への働きかけ】から成る《現実的な目標を紡ぐ》である。《本人と親の思いのズレの調整》は，クライエントシステムの中での調整である。

　母親は，【病気と認めたくない】(SD)から［すぐには治らない］(SG)へと価値変容の萌芽がみられ，社会資源利用の抵抗が減っている。安髙(2016)の薬物依存症親が「薬物をやめられない本人の苦労を知る」と重なる概念である。本人は仲間を得ることで，｛新しい生き方の模索｝(OPP)を始める。ここは，三毛(2007a)の全身性障害者が自立生活へ傾斜していく前段階の経験として「自立生活プログラム」で自立生活のロールモデルとの出会いを挙げていることと重なる。検証の結果，MHSW の実践における現象特性【本人と親双方への働きかけ】と母親及び本人の軌跡は重なる。

(4)《本人と親の思いのズレの調整》の現象特性

　円環関係にある3つの現象特性のうち《本人と親の思いのズレの調整》について考察する。

　ここでのストーリーラインは，以下のようになる。

> 　ケアの与え手である親とケアの受け手である本人の間には、【非対称のパワーバランス】が存在する。親元からの〈自立を迫る親〉と〈自立を嫌がる本人〉という現象がみられたりもする。MHSWは、本人とGHや通所施設見学で〈自立生活のイメージづくり〉をしたり、暮らしが一変する〈自立生活前の危機介入〉を行い、話しが噛み合わない親子間の【認識のズレの調整】を適宜行い、《本人と親の思いのズレの調整》を図っている。

　《本人と親の思いのズレの調整》は、コアカテゴリーであり、【非対称のパワーバランス】と【認識のズレの調整】から成る。【非対称のパワーバランス】は、〈自立を迫る親〉と〈自立を嫌がる本人〉により構成される。【認識のズレの調整】は、〈自立生活のイメージづくり〉と〈自立生活前の危機介入〉により構成される。

　《本人と親の思いのズレの調整》の現象特性は、先述したように親元からの自立を親と本人双方へ働きかけている最中に起こるクライエントシステム内における調整である。《現実的な目標を紡ぐ》は、メゾレベルのソーシャルワークであるが、《本人と親の思いのズレの調整》は、ミクロレベルのソーシャルワークである。

　ここに相当する母親への調査と本人への調査の軌跡と照合するか所を表5-2-7に整理した。

　本人と親の思いのズレは、【非対称のパワーバランス】により、第三者が介入しなければ解消出来ない。母親の軌跡及び本人の軌跡と照合すると、母親は父親を【仕事一筋で関与しない夫】（SD）と捉え本人は【父の病気の無理解（なぜ仕事を頑張れないの）】（SD）という放置あるいは根性論の持ち主と認識している。一方、母親は、【家事を手伝いに行く】（SD）、【母親ヘルパー】（SD）にみられるように、ケア役割を手放すことが困難であると示唆している。

　薬物依存症の先行研究では、親が専門知識を得、パワーバランスが親優位へ逆転することで、本人を定位家族から排出することを自明視するSHGの文化に従っている。知的障害の子を持つ母親がGHへ送り出す時の揺らぎと統合失調症の母親がケアの脱家族化を決定する時の揺らぎは、親和性が認められる。

表5-2-7 《本人と親の思いのズレの調整》

ケアを脱家族化する母親	ケアを脱家族化する本人	先行実証研究の知見
【仕事一筋で関与しない夫】(SD) 【いつまでも心配】(SD) 【家事を手伝いに行く】(SD) 【母親ヘルパー】(SD) 母親の本人をケアする習慣による非対称関係 【妄想を否定する母への暴力】(SD) 母親を暴力で支配する非対称関係	【父の病気の無理解（なぜ仕事を頑張れないの）】(SD)と｛父から離れたい｝(SG)の非対称のパワーバランス ｛父親への反発から一般就労にトライ｝(SG)と【易疲労を自覚】(SD)という現実 第4章で9名中8名が家族内の居心地の悪さを自立のトリガーとしている。	薬物依存症の親の会の回復過程で「本人に関心を向け続けることの弊害」を学び、共依存と気づく。本人を家から出す（五十嵐：2011）というほど統合失調症は、ドライな親子関係ではない。 知的障害の子を持つ母親がグループホームへ送り出す時「窮地に立たされ焦燥し決断に踏み切る」と統合失調症の母親の心境は重なる部分を持つ（福田：2017）。

出典）筆者作成

検証の結果，MHSW の実践における現象特性【本人と親の思いのズレの調整】と母親及び本人の軌跡は重なる。

(5)《本人・親・サービスへの目配り》の現象特性

親元からの自立後の現象特性《本人・親・サービスへの目配り》について考察する。ここでのストーリーラインは，以下のようになる。

> MHSW は，本人の親元からの自立という局面で，ホームヘルパーや訪問看護や通所系事業所等，本人の自立生活に必要と考えられる〈サービスにつなぐ〉手続を支援し，本人の【制度を活用しながらの自立生活】を送れるよう介入している。MHSW は，本人が親元から自立した後，必要に応じて本人と親の間に立ち，親子の〈情緒的なつながりへの配慮〉も行い，【ほど良い距離感の親子関係】を築けるように《本人・親・サービスへの目配り》を続けている。

親元からの自立の局面における MHSW の介入として，サービスにつなぐ支援を行うことは，自立生活後の MHSW の関わりの現象特性である。ここに相当する母親への調査と本人への調査の軌跡と照合するか所を表5-2-8に整理

した。

表5-2-8 《本人・親・サービスへの目配り》

ケアを脱家族化する母親	ケアを脱家族化する本人	先行実証研究の知見
母親は、【ずっと心配】(SD)であり、【衣替えを手伝う】(SD)もあるが、親のケアは全体の一部。専門家に任すべきと考えるようになる。出来ないことがあってもいいと思うようになる。[週に1回程度夕食を一緒に食べる](SG)。《対等な関係の親子》《母親自身の時間を取り戻す》(EFP2)。	手段的ケアのほとんどは、ヘルパー・訪問看護等の訪問系サービスを受ける。情緒的な関係は継続している。《気遣い合う普通の親子関係》(EFP2)。	全身性障害の「ザ・自立生活」の「親の偏愛を蹴飛ばす」(横塚：1981)ほどでもない。知的障害者のグループホーム入居者の7割が週末必ず実家で泊まるほど密着している訳でもない(西村：2007)。薬物依存症者のナラノンの「家族であっても私は私、あなたはあなた」ほど、クリアカットしている訳でもない(五十嵐：2011)。

出典）筆者作成

母親は、【ずっと心配】(SD)ではあるが、専門家に任すべきと考えるようになり、手段的ケアのほとんどを専門家に任す。母親のケアは全体の一部分。本人に対してもできないことがあってもいいと考えられるようになる。情緒的なつながりで週に1回程度、一緒に食事をする。セカンド等至点で《対等な関係の親子》や《母親自身の時間を取り戻す》となる。本人は、手段的ケアのほとんどを専門家から受けるようになり、親とは情緒的なつながりで週に1回程度、一緒に食事をし、セカンド等至点《気遣い合う普通の親子関係》となっている。

検証の結果、MHSWの実践における現象特性《本人・親・サービスへの目配り》と母親及び本人の軌跡は重なる。

また、ケアの脱家族化における親子の関係を比較検討した。親元からの自立後に生成した統合失調症の「ほど良い距離感の親子関係」とは、本人の強い意思を要件とする全身性障害のように距離がある関係でもなく、GHから週末は必ず実家に泊まる知的障害のようにウェットな関係でもなく、「家族であっても私は私、あなたはあなた」という薬物依存症者のようにドライな関係でもない。換言すれば、ウェットとドライを足して2で割ったような関係ともいえる。

第3項の小括

本項では、提示した統合失調症ケアの脱家族化ソーシャルワークの実践モデ

ルがステークホルダーである本人，親，MHSW の経験世界と重なり，適合するモデルかどうかを検証した。5つの現象特性ごとに，ケアの脱家族化を選択した本人の軌跡及び親の軌跡の実証研究結果を照合した。MHSW のエティックな視座から捉える本人と親の状況に対して，MHSW のイーミックな視座から介入していく様相を明示した実践モデルの5つの現象特性は，ケアの脱家族化を選択・実行する統合失調症本人及び母親のイーミックな視座による TEM 分析の結果と重なることを確認した。

したがって，提示した統合失調症ケアの脱家族化ソーシャルワークの実践モデルは，本人，母親，MHSW というケアの脱家族化におけるステークホルダー三者の経験世界を統合するモデルであるといえる。

第3節　親によるケアから社会的ケアへの移行プロセス

本節では，手段的ケアを中心に親によるケアが社会的ケアへと移行していくプロセスを分析する。分析の視点は，手段的ケア，情報的ケア，情緒的ケアのそれぞれが，何を契機にどのように移行していくのかを論究する。第1項では，実践モデルで生成した5つの現象特性ごとに，手段的ケア，情報的ケア，情緒的ケアの供給源について，考察する。第2項では，第1項の考察を踏まえ，手段的ケア及び情報的ケアが社会的ケアへと移行していくプロセスを図解し，ストーリーラインにより説明する。第3項では，統合失調症ケアの脱家族化ソーシャルワークにおいて，MHSW に求められる支援者態度について論じる。

5-3-1．現象特性ごとのケア供給源に関する考察

本章第2節で明示した実践モデルにおける5つの現象特性である《家族ケアラーを発見》，《内在化された偏見へ寄り添う》，《現実的な目標を紡ぐ》，《本人と親の思いのズレの調整》，《本人・親・サービスへの目配り》，それぞれのケア供給源について考察する。

(1)《家族ケアラーを発見》

現象特性《家族ケアラーを発見》においては，概念〈ケアの丸抱え〉及び〈本

人の生活の監視役〉から成る【母親による強迫的なケア】がなされている状況にあり，母親調査における「第Ⅰ期：孤軍奮闘期」に相当し，本人調査における「第Ⅰ期：所属を喪失している期」に相当する。それらの状況を図解すると，図5-3-1の左図となる。

　親は，表4-3-1で記されている偏見・差別を内在化し，病前の本人に戻すために，生活を丸ごとケアしている。したがって，手段的ケア，情報的ケア，情緒的ケアの全てを担っている。

図5-3-1 《家族ケアラーを発見》及び《内在化された偏見へ寄り添う》におけるケアの供給源

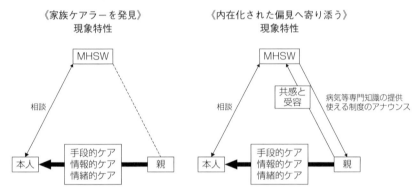

出典）筆者作成

（2）《内在化された偏見へ寄り添う》

　現象特性《内在化された偏見へ寄り添う》は，《現実的な目標を紡ぐ》と《本人と親の思いのズレの調整》との円環関係（倉石：2005）にあることを第2節で述べた。それゆえ，この3つの現象特性は，行きつ戻りつするのが通例であり，時期区分を明確化することは困難である。このことは，Kübler-Ross（1969=1971）が「受容の過程」で指摘しているように，段階を踏み一方向へのみ推移していくのではなく，逆方向へ推移していくことと同種のプロセスとなる。

　そのことを踏まえ，改めて現象特性《内在化された偏見へ寄り添う》について考察する。《内在化された偏見へ寄り添う》は，概念〈制度利用の拒否反応〉及び〈制度の利便性を共有〉から成るサブカテゴリー【使える制度のアナウンス】で構成する。表4-3-1にある母親調査における「第Ⅰ期：孤軍奮闘期」

と「第Ⅱ期：ピアな仲間と交流する期」の中間の時期に相当し，表4-3-2にある本人調査における「第Ⅰ期：所属を喪失している期」」と「第Ⅱ期：ピアな仲間と交流する期」の中間の時期に相当する。それらを図解すると，図5-3-1の右図となる。左図の《家族ケアラーを発見》との違いは，MHSWが親をクライエントとして位置づけ，親への支援を展開し始めていることである。

親は，内なる偏見に気づき始め，社会資源利用の抵抗が減っていく。本人は，内なる偏見を乗り越え，服薬の必要性を理解し始める。MHSWにより，病気等専門知識が提供され，親及び本人それぞれの課題整理がなされ，それぞれがピアな集団へ通い始める，言わばお試し期間の時期である。それゆえ，図5-3-1にあるように，本人へのケアは，手段的ケア，情報的ケア，情緒的ケアいずれもが，親により担われている。

(3)《現実的な目標を紡ぐ》

現象特性《現実的な目標を紡ぐ》は，概念〈自立したい思いを育てる〉，〈仲間の言動を支援に生かす〉，〈自立させたい思いの強化〉，〈家族会への誘い〉の4概念から成る【本人と親双方への働きかけ】により構成される。母親調査及び本人調査の時期区分で考えると双方の「第Ⅱ期：ピアな仲間と交流する期」に相当する時期である。親は，表4-3-1にあるように，本人が日中活動利用やピアと交流し始めることにより，日中活動のMHSWからの情報的ケアやピアからの情報的ケア及び情緒的ケアが本人へ供給されるようになり，情報的ケア及び情緒的ケア負担は，軽減する。しかしながら，手段的ケアは，親がすべきという認識から，これまでと同じように継続する。

一方，親自身も図5-3-1の右図の時と異なり，家族教室や家族会，そして親にとってのピアから情報的ケアと情緒的ケアを受けている。MHSWがクライエントと位置づけた親が，エンパワメントされている。

現象特性《現実的な目標を紡ぐ》は，MHSWのメゾレベルのソーシャルワーク実践となっている。MHSWのフィールドが母親と本人というミクロレベルの実践と日中活動の場や家族会等地域資源を介して展開していくメゾレベルの実践，この2つのレベルのソーシャルワークが縦横に展開されている（塩満：2012）。

図5−3−2 《現実的な目標を紡ぐ》におけるケアの供給源

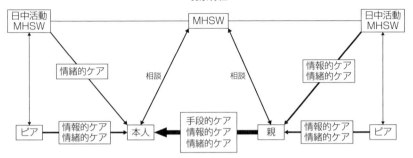

出典）筆者作成

(4)《本人と親の思いのズレの調整》

現象特性《本人と親の思いのズレの調整》は，概念〈自立を迫る親〉と〈自立を嫌がる本人〉から成る【非対称のパワーバランス】及び概念〈自立生活前の危機介入〉と〈自立生活のイメージづくり〉から成る【認識のズレの調整】により構成されるコアカテゴリーである。

図5−3−3 《本人と親の思いのズレの調整》におけるMHSWの介入

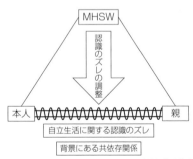

出典）筆者作成

《本人と親の思いのズレの調整》は，ミクロレベルのソーシャルワークである。「親元からの自立」という状況は，親と本人，両者にとってストレスフル

な葛藤関係を生じさせる。また，第4章で述べたように，背景には親と子の共依存関係もある。この葛藤関係や共依存関係にある親子に対する支援者には，高いスキルが求められる。

「人間は意味を生きる」という構成主義的援助論は，人はそれぞれの物語を生きており，多様であっていいと考える。親元からの自立という，それまでの定位家族で一緒に暮らすという自明性を根本的に変更する事態に対して，親と本人の意味づけが異なるのは，不思議なことではない。稲沢（2005）は，構成主義について，以下のように述べている。

> 構成主義とは，これまで正しいと信じられてきたこと，当たり前だと教えられてきたこと，疑う必要すら感じられなかった自明の前提ということに対して，違う考え方があることを，異なった見方ができることを，疑ってかかってもよいのだということをささやくものである。

例えば，親と本人が施設見学に一緒に行ったり，専門家の説明を一緒に聞いたとしても，その意味づけが同じである訳ではない。いずれかが正しくて，いずれかが誤っている訳でもない。親と本人が，親元から自立したピアの体験談を聞いた場合もそうであろう。しかしながら，唯一聞いた体験談が，聞く人にとっては，ドミナント・ストーリー化してしまうこともある。そうなると，自身を枠付けしていくというベクトルが働く。構成主義の援助論は，ドミナント・ストーリーをクライエントと共同で脱構築しようとするナラティブ・アプローチ研究の流れ（上野：2017）であり，親と本人双方の認識のズレを相互に確認し合える介入が求められている。

また，第4章で述べたように，統合失調症母親と本人のパワーバランスに関する認識は，お互いにズレているということへの留意も必要である。親と本人のイーミックな認識世界をMHSWのエティックな視座から客体化していく介入である。図5-2-1及び図5-2-2にあるケアの脱家族化実践の全過程の支援で鍵概念となっている概念〈繰り返される介入の省察〉は，Schön（1987=2001）のいう反省的実践家と同義であり，求められる専門性は，「行為の中の省察」である。MHSWは，状況の変化を親と本人の三者で評価していく省察を繰り返し行い，《本人と親の思いのズレの調整》を図っていくことが求められてい

る。

　また，円環関係にある《内在化された偏見へ寄り添う》，《現実的な目標を紡ぐ》，《本人と親の思いのズレの調整》は行きつ戻りつすることから，MHSWは，親元からの自立の〈機が熟すのを待つ〉。丁度良いタイミングでMHSWは〈親元からの自立を提案〉する。MHSWから〈親元からの自立を提案〉する理由は，パワーバランスに関する認識がお互いにお互いが劣位であると感じているからである。第3章でレビューしたケアの脱家族化実証研究は，パワーバランスの優位な方が起点となっており，お互いに劣位と感じている間は，ケアの脱家族化が達成できないと考えられる。

　本人，親，MHSWの三者を対象とした調査では，複数の同一事例がある。MHSW 4 名は，自らが起点となり実践を展開していた。一方で，MHSWと同一事例の中には，親や本人が「私が言い出したから（ケアの脱家族が始まった）」という語りもみられた。おそらく実態は，本人や親の「何とかして！」という主訴をMHSWは，「親元からの自立支援」というソーシャルワークの枠組みに変換し，実践を展開していると推察される。つまり，親や本人の状況に対する帰納的な主訴を専門家であるMHSWは演繹的に捉えているということである。換言するならば，親や本人のイーミックな視座（内部からの視点）による主訴をMHSWは，エティックな視座（外部からの視点）で状況把握をしていることとなる。ここで重要なことは，MHSWが捉えたエティックな視座を支援の展開過程においては，MHSWがMHSW自身のイーミックな意図と介入という行為を外在化させ，エティックな視座から捉え直し，〈繰り返される介入の省察〉を行っているのである。このように，予め決められた解が無い状況下では，親，本人，MHSW三者の協働で解決策を紡いでいくことが求められる。MHSWによる〈繰り返される介入の省察〉は，ケアの脱家族化ソーシャルワークの肝であるといえよう。

（5）《本人・親・サービスへの目配り》

　現象特性《本人・親・サービスへの目配り》は，概念〈サービスにつなぐ〉から成る【制度を活用しながらの自立】と〈情緒的なつながりへの配慮〉から成る【ほど良い距離感の親子関係】により構成されている。時期区分では，母親調査による「第Ⅲ期：社会的ケアへ委ねる期」であり，本人調査による「第

Ⅲ期：親元から自立している期」である。

　表4-3-1によると，母親は訪問系の専門家（ホームヘルパー・訪問看護・金銭管理）により，手段的ケアを専門家に委ねている。母親は，本人へのケアについて，母親ゆえの模索を始め，情緒的ケアが続いている。表4-3-2によると，本人は，訪問系の専門家から手段的ケアを受け，日中活動の専門家から情報的ケアを受けピアから情報的ケア及び情緒的ケアを受けている。

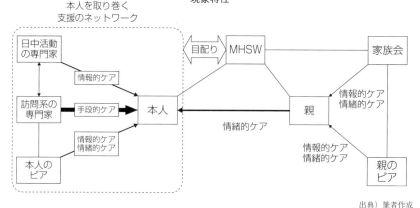

図5-3-4　《本人・親・サービスへの目配り》におけるサービスの供給源

出典）筆者作成

　また，親は，家族会や親のピアから情報的ケアと情緒的ケアを受けている。こうしたケアの供給体系を図解すると，図5-3-4のようになる。MHSWは，《本人・親・サービスへの目配り》を行っている。

5-3-2. 手段的ケア及び情報的ケアが社会的ケアへと移行していくプロセス

　前項では，本人へのケアを中心に，現象特性ごとに，供給源を図と文章で説明してきた。本項では，前項の説明をもとに，《家族ケアラーを発見》から，《本人・親・サービスへの目配り》に至るプロセスについて，手段的ケアの量を縦軸に，時間を横軸とし，図5-3-5に，TEMの主要概念であるSDとSG，M-GTAの分析概念であるカテゴリーと概念を用いて図解した。社会的ケ

図5-3-5　手段的ケアが社会的ケアへと移行するプロセス

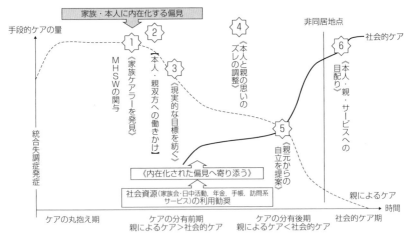

出典）塩満（2021）図5を筆者再分析し修正のうえ転載

アへの移行は、「ケアの丸抱え期」、「ケアの分有前期：親によるケア＞社会的ケア」、「ケアの分有後期：親によるケア＜社会的ケア」、「社会的ケア期」の4期に時期区分した。

「ケアの丸抱え期」は、現象特性《家族ケアラーを発見》であり、時期区分の「第Ⅰ期：孤軍奮闘期」と同じ時期である。手段的ケア・情報的ケア・情緒的ケアの全てを親が担い、外部機関へ支援を求めない状況である。

「ケアの分有前期：親によるケア＞社会的ケア」の分有の名づけは、中根（2005）の造語である。知的障害ケアを外部化できるケアと親によるケアに分け、ケアの供給を多元化していくという意味である。詳細は、第3章第3節で述べた。ここでの分有前期の意味は、本人が社会的ケアを受け始めたことにある。具体的には、日中活動の専門家から受ける情報的ケア、ピアから受ける情報的ケア及び情緒的ケアであり、その情報的ケアが一部社会的ケアへ分散されることにより、親によるケアが減少し始める。

「ケアの分有後期：親によるケア＜社会的ケア」は、〈親元からの自立を提案〉時の頃から手段的ケアが社会的ケアへ移行し始める。手段的ケアの配分が親から社会的ケアに逆転し始める。

「社会的ケア期」は，手段的ケアが訪問系サービスの専門家へ委ねられることにより，親によるケア量は，より少なくなっていく。しかしながら，情緒的ケアは保持される。逆説的に言えば，親子の情緒的関係を保持していくためには，手段的ケアを社会的ケアへ委ねていくことが奏功するともいえる。

5-3-3．MHSW に求められる支援者態度

提示した統合失調症ケアの脱家族化ソーシャルワークの実践モデルから，MHSW に求められる支援者態度を3点あげておきたい。

1点目は，親も支援を必要としているクライエントであるということである。現行の精神保健福祉法も障害者総合支援法も，支援の対象は本人であり，親は本人支援の協力者の域を出ていない。池末（2004）は，子どもが発病して早い時期に，親への教育が重要であるが，その機会が少ない。発病後の早い時期から，疾病の回復プロセスと社会的ケアへ移行していくイメージを持てるような支援が必要であると指摘する。大島（2010）は，「家族の生活は，障害を持つ家族員のためだけにあるのではなく，家族自身も自らの生活を楽しみ，自己実現を図っていくことが求められる」と述べている。池末（2004）及び大島（2010）の論考は，Twigg & Atkin（1994）が家族を"Carers as co-clients（家族も支援対象）"と位置づけ，要介護者に従属的に規定しない"Superseded carer（介護者規定を超えたケアラー）"を目指すべきとする論と一致する。MHSW には，親をケアラーとしてのみ位置づけるのではなく，親自身を自己実現の主体とする制度内実践を超えたソーシャルワーク実践が求められている。

2点目は，伴走的な関わりである。第4章で論じてきたように，母親は，「第Ⅰ期：孤軍奮闘期」から「第Ⅲ期：社会的ケアへ委ねる期」までのプロセスのなかで，病気及びケアに関する価値を大きく変容させている。本人も「第Ⅰ期：所属を喪失している期」から「第Ⅲ期：親元から自立している期」までのプロセスのなかで，病気及びケアに関する価値を大きく変容させている。このように価値変容は，MHSW が契機となる社会資源を紹介することと併せて伴走的な関わりにより変容させている。

3点目は，ピアな集団との連携である。統合失調症と薬物依存症は，①思春期が好発年齢であること，②病名に対する社会的偏見が根強いこと，それゆえ

③親が育て方に対する自責感を持つこと，④外部機関に援助を求めたがらないこと，これら4点が共通しており，親は孤立化する。MHSWは，病気や制度，本人と親の課題整理といった専門職として関わるが，親自身が内在化された偏見を乗り越えるために，ピアの集団である家族会は，影響が大きいことが明らかとなった。

　以上の3点は，統合失調症ケアの脱家族化ソーシャルワーク実践を展開していくうえで，MHSWに求められる不可欠な支援者態度である。

終　章

総合考察

　第1節では，提示した統合失調症ケアの脱家族化ソーシャルワークの実践モデル（以下，実践モデル）の理論的妥当性について，ケアに関する先行研究の知見から検討する。第2節では，本研究を通して見えてくるソーシャルワークへの示唆について論じる。第3節では，本研究の意義と残された課題について述べる。

第1節　実践モデルの理論的妥当性の検討

　本節では，序章第2節における研究の背景及び第2章第2節におけるケアに関する先行研究の知見から検討を行う。

終-1-1. 現代家族の価値規範からの検討

　序章第2節では，杉井（2018）の家族の価値規範の変容について，以下のように記した。前近代における価値規範は，「ムラやイエのため」という価値を第一義とした規範である。近代における家族の価値規範は，「ムラやイエのため」から「家族のため」という価値へと変容していく。現代家族の価値規範は，1980年代以降に形成され，近代家族の価値規範「家族のため」から個人本位の「家族であっても，わたしはわたし」へと変容していく。一方，精神障害者に関する法律「精神保健福祉法」は，「家族であっても，わたしはわたし」という個人本位の価値規範を未だに採っていない。現行法においても，「家族等」の同意により強制入院の代諾権を家族に求めている。しかしながら，実践モデルのMHSWは，〈親のしんどさへの着目〉をし，親による〈ケアの丸抱え〉からの解放を志向している。したがって，実践モデルは，現代家族の価値規範

251

に基づくモデルであるといえる。

終-1-2. 家族周期説及びライフコース理論からの検討

　序章第2節では、統合失調症親が家族社会学における家族周期説及びライフコース理論から逸脱した存在であることを述べた。統合失調症親の多くは、森岡ら（1997）の家族周期説による全ての子が独立する「向老期」及び畠中（2014）の家族周期説による夫婦だけの生活に戻る「老年期」を迎えることができない。したがって、家族周期説から逸脱した存在であると指摘した。しかしながら、実践モデルは、母親調査により生成したセカンド等至点「親自身の時間を作れる」にみられるように、親が「向老期」或いは「老年期」を迎えることを可能とするモデルであるといえる。

　ライフコース理論は、離婚率や再婚率が高まったアメリカで、離婚、再婚、ひとり親といった家族に家族周期説が通用しなくなったことを背景に登場した理論である。嶋崎（2001）は、Elder（1978）のライフコース理論の4要素を「個人の発達（人間の主体的行為能力）」、「歴史と文化（時空間上の場所）」、「社会関係（結びあわされる人生）」、「年齢、時代、コホートの交差のタイミング」と訳し、この4つの基本的要素が相互に関連するところに、人々の多様な軌道（trajectory）として顕在する、と説明する。実践モデルでは、主に手段的ケアが親から社会的ケアへと移行する。それゆえ、多様な生き方を剥奪されている状態から脱出していく「ライフコースの転換（turning point）」（大久保：1990）の可能性を持つモデルであり、親の多様な生き方を選択する可能性を包含すると考えられる。

終-1-3. J.Twigg & K.Atkin によるケアラー支援の4つのモデルからの検討

　第2章第2節では、ケアラー支援の4つのモデルを紹介し、わが国の統合失調症親は、その4モデルのうち、"carers as resources（主たる介護資源）"、"Carers as co-workers（専門職と協働でケアに従事する人）"にとどまると指摘した。第5章の実践モデルのMHSWは、「本人と親双方への働きかけ」を行い、第4章第1節の母親調査からは、必須通過点「専門家による本人と家族の課題整理」を生成している。したがって、実践モデルは、"Carers as co-clients（支

援対象としての介護者)"を位置づけているモデルであるといえる。

終-1-4. 上野によるケアの人権アプローチ四元モデルからの検討

　第2章第2節では，上野（2011）のケアの人権アプローチ四元モデルを紹介した。上野モデルは，ケアの与え手に「ケアする権利」とその対極にある「ケアすることを強制されない権利」が保障されるべきであるとし，ケアの受け手に「ケアされる権利」と「不適切なケアを強制されない権利」が保障されるべきであると紹介した。そのうえで，現行の統合失調症親については，逸失利益を保障する介護手当，年金保険料免除，復職支援等の制度もないことから，「ケアする権利」及び「ケアすることを強制されない権利」いずれもが保障されていないと断じた。制度的な保障は未だ法制化されていないものの，実践モデルは，親が「ケアすることを強制されない権利」及び本人の「ケアされる権利」を構築していく端緒になる可能性をもつモデルであると考えられる。

　以上，現代家族規範からの検討，家族周期説及びライフコース理論からの検討，J. Twigg & K. Atkin によるケアラー支援の4つのモデルからの検討，上野によるケアの人権アプローチ四元モデルからの検討の結果，提示した実践モデルは，理論的妥当性を具備したモデルであると考えられる。

第2節　ソーシャルワークへの示唆

　実践モデルの提示に至るまでに実施した第4章第1節における統合失調症母親への質的調査，第4章第2節における統合失調症本人への質的調査の分析からみえてくるソーシャルワークへの示唆について，第1項でミクロレベル，第2項でメゾレベル，第3項でマクロレベルについて論じる。

終-2-1. ミクロソーシャルワークへの示唆

　ミクロソーシャルワークへの示唆として，（1）発病初期における正しい情報の提供，（2）症状憎悪時のアウトリーチ型サービス，（3）親自身がクライエントとして相談できる機関の明確化，（4）「ケアの脱家族化」の実践モデルの構築，（5）包括的な相談体制の創造，の5点について論じる。

(1) 発病初期における正しい情報の提供

　第4章第1節の母親への質的調査における「第Ⅰ期：孤軍奮闘期」では，「誰にも話せない病気」と考え，「育て方が原因という自責感」に苛まれている。同章第2節の本人への質的調査における「第Ⅰ期：所属を喪失している期」では，「現実を脅かす変な感覚」のなか「易疲労となった身体」であると自覚しつつも「社会参加への焦り」があり，「復学・就職で躓き」を経験し，調査対象者の多くが自己判断での断薬を経験している。

　それらの経験は，親や本人が統合失調症に関する情報を得られていないことに起因している。具体的には，①統合失調症の病気と障害に関する正しい情報，②発病の原因が親の育て方や遺伝ではないこと，③有病率は低くなく同じ病気の人は多いこと，④陽性症状は年齢を重ねることで消退していくこと，⑤社会参加に使える制度とその手続き，⑥家族会や地域活動支援センター等のピアな仲間の集える場の情報提供，があげられる。

　実践現場において情報提供は，どの程度なされているのか。以下に記しているとおり，病気の説明，薬の説明，病状の説明，いずれも実施率は低い。

　表序-2-1で示した精神障害者家族を対象とする大規模調査（1991調査）では，「主治医が家族にしてくれた説明／して欲しかった説明」を尋ねている。表終-2-1は，それを転載したものである。入院群及び在宅群の全体では，主治医がしてくれた説明で最も高いのが「病状の説明」で37.0％であり，病名の説明は18.4％，薬の説明は17.4％にとどまっている。

　その後の大規模調査においても同種の設問項目を尋ねている。家族が最も「説明して欲しかった」のは「回復の見通し」（2010調査：52.3％，2005調査：35.9％，1991調査：30.8％）であるが，「説明してくれた」のは低い（2005調査：9.5％，1991調査：13.4％）。病名の説明実施率も，概ね2割と低い（2005調査：20.2％，1991調査：18.4％）。病状の説明の実施率は，調査項目の中では3割を超えている（2005調査：33.0％，1991調査：37.0％）が，薬の説明の実施率も高いとは言えない（2005調査：24.3％，1991調査：17.4％）。一般科で当たり前に行われる病気の説明，薬の説明，治療の見通しといった説明実施率が低いことが分かる。

　他方，家族の「病名の説明をして欲しかった」という回答率も低い（2010調査：17.2％，2005調査：13.3％，1991調査：11.7％）。これらの数値から，家族は，「診

表終-2-1　主治医が家族にしてくれた説明として欲しかった説明（1991調査）

説明の項目		入院	在宅	全体
病名の説明	してくれた	20.2%	16.7%	18.4%
	して欲しかった	10.7%	12.7%	11.7%
病状の説明	してくれた	45.9%	28.3%	37.0%
	して欲しかった	27.2%	24.8%	25.9%
回復の見通し	してくれた	15.4%	11.6%	13.4%
	して欲しかった	28.4%	33.1%	30.8%
薬の説明	してくれた	12.0%	22.8%	17.4%
	して欲しかった	17.4%	25.3%	21.3%
治療法の説明	してくれた	9.4%	9.8%	9.6%
	して欲しかった	15.9%	19.0%	17.4%
本人への接し方の説明	してくれた	13.7%	20.0%	16.8%
	して欲しかった	16.0%	20.2%	18.1%
社会資源の紹介	してくれた	7.1%	11.7%	9.4%
	して欲しかった	17.7%	21.4%	19.6%
家族の悩みの相談	してくれた	17.2%	17.9%	17.5%
	して欲しかった	18.8%	19.7%	19.2%

出典）1991調査報告書より転載

断名は聞きたくないが，回復の見通しは知りたい」というアンビバレントな心情であると推察される。精神病に対する偏見は，家族に内在化され，精神病への忌避的態度の現れであると考えられる（塩満：2023b）。

　以上のことから，発病初期には，統合失調症に関する正しい情報を提供する必要があることを示唆している。

(2) 症状憎悪時のアウトリーチ型サービス

　第4章第1節の母親への質的調査では，病状悪化時に「男の親戚を呼び，嫌がる本人を病院まで運んだ」，「警察に連絡しパトカーで病院へ入院させた」，「退院してから，親が入院させたと責められる」という語りがみられた。同章第2節の本人への質的調査では，「親に騙されて病院へ連れて行かれた」，「旨いものを食べに行こうと誘われ，着いた場所が病院だった」という語りがみられた。このように困った時には，親子関係を壊してまでも，強制入院につなげ

るしかないのが日本の現状である。

　国際的にはどうなのか。序章第2節では，イギリスの早期介入（Early Intervention Team：EI）について触れた。早期介入が予後を良くするという知見から，多職種から成るチームが発病初期から訪問し，本人と家族との関係性を支えている。EIの後，落ち着くまではAOT（Assertive Outreach Team）が，服薬遵守や日常生活の支援を行っている（野中：2005）。

　フィンランドの西ラップランド地方で始まった統合失調症の新しい治療法オープンダイアローグ（Open Dialogue：以下，OD）は，統合失調症を発症した本人の家に速やかに治療チームと家族，親戚らも集まり，対話を重ねるアプローチである。チームは，落ち着くまで責任を持ち，必要があれば，毎日でもミーティングを持つ。チームが行うカンファレンスも本人の前で行う。ODは，薬物療法や入院治療を極力避け，本人のことは本人のいないところでは決めないことを原則としている。「専門職のシステムを日常生活のニーズに合わせる」新たなアプローチである。ODの導入の結果，西ラップランド地方では，入院期間が平均19日間短縮し，服薬の必要な患者の割合も低下し，再発率も激減したと報告されている（Seikkula, Arnkil：2014=2019）。EIとODは，アプローチに異なる部分はあるものの，発病初期に医療福祉資源を集中的に動員し，「心配なことを本人，親，専門家みんなで考え，共通認識を持つ」という点で共通している。急性症状時の即時対応システムは，早期治療に寄与するだけでなく，本人と親双方の良好な関係を保持する効果もある。このように，症状憎悪時のアウトリーチ型サービスの必要性が示唆される。

（3）親自身がクライエントとして相談できる機関の明確化

　第4章第1節の母親への質的調査において，親は，インフォームドコンセントが十分になされていない状況下で，子の病気・障害を受けとめることに戸惑い・不安を抱えていることを明らかにした。また，親自身もそれまでの仕事を含む社会とのつながりをどう維持するかという課題も抱えている。

　精神保健福祉法及び障害者総合支援法では，本人が社会参加するためのサービスや相談については社会資源が整備されつつあるが，親が自身のことを相談する機関は不明なままである。親は本人の社会参加の協力者という従属的位置にとどまっている。

障害者総合支援法による相談支援は，計画相談及び地域相談が個別給付化され，事業所収入となるが，親自身のことに関する相談は，どこにも規定がない。第3章第3節で西村（2009）が，「知的障害者本人に関する相談機関はあるものの，親たちの悩みを聞き，一緒に問題解決に向けて考えてくれる相談機関がない」と指摘していることについて触れた。統合失調症親も同様の状況にある。親自身をクライエントとして相談できる機関の明確化の必要性が示唆される。このことは，地域の体制整備という意味ではメゾソーシャルワーク，制度設計にも関わる意味ではマクロソーシャルワークへの示唆でもある。

(4)「ケアの脱家族化」の実践モデルの構築

　第4章第2節の本人への質的調査では，「親元からの自立が出来るかどうか不安だったが，訪問看護やホームヘルプの助けを借りると何とかなる」，「全部ひとりでやるのは無理。手伝ってもらえるから出来る」という語りがみられた。

　序章第2節で，要田（1999）は，「欧米の障害者解放運動（ノーマライゼーション，自立生活運動）では，『脱施設』を唱うのみであるのに対し，日本のばあい，『脱家族』が含まれている」と指摘していることに触れた。第2章第2節で，池末（2004）は，「子どもが発病して早い時期に親への教育が重要であるが，その機会が少ない。発病後の早い時期から，疾病の回復プロセスと社会的ケアへ移行していくイメージを持てるような支援が必要」と指摘していることに触れた。

　また，厚生労働省の諮問機関である社会保障審議会障害者部会報告書「障害者自立支援法施行後3年の見直しについて」（2008）では，「家族との同居から地域生活への移行の相談」に言及し，「障害者総合支援法改正法施行後3年の見直しについて」（2022）では，「親元からの自立を含めたライフステージ全体を視野に入れた総合的な支援」について言及している。

　ケアの脱家族を決定した統合失調症本人は，手段的ケアを受けながらの自立生活の実態を語り，障害者問題及び精神障害者運動の研究者が「ケアの脱家族」を指摘し，政府の諮問機関が「ケアの脱家族化」施策の必要性に言及している。しかしながら，未だ施策化に至っていない。

　地域移行や地域定着に係る「地域相談」と同様の「ケアの脱家族化」実践モデルの構築の必要性が示唆される。

（5）包括的な相談体制の創造

　第4章第2節の本人への質的調査における「第Ⅰ期:所属を喪失している期」では，（1）で述べたように，「社会参加への焦り」があり，「復学・就職で躓き」を経験し，調査対象者の多くが自己判断での断薬を経験している。「大学を中退するしかなかった」や「仕事もやめるしかなかった」という語りもみられた。

　しかしながら，第4章における母親及び本人への質的調査では，発病初期の段階でのMHSWからの支援についての語りはなかった。「第Ⅰ期：所属を喪失している期」では，ネーミングのとおり，本人と社会との不調和状態にある。発病初期は医療ニーズが高いものの，福祉ニーズが無い訳ではない。つまり，発病初期から医療ニーズと福祉ニーズは併存している。それゆえ，発病初期から，医療系専門職と社会福祉専門職へアクセス可能な包括的な相談体制を創造していく必要性が示唆される。

終-2-2．メゾソーシャルワークへの示唆

　メゾソーシャルワークへの示唆として，（1）社会啓発の充実，（2）包括型生活支援プログラムの施策化，（3）居住支援の強化，の3点について論じる。

（1）社会啓発の充実

　母親への質的調査のなかで，早期治療に至らなかったことに対して親に悔恨の情がみられたことを第4章第1節で述べた。山口ら（2016）の調査結果にみられるように，わが国の統合失調症の発病から初診までの期間は17か月を要し，欧米に比べて著しく長い。早期治療に至らない理由は，社会啓発の不十分さに尽きる。

　2004（平成16）年に厚生労働省が発したビジョンの柱のひとつ「精神疾患は誰もが罹りうる病気であるという認知度を90％以上とする」の政策目標が達成出来ていない。それゆえ，「精神障害にも対応した地域包括ケアシステムの構築に係る検討会報告書」（厚生労働省，2021）でも，精神疾患や精神障害に関する差別や偏見は依然として存在していると指摘し，普及啓発の必要性に言及している。

　また，新たに統合失調症となる患者の早期治療を促進するには，学校現場におけるメンタルヘルス教育も重要である。2022（令和4）年度より，文部科学

省の新学習指導要領により高等学校の保健体育に「精神疾患の予防と回復」が追加された。具体的な疾患名として，うつ病，統合失調症があげられている（文部科学省，2021）。小塩ら（2019）は，高等教育機関におけるメンタルヘルス教育のあり方について，良い精神状態とはどのようなものなのか。精神症状が出たら，どこに相談すればいいのか，と具体的に教えることが重要であると指摘している。

　これらのことから，①地域社会・一般市民への啓発，②学校現場におけるメンタルリテラシー教育，③統合失調症を含む精神障害者と地域住民の相互交流，といった社会啓発を充実していく必要性が示唆される。

(2) 包括型生活支援プログラムの施策化

　前項のミクロソーシャルワークへの示唆で（2）症状憎悪時のアウトリーチ型のサービスを挙げた。第2章第1節では，統合失調症の生活障害について言及している。アウトリーチ型サービスの必要性は，症状憎悪時だけでない。同章同節で，松原（2008）は，IADL調査「食事の用意」，「家事一般」，「金銭管理」，「薬の管理」，「電話の利用」，「買い物」，「交通手段の利用」において，統合失調症に罹患することにより，脳の機能障害を生じ，日常生活における複数の動作の組み合わせであるIADLを低下させていると指摘している。序章第2節では，医療と福祉の多職種チームによる包括型地域生活支援プログラムとして，アメリカのPACT及びイギリスのAOTについて紹介している。

　2023年12月30日現在，一般社団法人コミュニティメンタルヘルスアウトリーチ協会のチーム正会員数は40チームと少なく，都市部に偏在している。重篤な統合失調症者の地域生活支援の仕組みとして高く評価されているが，全国展開に至っていない。現状は，訪問看護，訪問介護（ホームヘルプ），日常生活自立支援事業，と個別に支援が展開されている。包括型地域生活支援プログラムの施策化の必要性が示唆される。

(3) 居住支援の強化

　第4章第1節の母親への質的調査のなかで，「本人が訪問販売員から不要な品物を買わされる」，「最初のひとり暮らしはオートロックではないため，訪問販売員がドアまで入って来られないオートロックのマンションを購入した」という旨の語りがあった。これは，親が一定レベルの経済力を有していることが

要件となり，普遍化することは困難である。社会保障制度審議会障害者部会報告書（2022年）で明記された「親元からの自立」，即ち「ケアの脱家族化」を促進していくためには，統合失調症本人の居住権を担保していく必要がある。住宅確保要配慮者居住支援法人や居住支援協議会活動支援事業を所管する国土交通省の居住支援施策とグループホーム等を所管する厚生労働省の障害福祉施策を連動させ，統合失調症の居住支援を強化し，統合失調症者の住まいを確保していくことは喫緊の課題である。

また，第4章第2節の本人への質的調査では，「GHがふたり一部屋のため，次第に居心地が悪くなった。それでGHを出て，ひとり暮らしをしたが大変だった」という旨の語りがあった。2024年6月，愛知県と名古屋市は，障害者GH等を運営する株式会社「恵」に対し，障害福祉サービス報酬の不正請求を事由に，5GHの事業者指定を取消した。厚生労働省は「連座制」を適用し，「恵」の運営する12都県の事業所も指定の更新を受けられない事態が発生している。2006年の障害者自立支援法による福祉事業に係る規制緩和が，営利企業も社会福祉事業へ参入することを可能とし，福祉サービスの市場化を促進した。その結果，全国各地で不正請求や虐待等の不適切な処遇等，サービスの質を伴わない福祉事業者の不祥事が繰り返されている。「ケアの論理≠市場の論理」（The Care Collective：2020=2021）がメゾレベルで表出した事象であり，公的責任を後退させたマクロ政策における行き過ぎた規制緩和の弊害である。

上記のことから，①居住支援施策の強化，②利用する本人ニーズに対応する質の高いGHの施設整備の必要性が示唆される。

終-2-3．マクロソーシャルワークへの示唆

マクロソーシャルワークへの示唆として，（1）「ケアの脱家族化」実践の施策化，（2）相談支援に家族相談を明記すること，（3）アウトリーチ支援体制整備に関わる事業化と予算化，（4）統合失調症親を含む家族介護者支援の法制化，の4点について論じる。

（1）「ケアの脱家族化」実践の施策化

序章第2節では，主に以下の5点について述べた。①政府の諮問機関である社会保障審議会障害者部会の2つの報告書（2008年及び2022年）において，親元

からの自立支援の必要性について言及していること。②精神障害者家族会の全国組織であるみんなねっとは「みんなねっと精神保健医療福祉への提言」（2023年）を公表し，「家族によるケアから社会的ケアへの転換」を提言していること。③2014に日本が批准した障害者権利条約の前文（x）では，「障害者家族も必要な保護及び支援を受けるべき存在である」と記されていること。にもかかわらず，④「行政責任を放棄した家族への法外な責任転嫁」（伊勢田：2008）があること。⑤統合失調症親は，自身の自己統合を希求することを断念し，憲法第13条の幸福追求権が阻害された状況におかれていること，の5点である。

　統合失調症の親にケアを強い続ける制度とそのことを基盤とする実践は，親を本人へのケア提供者として位置づけ，親自身が主体的に生きていく権利を侵害している状況にあるといえる。序章第2節で論じたライフコース理論で考えると，統合失調症親は，多様な生き方の選択肢が剥奪された状態に陥りやすく，そこから脱出していくための施策が求められている。したがって，前述したミクロソーシャルワークへの示唆（4）で述べた「ケアの脱家族化」の実践モデルの施策化の必要性が示唆される。

（2）相談支援に家族相談を明記すること

　ミクロソーシャルワークへの示唆で述べた（3）親自身がクライエントとして相談できる機関の明確化，を制度化することである。障害者総合支援法における相談支援は，「計画相談」，「地域相談」，「基本相談」に類型化され，「計画相談」と「地域相談」は個別給付化されているものの，基本相談は個別給付の対象となっていない。サービス等利用計画の策定や地域移行及び地域定着の業務は事業所収入となるが，基本相談は事業所収入とはならない。

　第5章で示した「統合失調症ケアの脱家族化」実践モデルは，本人と親の問題を切り分け，本人だけではなく，親へも伴走的に関わる実践である。それゆえ，支援には多くの時間を要し，担当するMHSWには高いスキルが求められる。実践モデルを相談支援事業所のMHSWが行うとすれば，事業所収入とならない業務を長期間行うこととなる。また，就労継続支援や地域活動支援センター等の通所系事業は，日々の実践において「相談」を受けているにも関わらず，そのことに対する報酬単価の設定はない。本来，ケアと相談は一体不可分である。アメリカのPACTでは，最も多くの支援を行っている機関の専門職

がケースマネージャーとなっている（石渡ら：2010）。日本のようにマネジメントを相談支援専門員に固定化していない。

　第5章の実践モデルの分析焦点者は，表序-3-3のとおり，相談支援事業所のMHSW（相談支援専門員）ではない。実践モデルの分析焦点者は，法が規定する「実務」ではなく，ソーシャルワーク「実践」を行っている。先述した「ケアの論理≠市場の論理」に倣うと，「ソーシャルワークの論理≠市場の論理」ともいえる。

　障害者総合支援法による報酬単価は，「何をするか」を事業として明文化し，その行為に対して「報酬単価」を設定している。ソーシャルワークは，「何をするか」ではなく，「どう見るか」が肝である。ソーシャルワークの生命線は，アセスメントである。第5章の実践モデルでは，MHSWが再アセスメントである介入の省察（Schön：1987=2001）を繰り返し行っていることを詳らかにした。「ケアの脱家族化」実践という社会的要請の高い業務に予算的措置がなされていないことは問題である。

　制度設計を筆者なりに振り返ると，1980年代の「福祉の専門職化」，1990年代の「福祉の計画化」，2000年代の「福祉の保険化」を経て，現代の「福祉の市場化」は，財政出動を抑制し，サービスの供給量を増やすことに政策主体が執心するカネ・ヒト・モノから成る行政体系である。カネは低い報酬単価の設定による財政出動の抑制と受益者負担を求め，ヒトは国家資格化された社会福祉士及び精神保健福祉士の必置要件を緩和し，短期間の研修で資格取得を可能とする相談支援専門員やサービス管理責任者を必置とした。屋上屋を架す資格の創設ともいえる。常勤換算方式の採用は，専門職を低賃金で働かせる仕組みに他ならない。モノは執行機関の設置を意味するが，ほとんどの事業を民間委託とした。それゆえ，公的機関は，規格化されたサービスの手順や内容をチェックする監査業務を担うポジションに立ち位置を変えた。商品と化した福祉サービスのコストベネフィットを査定し，委託先を決定するポジションでもある。

　Donna Dustin（2007=2023）は，イギリスのケアマネジメント実践におけるソーシャルワークについて，「実践と手続の厳守をつうじて，かれらの自由裁量は縮小した」と断じている。日本の障害者総合支援法も，同種の志向性を持ち，報酬単価の要件を厳格化し，MHSWの裁量権を制限している。ソーシャ

ルワークは，制度を利用しながら，クライエントの自己実現を図るものであるが，制度にソーシャルワークが規格化され矮小化されているともいえる。比喩的に言えば，尻尾（制度）が胴体（ソーシャルワーク）を振り回している。

2011年8月，政府の諮問機関である障がい者制度改革推進会議総合福祉部会は，「障害者総合福祉法の骨格に関する総合福祉部会の提言（以下，骨格提言）」を発出している。骨格提言では，日本の障害者福祉の予算水準は，OECD諸国の対GDP比の平均値0.392％に対して，0.198％と極めて低いことから，OECD加盟国の平均値並の水準を確保すべきと指摘している。また，業務を細分化し，それら個々に報酬単価を設定したり，障害支援区分によりサービスの制限や給付量の制限を設定したり，日額制を導入したりすることを見直すことも求めている。未だに骨格提言での指摘事項のほとんどが，現行法に生かされていない。その結果，それまで実践として積み上げてきたミクロ，メゾ，マクロを縦横に展開するダイナミックなソーシャルワークが制度に盲従する実務へと貶められている。

このようにMHSWの裁量権を限定している制度上の課題や予算的措置が不十分であることを改善するとともに，家族相談を相談支援に明記する必要性が示唆される。

（3）アウトリーチ支援体制整備に関わる事業化と予算化

本節第1項ミクロソーシャルワークへの示唆において，（2）症状憎悪時のアウトリーチ型サービスについて論じ，第2項メゾソーシャルワークへの示唆において，（2）包括型支援プログラムの施策化について論じた。

第2章第1節では，統合失調症の生活障害について詳述した。生活障害は，生活を主体的に営むことの障害があり福祉的な援助を必要とし，脳の生物学的機能不全を要因としていることから，克服すべきと考えるのではなく，障害に対するケア提供を含む環境を整える必要性について論じた。

また，第2章第2節では，ケアを具体的な世話である①手段的ケア，手続きや方法を教える②情報的ケア，本人の不安への共感や励ましといった③情緒的ケアの3類型に整理した。同章第3節第1項では，先行研究を分析し，統合失調症親のドミナント・ストーリーは，「罹病期間の長期化に伴い，親のケア負担感や犠牲感は蓄積していき，親自身の高齢化等の問題が生じても他にケアを

委ねる術もなく，最終的に入院やむなしと決断し，ケア役割を終える」と論じた。また2項では，家族会大規模調査の分析から，統合失調症と同居する親の多くは，手段的ケア，情報的ケア，情緒的ケアの全てを担っていることが示唆された。

障害者総合支援法による就労継続支援事業や地域活動支援センター，自立訓練事業という通所系サービスは，Maslow（1970）の欲求の5段階説に即して考えると，「所属と愛の欲求」や「承認欲求」に相当するサービスである。それらの高次の欲求を満たす要件として，親による無償のケア，即ち手段的ケアにより，「生理的欲求」と「安全の欲求」という原初的欲求が満たされていることを前提としていると指摘した。

先述したドミナント・ストーリーは，手段的ケア，情報的ケア，情緒的ケア全てを親が担い続けることで疲弊感が蓄積されていく顛末を表している。第5章第3節では，研究結果である手段的ケアを中心に親によるケアを社会的ケアへ移行していくプロセスを明示している。ここで問題となるのは，第4章第1節で触れた「家族の中に介助者がいる限り，家族外の介助者もそれをあてにしてしまう。家族が介助者に気を使ってしまう」（立岩：1990）ということである。アウトリーチの専門職と同居親の心的特性を見事に突いた指摘である。また，第2章第3節では，「ケアすることは親自身の役目」と捉えている統合失調症親の心理について，先行研究の知見から言及した。

統合失調症ケアの脱家族化をスムーズに図るためには，定位家族で暮らしている時から，アウトリーチサービスを受けることに慣れ，親元から自立していくことが堅実な方法である。しかしながら，親はアウトリーチを担う訪問系の専門職に気を使い，ケアは親の役目と考える親自身の心的特性がある。一方，専門職は親のケアを潜在的にあてにする心的特性を持つ。それら双方の心的特性が相俟って，同居時のアウトリーチサービス利用の阻害要因となっている。

池末（2004）のいう「回復のプロセスと社会的ケアへ移行していくイメージを持てるような支援」とは，第3章で着目した「ケアの脱家族化」のステークホルダーである本人，親，専門職の三者で紡いでいくものである。そのためには，ステークホルダー三者の価値意識の変容が求められる。序章第2節で，社会規範の変容について，「自分の価値意識が他者の存在により揺るがされると

同時に他者の価値意識の転換も促していく。こういった相互承認を経ていくことにより社会規範が変容されていく」(大谷：2020) ことに触れた。つまり，「ケアの脱家族化」という価値意識は，ステークホルダー三者の相互行為の蓄積の中で醸成されるものである。一朝一夕に醸成されるものではない。そのためにもアウトリーチ型支援は不可欠である。したがって，アウトリーチ支援体制整備に関わる事業化と予算化の必要性が示唆される。

(4) 統合失調症親を含む家族介護者支援の法制化

　第4章第1節の母親への質的調査では，本人へのケアにより「急に休まざるを得ない」，「仕事を続けることが難しくなった」との語りがみられた。第2章第2節第5項では，上野 (2011) の「ケアの人権アプローチ四元モデル」を紹介し，「ケアする権利」の保障は，逸失利益を補填する所得保障や就業保障を要件とすることを述べた。

　また第6項では，ケアする家族をケアする介護者支援法の文献調査の結果を述べた。メージャー政権下でのイギリスの「ケアラーズ法」(1995年) が世界初の家族ケアラーを支援する介護者支援法であり，その後アイルランド，アメリカ，オーストラリアでも同種の法律が制定され，単独法ではないものの介護者の権利を関係法令に明記している多くの国についても紹介した。それらの国々における介護者支援の施策には，①要支援者だけでなく介護する家族のアセスメントを受ける権利の付与，②ケアする家族の介護休暇制度，③ケアする家族が仕事を継続するための短時間労働等の制度創設，④ケアに見合う介護手当制度の創設，⑤ケアする家族の復職支援，⑥年金受給要件の配慮，等がある。また対象となる介護者は，要介護高齢者だけでなく，障害児 (者)，ヤングケアラーも含まれることに言及した。

　三富 (2016) は，それらの国々が介護者支援の法制化をなしえた秘訣について，①Cearers UK のように，領域別の運動体を家族介護者という一点で束ねたこと，②無償介護時間を有償介護に換算した試算の公表，の2点であると指摘している。

　2010年に発足した日本ケアラー連盟は，ケアラー・ヤングケアラーを社会で支える仕組みを作るため，ケアラー支援の法制化・条例化を目指し，調査や政策提言を行っている。ケアラー支援条例は，2020年の「埼玉県ケアラー支援条

例」を皮切りに，2024年3月現在で，30の自治体で制定されている。また，2024年6月には，「ケアラー支援推進法」の必要性を与党のケアラー議員連盟へ提言している。

　第3章で論究した隣接領域におけるケアの脱家族化実証研究の分析では，ケアの脱家族化の阻害要因として，「家族がケアすべき」であるという社会的文化的背景があることを指摘した。序章第2節では，平均世帯人員が2022年で2.12となっていることを示した。現代社会は，要支援者を家族のみでケア出来ないことは自明である。領域別の運動体を自治体レベルや全国レベルで連帯し，条例の制定や法制化に向けた取り組みの必要性が示唆される。

第3節　本研究の意義と残された課題

終-3-1. 本研究の意義
(1) 学術的意義

　本研究の学術的意義は，2点あげられる。1点目は，統合失調症ケアの脱家族化ソーシャルワークの全体像を実証研究により明らかにしたことである。これまでの先行研究は，「親亡き後」の準備及び「ひとり暮らし」に向けた支援に関する研究にとどまるものであった。本研究は，「親の居る間」に定位家族から自立に至るまでの実証研究であり，新規性がある。

　2点目は，ケアの脱家族化のステークホルダーである親，本人，MHSWの三者への実証研究を行い，実践モデルを生成したことである。これまでのケアの脱家族化に関する実証研究は，全身性障害分野では本人を対象とした実証研究，知的障害分野では親及び本人を対象とした実証研究，薬物依存症分野では親を対象とした実証研究である。支援者・被支援者を俯瞰した本研究は，新規性がある。

(2) 実践的意義

　本研究の実践的意義は，統合失調症ケアの脱家族化を志向するソーシャルワーク実践モデルを提示したことである。序章の背景で述べたように，国は「親元からの自立支援」を実践課題として認識しているが，未だ制度化に至っていない。本研究で提示した実践モデルは，今後の実践に寄与し，制度化の検

討に資することが出来ると考えている。

終-3-2．残された課題

　残された課題として2点あげられる。1点目は，サービス等利用計画案を作成する相談支援の要の職種である相談支援専門員を調査対象とする統合失調症ケアの脱家族化実践のリサーチが出来ていないことである。2点目は，単居統合失調症者が困っていることとそれに呼応する社会資源の利用状況についての検討が不十分である。これら2点については，今後の課題としたい。

あとがき

　本書は，筆者の博士論文「統合失調症ケアの脱家族化を志向するソーシャルワーク実践―親・本人・精神保健福祉士へのインタビュー調査の分析から」を改題し，一部修文して出版したものです。

　本書の完成に至るまでには，多くの方々のご支援を受けました。まず，博士論文の核の部分である第4章及び第5章の質的実証研究において，ケアの脱家族化研究の趣旨を理解していただき，インタビュー調査を引き受けていただいた統合失調症の方，統合失調症のお子さんを持つ親御さんたち，実践現場の精神保健福祉士の皆さんに感謝申し上げます。皆様のご協力・ご支援がなければ研究を進めることは出来ませんでした。

　また，薄学な筆者を研究者として育てるために，研究のイロハから導いてくださった日本福祉大学大学院教授の先生方には，心より感謝を申し上げます。特に，田中千枝子先生には，言葉に尽くせない学恩を受けました。田中先生には，2008年に修士課程入学時から博士課程を通じて，遅筆な筆者の研究に関心を寄せ，いつも温かく励ましてもらいました。個別の指導だけでなく，田中先生の門下生で構成している日本福祉大学大学院質的研究会の末席にも控えさせてもらいました。質的研究会では，学び合うこと，学んだことを教えること，そして研究すること，この三者の良循環を維持していくことを感得することが出来たと思っています。合宿の分析作業のあとのお酒は，格別に旨かったです。出来の悪い筆者は，その時間だけを楽しみにしていたところもあります。

　論文博士の受理審査から最終審査までの間，主査の大谷京子先生，副査の後藤澄江先生と平野隆之先生には，的確なご意見・ご助言を賜りました。修文，加筆をしていくことで学位を取得することが出来ました。深謝申し上げます。また，業務多忙ななか，外部副査を担っていただいた日本社会事業大学名誉教授の古屋龍太先生にも御礼申し上げます。

　振り返ると，人に恵まれた。と感じています。筆者は，学士⇒修士⇒博士，といった研究者のコースを辿っていません。日本福祉大学社会福祉学部では，

坪上宏先生のゼミでケースワーク論を学びました。坪上先生の援助関係論は，在学中はさっぱり分かりませんでした。仕事に就くと，これほどfitするものはない，と思いました。大学の授業は，即応的なものではなく，あとあと染み込んでくるものなのだと，今となっては思います。
　坪上先生の紹介で，やどかりの里へゼミの仲間と自主実習へ行ったことが，精神科領域で働こうと決意した契機となりました。やどかりの里で指導を受けた荒田稔さんとは，今もなお親交をもたせてもらっています。
　学部卒業後は，鹿児島県の児玉病院でソーシャルワーカーとして働き始めました。ここでは，県内で有名な竹田寿昭さんに，ソーシャルワーカーとしてだけでなく職業人として指導を受けました。
　現場実践で最も長く勤務したのが，奈良県の保健所，精神保健福祉センターの19年間でした。保健所に1名ずつ配置されている相談員が月に1回集まる業務検討会は，自身の実践の振り返りと同時に社会の動きを共有する場でもありました。個別支援からグループワーク，家族教室，家族会づくり，作業所づくり，そして運動体と一緒に考える議会対策，とミクロ，メゾ，マクロを縦横に駆け回るソーシャルワーク実践であったと述懐しています。
　とりわけ，精神保健福祉センター勤務時，大学の研究者を招聘し，相談員会を中心に調査委員会を設置し，本人対象のニーズ調査，家族を対象としたニーズ調査を実施しました。残業手当も無い時代，ラーメン屋の出前をとりながら，使命感だけでやっていました。夜遅くまで分析作業をみんなで行った経験は，学び合うこと，育ち合うことの重要性を気付かせてくれました。また，大学の研究者を招聘することで，専門職が実践を研究的に捉え直す意義を考えさせられる機会でもありました。具体名は記しませんが，一緒に仕事をした精神保健福祉相談員の皆さんに御礼申し上げます。
　一方，精神科病院勤務から保健所の精神保健福祉相談員として働くようになった時，出来ない自分に直面化させられました。精神科病院における継続面接は，受診とセットであり，ソーシャルワーカーの力量は問われません。受診のついでの面接です。しかし，保健所はソーシャルワーカー自身の力量がもろに問われるフィールドでした。筆者は，元のぞみ福祉会理事長の平形恒雄さんのもとへ，月に1回指導を受けるために通いました。今，振り返ると，個人

スーパービジョンであったと捉えられます。当時は，兎に角困っていました。困って相談に来るクライエントにどう対応すべきかに困るソーシャルワーカーという構図でした。経験値も少なく，近視眼的な対応しか出来ず，長期スパンで事例を考えられませんでした。平形さんによく言われたのは，「塩満君の発言を相手はどう感じたと思う？」という問いかけでした。同時期には，市民病院の精神科廃止反対集会で和歌山の山本耕平さんと出会い，運動の重要性を学びました。平形さんと山本さんは筆者にとってソーシャルワーカーのロールモデルでありました。

　上記のように，筆者の問題意識は，出会い，一緒に仕事をした仲間や先輩からの指導・助言から育まれたものだとつくづく思います。イギリスの詩人アルフレッド・テニスンのことば，I am a part of all that I have met！（今の私はこれまで出会った人々全ての一部分である）そのものだと感じています。出会った皆様に感謝申し上げます。

　また，筆者の博士論文の書籍化に向けて，編集の労をとっていただいた法律文化社の舟木和久さんにも御礼申し上げます。舟木さんのご尽力なしには，出版に至らなかったと思います。

　最後に誌面をお借りして，書き直す度に，筆者の原稿を音読し，何回も何回もチェックして校正につきあってくれた妻の久美子に感謝の気持ちを記しておきます。いつも有難う。

　なお，本書における質的実証研究及び文献研究は，平成26年度から28年度科学研究費補助「世帯を分けて住むことを選択した精神障害者とその家族の意識変容プロセス」基盤（C）研究課題番号：26380860 研究代表 塩満卓 及び 令和5年度から令和7年度科学研究費補助「中高年精神障害者が親元からの自立を支援する相談支援専門員の実践モデルの研究」基盤（C）研究課題番号：23K01862 研究代表 塩満卓の補助を受け研究を行っています。記して感謝申し上げます。

　2025年2月

塩満　卓

文　献

A

C. M. Anderson, D. J. Reiss, G. E. Hogatry (1986) *SCHIZOPHRENIA AND THE FAMILY: A Practitioner's Guide to Psychoeducation and Management*, Guilford Press.（＝1988, 鈴木浩二・鈴木和子監訳『分裂病と家族―心理教育とその実践の手引き（上）』金剛出版.）

安積純子（1990）「〈私へ〉―三〇年について」安積純子・岡原正幸・尾中文哉ほか『生の技法―家と施設を出て暮らす障害者の社会学』藤原書店.

安髙真弓（2016）「子の薬物依存問題によって親に生起する混乱と社会関係の変容およびその回復過程」『社会福祉学』57（1），87-100.

安髙真弓（2020）「薬物依存回復施設 DARC における家族支援について―関係機関との連携・協働を考える」『宇都宮大学地域デザイン科学部研究紀要』8，77-92.

B

G. Bateson, D. D. Jackson, J. Haley, et al. (1956) *Toward a theory of schizophrenia*, Behaviolal Science, 1（4），251-264.

L. v. Bertalanffy (1968) *Genaral System Theory: Foundations, Development, Applications*, George Braziller.（＝1973, 長野敬・太田邦昌共訳『一般システム論―その基礎・発展・応用』みすず書房.）

G. W. Brown, E. M. Monck, G. M. Carstairs, et al. (1962) *Infuluence of Family Life on the Course of Schizophrenic Illness*, British Journal of Preventanative and Social Medicine, 16, 55-68.

C

J. Chamberlin (1988) *On Our Own*, MIND.（＝1996, 中田智恵海監訳『精神病者自らの手で―今までの保健・医療・福祉に代わる試み』解放出版社.）

D

第4回全国家族ニーズ調査委員会（2006）『第4回全国家族ニーズ調査報告書―精神障害者と家族の生活実態と意識調査』財団法人全国精神障害者家族会連合会.

M. Daly (2001) *CARE WORK: The quest for security*, International Labour Office.

N. K. Denzin, Y. S. Lincoln (2000) *Handbook of qualitative research, 2nd ED.*, Sage

Publications.（＝2006，平山満義監訳『質的研究ハンドブック1巻質的研究のパラダイムと眺望』北大路書房.）

D. Dustin（2007）*The McDnaldization of Social Work*, Routledge.（＝2023，小坂啓史・圷洋一・堀田裕子訳『マクドナルド化するソーシャルワーク』明石書店.）

E

G. H. Elder, Jr.（1978）Family History and Life Course, in T. K. Hareven（ed.）, *Transition: The Fmily and the Lfe Course in Historical Perspective*, Academic Press.

遠藤紫乃（2011）「精神障害者とホームヘルプサービス―地域でサービスを提供する立場から」『病院・地域精神医学』53（3），261-266.

Gøsta Esping-Andersen（2001）*A Welfare State for the 21century*, 桜井書店.（＝2001，渡辺雅男・渡辺景子訳『福祉国家の可能性―改革の戦略と理論的基礎』桜井書店.）

F

F. Fromm-Reichmann（1948）*Notes on the development of treatment of schizophrenics by psychoanalytic psychotherapy,* Psychiatry, 11（3），263-273.

藤野成美・山口扶弥・岡村仁（2009）「統合失調症患者の家族介護者における介護経験に伴う苦悩」『日本看護研究学会雑誌』32（2），35-43.

藤崎宏子（2000）「育てることと看取ること」藤崎宏子編『親と子―交錯するライフコース』ミネルヴァ書房，327-343.

福田真清（2017）「老障介護家庭における知的障害者の自立をめぐり母親が経験するプロセス―複線径路・等至性モデルによる分析を通して」『社会福祉学』58（2），42-54.

福田真清（2018）「老障介護家庭における知的障害者の自立をめぐる経験―当事者視点で捉えた複線径路・等至性モデルによるプロセスの可視化を通して」『社会福祉学』59（3），30-43.

古屋龍太（2019）「精神障害者の親への支援の現状と課題―現行精神保健福祉法制を変革する家族支援アプローチの可能性」『社会福祉研究』134，41-49.

G

後藤澄江（2006）「家族変容の諸相と『ケア』の再構築をめぐる論理」野口定久編『福祉国家の形成・再編と社会福祉政策』中央法規，141-152.

後藤澄江（2012）「変貌する日本の家族とコミュニティケア政策―高齢者介護の視点から」『社会福祉学研究』7，65-69.

H

蜂矢英彦（1981）「精神障害試論—精神科リハビリテーションの現場からの一提言」『臨床精神医学』10（12），1653-1661.

半澤節子（2005）「精神障害者家族研究の変遷—1940年代から2004年までの先行研究」『人間文化研究』3，65-89.

半澤節子（2010）「精神障害者家族の介護負担と家族支援」『最新精神医学』15（3），245-250.

G. Harrison, K. Hopper, T. Craig, et al. (2001) *Recovery from psychotic illness: a 15- and 25-years international follow-up study,* British Journal Psychiatry, 178, 506–517.

畠中宗一（2014）「生活科学としての家族臨床福祉学試論—家族発達論に準拠して」『生活科学研究誌』13，1-25.

樋口進・杠岳文・松下幸生ほか（2007）「薬物依存症・アルコール依存症・中毒性精神病の治療の開発・有効性評価・標準化に関する研究」平成16-18年度厚生労働省精神・神経疾患委託研究費『薬物依存症・アルコール依存症・中毒性精神病の治療の開発・有効性評価・標準化に関する研究』総括研究報告書，193-263.

樋口進・吉岡幸子・森田展彰ほか（2010）『地域におけるサービス事業者等の連携のあり方に関する調査研究事業—アルコール・薬物問題—平成21年度家族事業総括事業報告書』（https://www.mhlw.go.jp/bunya/shougaihoken/cyousajigyou/jiritsushien_project/seika/research_09/dl/result/06-10a.pdf，2023.8.17）

樋口進（2022）「物質使用症又は嗜癖行動症群」『精神神経誌』124（12），877-884.

広井良典（1997）『ケアを問いなおす—〈深層の時間〉と高齢化社会』ちくま新書.

広井良典（2000）『ケア学—越境するケアへ』医学書院.

広田伊蘇夫（2004）『立法百年史—精神保健・医療・福祉関連法規の立法史』批評社.

広田和子（1998）「安心して死ぬために，楽しく生きてほしい」『月刊ぜんかれん2月号　特集　親なき後は今の問題』，16-19.

昼田源四郎（1989）『分裂病者の行動特性』金剛出版.

昼田源四郎（2007）『改訂増補　統合失調症患者の行動特性—その支援とICF』金剛出版.

細川徹（1994）「ADL尺度の再検討—IADLとの統合」『リハビリテーション医学』31（5），326-333.

I

五十嵐愛子（2011）『薬物依存症者を抱える家族の適応過程—家族の当事者活動をフィールドとして探る』平成20年度～22年度　科学研究費補助金（基盤C）研究成果報告書』新潟青陵大学.

池原毅和（2011）『精神障害法』三省堂，285-289.

池末美穂子（2004）「家族の立場から」『精神科臨床サービス』4，258-260.

今田拓（1976）「ADL評価について」『リハビリテーション医学』13, 315.

稲沢公一（2005）「構成主義・ナラティブ」久保紘章・副田あけみ編著『ソーシャルワークの実践モデル―心理社会的アプローチからナラティブまで』川島書店.

伊勢田堯（2008）『自治体における精神保健活動の課題―今緊急に求められる家族支援・自殺対策・人格障害への対策』萌文社.

伊勢田堯・長谷川憲一（2010）「これからの『家族療法』―家族病理治療中心から家族運営支援への転換」伊勢田堯・中村伸一編『精神科治療における家族支援』中山書店.

伊勢田堯ら（2011）「精神保健医療における歴史的誤りを正すための家族支援の意義と課題」『臨床精神医学』40（1）, 63-68.

石原邦雄（1982a）「精神病長期療養者の家族に関する2地域調査」『精神衛生研究』25, 28-44.

石原邦雄（1982b）「精神病の長期化と家族の対応」『精神衛生研究』28, 93-107.

石渡和美ら（2010）「本人中心計画に基づく地域での総合的な支援体制整備のための調査研究報告書」平成21年度障害者自立支援調査研究プロジェクト今後の相談支援等のあり方についての調査研究事業（https://www.mhlw.go.jp/bunya/shougaihoken/cyousajigyou/jiritsushien_project/seika/research_09/dl/result/01-04a.pdf, 2023.6.15）

伊藤千尋（2019）『精神保健福祉領域における家族支援のあり方―統合失調症の子をもつ母親の語りから』萌文社.

伊藤順一郎・大島巌・岡田純一ほか（1993）「EEに病歴や精神症状が及ぼす影響―日本におけるEEの追試研究より」『精神科診断学』4, 301-312.

伊藤順一郎・大島巌・岡田純一ほか（1994）「家族の感情表出（EE）と分裂病患者の再発との関連―日本におけるEEの追試研究の結果」『精神医学』36 (10), 1023-1031.

岩崎弥生（1988）「精神病患者の家族の情動的負担と対処方法」『千葉大学看護学研究紀要』20, 29-40.

岩田泰夫（1995）「精神障害を持つ人とその親との『親子カプセル』の形成と回復」『桃山学院大学社会学論集』29（2）, 1-25.

J

Dilip V. Jeste, Owen M. Wolkowitz, Barton W. Palmer（2011）*Divergent trajectories of physical, cognitive, and psychosocial aging in schizophrenia*, Schizophr Bull., 37, 451-455.

K

鍛治智子（2015）「知的障害者の自立をめぐる親のためらい―『知的障害』という特性に着目して―」『立教大学大学院コミュニティ福祉学研究科紀要』13, 17-28.

神谷栄司（2020）「オープンダイアローグの理論的基礎―ヤクビンスキー，バフチン，ヴィゴツキーからの照明」『花園大学社会福祉学部研究紀要』28, 65-87.
片桐資津子（2002）「プロダクティブ・エイジングの家族研究―『家族周期論』から『ライフコース論』へのパラダイム転換」『経済学論集』56, 37-60.
川喜田二郎（1967）『発想法―創造性開発のために』中公新書.
木下康仁（2003）『グラウンデッド・セオリーアプローチの実践―質的研究への誘い』弘文堂.
木下康仁（2020）『定本 M-GTA ―実践の理論化をめざす質的研究方法論』医学書院.
Eva Feder Kittay（1999）*LOVE'S LABOR : Essays on Women, Equality, and Dependency*, Rourledge.（＝2010，岡野八代・牟田和恵監訳『愛の労働あるいは依存とケアの正義論』白澤社.）
児玉真美（2013）「母親が『私』を語る言葉を取り戻すこと」『支援』3, 73-86.
こころの健康推進会議編（2013）『こころの健康社会を目指す』やどかり出版.
国立研究開発法人国立精神・神経センター精神保健福祉資料（2022）「令和4年度630調査結果」（https://www.ncnp.go.jp/nimh/seisaku/data/630.html, 2022.8.15）.
公益財団法人全国精神保健福祉会連合会・「精神障がい者の自立した地域生活を推進と家族が安心して生活できるための効果的な家族支援等の在り方に関する全国調査」調査委員会編（2018）『平成29年度「精神障がい者の自立した地域生活を推進と家族が安心して生活できるための効果的な家族支援等の在り方に関する全国調査」報告書』公益財団法人全国精神保健福祉会連合会.
公益社団法人全国精神保健福祉会連合会（2023）『月刊みんなねっと2023年6月臨時増刊号―精神保健医療福祉への提言』公益社団法人全国精神保健福祉会連合会.
厚生労働省（2004）「精神保健医療福祉の改革ビジョン（概要）」（https://www.mhlw.go.jp/topics/2004/09/dl/tp0902-1a.pdf，2023.11.10）
厚生労働省（2014）「長期入院精神障害者の地域移行に向けた具体的方策の今後の方向性（長期入院精神障害者の地域移行に向けた具体的方策に係る検討会取りまとめ）」（https://www.mhlw.go.jp/file/05-Shingikai-12201000-Shakaiengokyokushougaihokenfukushibu-Kikakuka/0000051138.pdf，2023.11.10）
厚生労働省（2022）「令和2年（2020）患者調査（確定数）の概況」（https://www.mhlw.go.jp/toukei/saikin/hw/kanja/20/dl/kanjya.pdf, 2023.6.1）.
厚生労働省社会・援護局障害保健福祉部（2016）『平成28年生活のしづらさなどに関する調査（全国在宅障害児・者等実態調査）結果』厚生労働省.
厚生労働省社会・援護局障害保健福祉部企画課（2008）『社会保障審議会障害者部会報告―障害者自立支援法施行後3年の見直しについて―』（https://www.mhlw.go.jp/shingi/2008/12/dl/s1216-5a.pdf, 2023.6.15）.
厚生労働省社会・援護局障害保健福祉部企画課（2022）『障害者総合支援法改正法施行

後3年の見直しについて―社会保障審議会障害者部会報告書―』(https://www.mhlw.go.jp/content/12601000/000950635.pdf, 2023.6.15)

厚生省 (1978)『厚生白書―健康な老後を考える 昭和53年版』, 91.

Elisabeth Kübler-Ross (1969) *On Death and Dying*, Simon & Schuster/Touchstone. (=1971, 川口正吉訳『死ぬ瞬間―死にゆく人々との対話』読売新聞社.)

倉石哲也 (2005)「家族療法とソーシャルワーク」久保紘章・副田あけみ編『ソーシャルワークの実践モデル―心理社会的アプローチからナラティブまで』川島書店.

L

Julian Leff, Christine Vaughn (1985) *Expressed Emotion in Families*, Guilford Press. (=1991, 三野善央・牛島定信訳『分裂病と家族の感情表出』金剛出版.)

M

L. Magiliano, M. Guarneri, C. Marasco, et al. (1996) *A new questionnaire assessing coping strategies in relatives of patient with schizopherenia-development and factor analysis*. Acta Psychiatr Scand, 94 (4), 224-228.

牧原浩 (2003)「家族療法の創始記」日本家族研究・家族療法学会編『臨床家のための家族療法リソースブック―解説と文献105』金剛出版.

A. H. Maslow (1970) *Motivation And Personality*, Prabhat Prakashan. (=1971, 小口忠彦訳『人間性の心理学』産能大出版部.)

松原三郎 (2008)「精神科病床利用状況からみたわが国の精神科医療の課題」『日精協誌』27 (11), 286-298.

Milton Mayeroff (1971) *ON CARING*, Haper&Row. (=1987, 田村真・向野宣之訳『ケアの本質―生きることの意味』ゆみる出版.)

三毛美予子 (2007a)「母との闘い」『社会福祉学』47 (4), 98-110.

三毛美予子 (2007b)「一人暮らしへの傾斜―親と暮らしていた脳性麻痺者が一人暮らしとしての自立生活を実現する一過程」『甲南女子大学研究紀要人間科学編』43, 57-68.

三毛美予子 (2007c)「家族と暮らしていた脳性麻痺者の自立生活選択背景から考えるソーシャルワーク」『ソーシャルワーク研究』33 (2), 15-21.

南山浩二 (1996a)「精神障害者家族の認知と対処に関する研究」『社会福祉学』37 (6), 38-55.

南山浩二 (1996b)「精神障害者をケアする家族の負担―2時点間パネル調査の結果から」『家計経済研究』31, 61-69.

南山浩二 (2007)「精神障がい者家族と社会的排除―社会的排除をめぐる二つの機制」『家族社会学研究』18 (2), 25-36.

南山浩二（2015）「地域精神保健福祉活動に従事する精神科医師の語り―リカバリー志向の実践と訪問型支援に焦点をあてて」『社会イノベーション研究』10（2），143-188.

三田優子・平直子・岡伊織（2004）『心にとどくホームヘルプ』全国精神障害者家族会連合会.

三富紀敬（2007）「イギリスの社会保障と介護者」『静岡大学経済研究』66（4），49-78.

三富紀敬（2008）『イギリスのコミュニティケアと介護者―介護者支援の国際的展望』ミネルヴァ書房.

三富紀敬（2010）『欧米の介護保障と介護者支援―家族政策と社会的包摂，福祉国家類型論』ミネルヴァ書房.

三富紀敬（2011）「イギリスにおける介護者支援法」『社会福祉研究』111，100-104.

三富紀敬（2016）『介護者支援政策の国際比較―多様なニーズに対応する支援の実態』ミネルヴァ書房.

三菱UFJリサーチ＆コンサルティング（2013）『平成24年度厚生労働省老人保健事業推進費等補助金（老人保健健康増進等事業分）持続可能な介護保健制度及び地域包括ケアシステムのあり方に関する調査研究事業報告書〈地域包括ケア研究会〉地域包括ケアシステムの構築における今後の検討のための論点』（https://www.murc.jp/uploads/2013/04/koukai130423_01.pdf，2023.7.1）.

三井さよ（2004）『ケアの社会学―臨床現場との対話』勁草書房.

見浦康文（1981）「精神障害者のリハビリテーション―ソーシャルワーカーの経験から」『ソーシャルワーク研究』7（4），32-36.

宮﨑美砂子（2008）「質的研究のメタ統合の創出―Patersonらによるメタスタディを中心に」『看護研究』41（5），359-366.

茂木俊彦（2003）『障害は個性か―新しい障害観と『特別支援教育』をめぐって』大月書店.

文部科学省（2021）『改訂「生きる力」を育む高等学校保健教育の手引』（https://www.mext.go.jp/a_menu/kenko/hoken/20210310-mxt_kouhou02-1.pdf，2023.10.21）.

森口弘美（2014）「知的障害者の『親元からの自立』を促進する支援のあり方―家族へのインタビューの質的分析をとおして」『同志社社会福祉学』28, 77-88.

森岡清美（1973）『家族周期論』培風館.

森岡清美・望月嵩（1997）『新しい社会学　四訂版』培風館.

森山千賀子（2021）「外国のケアラー法と支援制度の考え方―イギリス・フィンランドのケアラー支援策から」『ゆたかな暮らし』468, 22-27.

麦倉泰子（2004）「知的障害者家族のアイデンティティ形成についての考察―子どもの施設入所にいたるプロセスを中心に」『社会福祉学』45（1），77-87.

N

中根成寿（2005）「障害者家族におけるケアの特性とその限界―『ケアの社会的分有』にむけた検討課題」『立命館大学産業社会論集』40（4），51-69.

中根成寿（2006）『知的障害者家族の臨床心理学』明石書店.

中西正司・上野千鶴子（2003）『当事者主権』岩波新書.

中坪太久郎（2008）「統合失調症の家族研究の展望」『東京大学大学院教育学研究科紀要』48, 203-211.

中澤正夫（1996）「『生活障害』の構造化の試み」『第3回精神障害者リハビリテーション研究会報告書―日本精神障害者リハビリテーション学会誌　準備号』139-153.

成瀬暢也（2019）「薬物依存症の治療と回復」『医学のあゆみ』271（11），1221-1225.

2020年度まほろば会精神障害者家族のニーズ調査委員会・特定非営利法人奈良県精神障害者家族会連合会編『2020年度まほろば会精神障害者家族のニーズ調査報告書』特定非営利法人奈良県精神障害者家族会連合会.

西川京子（2007）「アルコール・薬物問題をもった家族への支援とソーシャルワーク」『ソーシャルワーク研究』32（4），37-43.

西村愛（2007）「『『親亡き後』の問題を再考する」『保健福祉学研究』5，75-91.

西村愛（2009）「親役割を降りる支援の必要性を考える―『親亡き後』問題から一歩踏み出すために」『青森保健大雑誌』10（2），155-164.

G. W. Noblit, R. D. Hare（1988）*Meta-ethnography: Synthesizaing Qualitative Studies*, Sage Publications.

野村総合研究所（2017）『地域包括ケアシステム構築に向けた効果的・効率的なサービス提供のあり方に関する調査研究事業報告書』(https://www.mhlw.go.jp/file/06-Seisakujouhou-12300000-Roukenkyoku/2_nomura.pdf, 2023.7.1).

野中猛（2005）「イギリスにおけるACT活動の歴史と現状」『精神障害とリハビリテーション』9（2），134-141.

O

落合恵美子（2022）「ケアの『脱家族化』と移民受け入れがカギ」『週刊東洋経済2022年7月9日号』，61.

小原聡子・西尾雅明・牧尾一彦ほか（2001）「罹病期間からみた家族のニーズと家族教室に求めるもの―全国精神障害者家族会連合会家族支援プログラムモデル事業に参加した家族へのアンケート調査から」『病院・地域精神医学』44（3），357-363.

小塩靖崇・住吉太幹・藤井千代ほか「学校・地域におけるメンタルヘルス教育のあり方」『予防精神医学』4（1），75-84.

大谷京子（2020）「ソーシャルワークの価値再考―『個人の尊厳』の根拠をどこに求めるか」『社会福祉学』60（4），96-99.

大谷藤郎（1966）『地域精神衛生活動指針』医学書院.
大塚敦子（2013）「法改正を足がかりに取り組む改革の展望と課題」『精神医療』71，91-97.
岡原正幸（1990）「制度としての愛情―脱家族とは」安積純子・岡原正幸・尾中文哉ほか『生の技法―家と施設を出て暮らす障害者の社会学』藤原書店，75-100.
大川弥生（2006）「参考資料3　ICF（国際生活機能分類）―『生きることの全体像』についての『共通言語』」『第1回社会保障審議会統計分科会生活機能分類専門委員会』（https://www.mhlw.go.jp/shingi/2006/07/dl/s0726-7e.pdf, 2023.6.1）
大久保孝治（1990）「ライフコース分析の基礎概念」『教育社会学研究』46, 53-70.
大島巌（1993）「社会の中の精神障害者・家族とEE研究―CFI面接を通して見えてきたこと」『こころの臨床ア・ラ・カルト』12（1），13-17.
大島巌（1995）「全国保健所における家族教室の実施状況と施策発展の条件」『REVIEW』11, 12-15.
大島巌（2010）「なぜ家族支援か―『援助者としての家族』支援から，『生活者としての家族』支援，そして家族のリカバリー支援へ」『精神科臨床サービス』10，278-283.
大島巌・三野善央（1993）「EE研究の起源と今日的課題」『季刊 精神科診断学』4（3），265-281.
大島巌・伊藤順一郎・柳橋雅彦ほか（1994）「精神分裂病を支える家族の生活機能とEE（Expressed Emotion）の関連」『精神神経学雑誌』96（7），493-511.
小澤温（2004）「障害論―障害の概念と支援」『精神と障害リハビリテーション』8（2），28-33.

P

B. L. Paterson, S. E. Thorne, C. Canam, et al.（2001）*Meta-Study of Qualitative Health Research : A Practival Guide to Meta-analysis and Meta-Syntesis*, Sage Publications.（=2010，石垣和子・宮﨑美砂子・北池正・山本則子監訳『質的研究のメタスタディ実践ガイド』医学書院.）

Q

S. H. Qualls（1997）*Transitions in autonomy: The essential caregiving challenge An essay for practitioners*, Family Relations, 46（1），41-45.

S

斎藤真緒（2010）「介護者支援の論理とダイナミズム」『立命館大学産業社会論集』46（1），155-171.

斎藤学（1999）『依存と虐待』日本評論社.
佐藤郁哉（2008）『質的データ分析法―原理・方法・実践』新曜社.
佐藤奈保（2008）「障害児を育てる家族に対する看護実践モデル開発をめざした質的研究の統合―家族のノーマリゼーションを視点としたメタデータ分析による体系化」『看護研究』41（5），373-381.
サトウタツヤ・安田裕子・木戸彩恵ほか（2006）「複線径路・等至性モデル―人生の径路の多様性を描く質的心理学の新しい方法論を目指して」『質的心理学研究』5，255-275.
サトウタツヤ編（2009）『TEMで始める質的研究―時間とプロセスを扱う研究をめざして』誠信書房.
D. A. Schön（1987）*Educating The Reflective Practioner*, Jossey-Bass.（＝2001, 佐藤学・秋田喜代美訳『専門家の知恵―反省的実践家は行為しながら考える』ゆみる出版.）
J. Seikkula, Tom-Erik Arnkil（2014）*Open dialogues and anticipations : Respecting Otherness in the Present Moment*, National Institute for Health and Welfare.（＝2019, 斎藤環監訳『開かれた対話と未来―今この瞬間に他者を思いやる』医学書院.）
精神障害にも対応した地域包括ケアシステムの構築に係る検討会（2021）『精神障害にも対応した地域包括ケアシステムの構築に係る検討会報告書―誰もが安心して自分らしく暮らすことができる地域共生社会の実現を目指して』（https://www.mhlw.go.jp/content/12201000/000755200.pdf, 2023.10.21.）
嶋崎尚子（2001）「ライフコース論的アプローチ」野々山久也・清水浩昭編『家族社会学の分析視角―社会学的アプローチの応用と課題』ミネルヴァ書房.
清水由香（2016）「精神障害のある人への居宅介護支援の特性に関する考察―居宅介護事業責任者等が認識する支援効果の構成要素とその関連要因」『社会福祉学』57（6），76-86.
新藤こずえ（2011）「重複障害のある成人期障害者の自立観」『高知女子大学紀要　社会福祉学部編』60, 109-124.
塩満卓（2012）「地域精神保健福祉機関で働くPSWの成長過程に関する研究―利用者に対する援助者役割に着目して」『精神保健福祉』43（2），125-133.
塩満卓（2015）「離れて暮らすことを選択した精神障害者家族の意識変容プロセス―予備調査3名のTEM分析から―」『福祉教育開発センター紀要』12, 17-35.
塩満卓（2017）「精神障害者の家族政策に関する一考察―保護者制度の変遷を手がかりに」『福祉教育開発センター紀要』14, 73-89.
塩満卓（2018）「家族等の同意に基づく医療保護入院に関する批判的検討―政策形成過程と国際比較の観点から」『社会福祉学部論集』14, 97-117.
塩満卓（2020）「諸外国における強制入院制度とわが国の医療保護入院―イギリス，韓国，台湾との比較を中心に」高岡健編『メンタルヘルスライブラリー43　隔離・収

容政策と優生思想の現在』批評社.
塩満卓（2021）「精神障害者ケアの脱家族化に取り組む精神保健福祉士の実践過程―世帯分離支援を行った4名へのインタビュー調査の分析から」『精神保健福祉』52（2），111-123.
塩満卓（2022）「統合失調症の子どもの同居解消を選択した母親の価値変容プロセス」『社会福祉学部論集』18, 63-83.
塩満卓（2023a）「定位家族から独立する暮らしを選択した統合失調症者の意識変容プロセス―9名のインタビュー調査のTEM分析から」『精神保健福祉学』10（1），61-76.
塩満卓（2023b）「ケアの脱家族化を阻む社会」『響き合う街で』107, 27-32.
塩満卓（2024a）「第4章 精神障害者の生活実態」山本耕平・緒方由紀編『現代社会と精神保健福祉―精神保健福祉の原理を学ぶ』ミネルヴァ書房.
塩満卓（2024b）「統合失調症の生活障害と必要とされるケア―生活障害の先行研究と家族会大規模調査によるケア内容の分析から」『社会福祉学部論集』20, 41-62.
塩満卓（2025）「『ケアの脱家族化』プロセスに関する先行研究のレビュー―全身性障害と知的障害の比較から」『社会福祉学部論集』21, 119-140.
白澤政和（2007）「ケアとは何か」中村優一・一番ケ瀬康子・右田紀久恵監修『エンサイクロペディア社会福祉学』中央法規，716.
末武康弘・諸富祥彦・得丸智子ほか編著（2016）『「主観性を科学化する」質的研究法入門―TAEを中心に』金子書房.
末安民生ら（2009）「ニューロングステイ患者の実態把握と退院に向けた効果的ケアの開発」『精神科医療の地域移行に関する効果的介入方法の検討 平成20年度障害者保健福祉推進事業障害者自立支援調査研究プロジェクト報告書』社団法人日本精神科看護技術協会.
杉井潤子（2012）「脱家族化，そして新たなる家族的関係の構築」『家族関係学』31, 25-35.
杉井潤子（2018）「現代社会における家族支援のあらたな展開」『ソーシャルワーク研究』43（4），5-18.
杉田穏子（2004）「入所施設からの地域移行と地域生活の現状と課題―国立のぞみの園，船形コロニー，コロニー雲仙での調査結果を基に」『さぽーと』51（8），50-55.
鈴木勉・塩見洋介ほか（2005）『シリーズ障害者の自立と地域生活支援①ノーマライゼーションと日本の「脱家族化」』かもがわ出版，35-36.
障がい者制度改革推進会議総合福祉部会（2011）『障害者総合福祉法の骨格に関する総合福祉部会の提言―新法の制定を目指して』障がい者制度改革推進会議.
G. I. Szmukler, P. Burgess, A. Herrman, et al. (1996) *Caring for relatives with seriousmental illness : the development of Experience of Caring Inventory (ECI).*

Social Psychiatry Epidemiology, 31, 137-148.

T

高畑進一（2016）「日常生活活動（ADL）の概念とその範囲」伊藤利之・鎌倉矩子監修,水落和也ほか編『ADLとその周辺―評価・指導・介護の実際』医学書院, 2-8．
高木俊介（2020）「ACT」『精神医療改革事典』批評社, 13.
髙野敏樹（2003）「『社会保障の権利』の憲法構造」『人間福祉研究』6, 121-133.
隆島研悟（2019）「ADL・IADLの概念と捉え方」『PTジャーナル』53（8), 767-774.
竹中勲（1998）「自己決定権と自己統合希求的利益説」『産大法学』32（1), 1-41.
田上美千佳（1997）「精神分裂病をもつ家族の心的態度 第1報―CFIの検討を通じて」『日本精神保健看護学会誌』6（1), 1-11.
田上美千佳・糸川昌成（2005）「統合失調症の家族研究」『精神科』7（2), 125-129.
立岩真也（1990）「『出て暮らす』生活」安積純子・岡原正幸・尾中文哉ほか『生の技法―家と施設を出て暮らす障害者の社会学』藤原書店, 57-74.
The Care Collective（2020）*The Care Manifesto: The Politics of Interdependence*, Verso Books.（＝2021, 岡野八代・冨岡薫・武田宏子訳『ケア宣言―相互依存の政治へ』大月書店.）
遠山照彦（2005）『統合失調症はどんな病気かどう治すのか』萌文社.
德田由希（2019）「統合失調症の子どもを持つ父親の体験に関する文献検討」『東京女子医科大学看護学会誌』14（1), 23-29.
特定非営利活動法人全国精神保健福祉会連合会・平成21年度家族支援に関する調査研究プロジェクト検討委員会編（2010）『精神障害者の自立した地域生活を推進し家族が安心して生活できるようにするための効果的な家族支援等の在り方に関する調査研究』特定非営利活動法人全国精神保健福祉会連合会.
殿村壽敏・田中千枝子（2009）「精神障害者ホームヘルプサービスを利用しない家族に関する研究」『精神と障害リハビリテーション』13（2), 182-189.
土屋葉（2002）『障害者家族を生きる』勁草書房.
土屋葉（2007）「障害者の『自立』と家族の『自立』」『女たちの21世紀』52, アジア女性資料センター, 43-45.
鶴野隆浩（2000）「『家族での暮らし』と『家族からの自立』の支援」『介護福祉学』7（1), 70-77.
Julia Twigg, Karl Atkin（1994）*Carers Perceived: Policy and Practice in Informal Care*, Open University Press.

U

植村直子・宮﨑美砂子（2016）「看護学雑誌におけるメタ統合研究の動向―2005年から

2014年に出版された国内外論文の検討」『千葉看護学会誌』21（2）, 45-54.

上野千鶴子（2011）『ケアの社会学』太田出版.

上野加代子（2017）「福祉の研究領域における構築主義の展開」『社会学評論』68（1）, 70-86.

植戸貴子（2012）「知的障害者と母親の『親離れ・子離れ』問題—知的障害者の地域生活継続支援における課題として」『神戸女子大学健康福祉学部紀要』4, 1-12.

植戸貴子（2015）「知的障害児・者の親によるケアの現状と課題—親の会の会員に対するアンケート調査から」『神戸女子大学健康福祉学部紀要』7, 23-37.

梅崎薫・前田信雄（2000）「家族ケアをアセスメントする『介護者法』—介護者の人権を保障するケアマネジメントを」『月刊ケアマネジメント』11（1）, 20-22.

臺弘（1985）「慢性分裂病と障害概念」『臨床精神医学』14（5）, 1653-1661.

宇都宮みのり（2010）「精神病者監護法の『監護』概念の検証」『社会福祉学』51（3）, 64-77.

V

C. Vaughn, J.Leff（1976）*The Measuremet of Expressed Emotion in the Families of Psychiatric Patients*, British Journal Social and Clinical Psychology, 15（2）, 157-165.

W

若尾典子（2017）「子どもの人権としての『保育』—ケアと日本国憲法」『福祉教育開発センター紀要』14, 133-150.

鷲田清一（2012）「ケア」『現代社会学事典』弘文堂, 330-333.

WHO（2001）*ICF International Classification of Functioning, Disability and Health.*（＝2003, 厚生労働省訳『ICF 国際生活機能分類—国際障害分類改訂版』, 中央法規.）

WHO（2002）*Lessons for long-term care policy : the cross-cluster initiative on long-term care*, WHO, 5-6.

Y

山口大樹・水野雅文（2016）「統合失調症における早期介入」『臨床精神医学』45（8）, 1041-1046.

山口みほ（2010）「薬物依存者の回復支援に関わる制度的社会資源の現状と課題」『平成21年度厚生労働科学研究費補助金（医薬品・医療機器などレギュラトリーサイエンス総合研究事業）薬物乱用・依存の実態把握と再乱用防止のための社会資源等の現状と課題に関する研究』分担研究報告書, 133-139.

山本佳子・丹羽真一（2003）「ICF と統合失調症」『精神医学』45（11）, 1167-1174.

山野尚美（2001）「薬物依存者の家族支援プログラム―大阪地域における七年間の実践から」『生活教育』45（5），25-29.

山野尚美（2002）「薬物依存者の家族に対するソーシャルワーク―家族自身の心理・社会的脆弱化と初期化移入の試み」『社会福祉学』43（1），67-79.

谷中輝雄・佐藤三四郎・荒田稔ほか（1980）「わが国におけるシステム化の動向―生活支持の観点から」『臨床精神医学』9（6），647-655.

安田裕子・サトウタツヤ編（2012）『TEMでわかる人生の径路―質的研究の新展開』誠信書房.

要田洋江（1999）『障害者差別の社会学』岩波書店.

横塚晃一（1981＝2007）『母よ！殺すな』生活書院.

吉池毅志（2003）「援助関係における対等概念の問い直し―精神障害をもつクライエントとの援助関係の検討」『大阪人間科学大学紀要』2，153-158.

湯原悦子（2010）「イギリスとオーストラリアの介護者法の検討―日本における介護者支援法のために」『日本福祉大学社会福祉論集』122，41-52.

湯原悦子（2017）「家族の介護問題と家族支援のあり方―ケアする人を支える」『月刊福祉』100（1），28-31.

Z

財団法人全国精神障害者家族会連合会（1986）『日本の精神障害者と家族の生活実態白書―「精神障害者および家族に関する調査研究」報告書』財団法人全国精神障害者家族会連合会.

全家連保健福祉研究所（1993）『精神障害者・家族の生活と福祉ニーズ'93』財団法人全国精神障害者家族会連合会.

全家連30年史編集委員会（1997）『みんなで歩けば道になる―全家連30年のあゆみ』財団法人全国精神障害者家族会連合会.

全国保健福祉研究所（1997）『精神障害者家族の健康状況と福祉ニーズ'97』財団法人全国精神障害者家族会連合会.

索　引

あ　行

アウトリーチ　253, 255, 256, 259, 260, 263-265
アセスメント請求権　85, 87, 88
アドボカシー的任務　17
イーミック　28-31, 99, 100, 161, 162, 165, 166, 211, 212, 222, 241, 245, 246
医学モデル　55, 56, 68, 69
移　送　7, 37, 38
医療保護入院　ii, 7, 17, 37, 39-41
インフォームドコンセント　8, 90, 91, 256
運動体　17, 32, 42, 45, 47, 84, 85, 175, 218, 265, 266, 270
エティック　29-31, 99, 161, 162, 166, 222, 241, 245, 246
円環関係　232, 235-237, 242, 246
オープンコーディング　225, 226
オープンダイアローグ　35, 256
オルタナティブ・ストーリー　119, 133

か　行

介護休暇制度　9, 10, 80, 86, 265
介護手当　vi, 80, 83, 84, 253, 265
介護負担　75, 75
概念生成　225, 226
家族会　ii, iii, v, vi, 7, 29, 30, 32, 42-48, 71, 73, 74, 89-91, 138, 149, 150, 152, 154-156, 172-176, 179-187, 189, 191, 192, 197, 200, 202, 206, 207, 210, 214, 227-229, 231, 236, 243, 247, 248, 250, 254, 261, 264, 270
家族介護者　6, 7, 75, 81-83, 86, 260, 265
家族カプセル　76
家族教室　v, vi, 35, 73-75, 149, 150, 172-176, 183-186, 197, 210, 214, 237, 270
家族ケアラー　iv, 227-234, 241-243, 247, 248, 265
家族研究　ii, 29, 30, 32, 89
家族支援　8, 16, 34, 47, 115, 116, 139, 142-145, 193
家族社会学　3, 21, 252
家族周期説　ii, v, 3, 21-24, 136, 252, 253
家族主義的福祉国家　71, 72
家族相談　260, 261, 263
家族等　ii, 36, 37, 39-41, 69, 81, 90, 251
家族の規範意識　i, 2, 3
家族の個別責任化　37
家族病因論　ii, 32, 33, 35, 89, 90
家族療法　33, 35
価値意識　5, 264, 265
価値規範　v, 4-7, 45, 251
価値変容　167, 176, 189-191, 213-215, 218, 220, 236, 237, 249
カテゴリー　iv, 46, 58, 147, 226, 227, 229-232, 237, 238, 244, 247

環境因子　　55-57, 59-61, 64
監護義務者　　ii, 6, 36-38, 40, 90
起点　　iii, iv, 26, 29, 100, 102, 105, 106, 108, 111, 112, 119, 121-123, 125, 127, 128, 131-135, 137, 143, 146, 151, 156, 158, 159, 162, 164, 175, 191-193, 200, 208, 211, 212, 216, 217, 219, 220, 246
忌避的態度　　151, 156, 213, 217, 255
基本相談　　261
基本的人権　　80
9060問題　　84
共依存　　36, 42, 73, 74, 90, 144-147, 153-158, 160, 205, 217, 219, 220, 225, 239, 244, 245
行政責任　　17, 37, 39, 261
強制入院　　ii, 7, 38, 40, 41, 80, 251, 255
協働的・補完的関係　　14
居住支援　　258-260
居住支援協議会　　260
金銭管理サービス　　181, 182, 188
グループホーム　　18, 20, 51, 52, 80, 90, 112, 118, 126, 137, 179, 180, 193, 201, 202, 223, 239, 240, 260
ケアされる権利　　78-80, 253
ケアする権利　　vi, 78-80, 84, 253, 265
ケアすることを強制されない権利　　vi, 35, 78-80, 83, 84, 253
ケアの社会化　　14, 113, 114, 117, 118
ケアの社会的分有　　117, 118, 122, 129
ケアの人権アプローチ四元モデル　　iii, v, 35, 78-80, 253, 265
ケアの操作的定義　　66, 70
ケアの脱家族化の操作的定義　　70, 73
ケアの分有後期　　248
ケアの分有前期　　248

ケアの丸抱え　　225, 227-231, 233, 241, 248, 251
ケアの論理　　260, 262
ケアラー支援　　iii, v, 81, 97, 98, 211, 265
ケアラー支援条例　　98, 265
ケアラー支援推進法　　266
ケアラー支援の4つのモデル　　iii, 76, 77, 252, 253
ケアラーズ法　　17, 82-84, 265
計画相談　　20, 257, 261
現象特性　　iv, v, 26, 28, 108, 166, 223, 226, 229, 230, 233-244, 246-248
権利擁護的任務　　7, 37-39
権利抑制任務　　7
公的責任　　15, 260
高度経済成長　　3, 5
幸福追求権　　ii, 3, 7, 13, 14, 16, 17, 261
高齢者虐待防止法　　83
向老期　　23, 24, 129, 136, 252
コーディング　　101, 166, 171, 196
孤軍奮闘期　　iii, 172, 173, 175, 176, 185-188, 190, 213, 214, 217, 242, 248, 249, 254
こころの健康政策構想会議　　16
個人因子　　55-57, 60, 61, 64, 122
コストベネフィット　　262
骨格提言　　263
個別給付　　20, 257, 261
コホート　　252

さ　行

サブカテゴリー　　226, 227, 229-231, 242
参与観察　　98, 103, 104, 108, 161

残余的福祉　　i, 116
時間の限界性　　115, 134, 135
自傷他害監督防止義務　　6, 16
市場の論理　　260, 262
自助グループ　　86, 142, 143
私宅監置　　38, 80
実証研究　　i, iii, iv, 26, 29, 30, 97, 98, 100, 102, 106, 112, 120, 138, 139, 142, 143, 151, 156, 160-162, 164, 167, 216, 218-220, 222, 226, 233, 234, 236, 237, 239-241, 246, 266, 269
実践課題　　ii, 3, 17, 21, 208, 266
実践モデル　　i, iv, v, 21, 25, 26, 28-31, 70, 135, 136, 165, 221, 222, 226, 229-231, 233, 240, 241, 249, 251-253, 257, 261, 262, 266
質的研究　　iii, 98, 99, 162
質的調査　　iii, 25-28, 30, 167, 192, 212, 223, 253-260, 265
質的メタ統合　　99, 162
疾病受容　　53, 157, 160
児童福祉法　　15
死亡退院　　19, 20, 49, 50, 52
社会規範　　5, 264, 265
社会啓発　　64, 258, 259
社会権　　80
社会的ケア　　iii-vi, 2, 26, 30, 70-72, 97, 168, 172-174, 176, 185-192, 205, 209, 212-215, 222, 241, 246-249, 252, 257, 261, 264
社会保障審議会障害者部会　　ii, 17, 20, 257, 260
社会モデル　　55, 56
修正版グラウンデッド・セオリー・アプローチ　　28, 98

住宅確保要配慮者居住支援法人　　260
就労継続支援　　28, 223, 261, 264
手段的ケア　　iii, v, 25, 26, 29-31, 68-70, 93, 94, 96, 103, 135, 136, 157, 158, 168, 175, 176, 188, 189, 199, 209, 210, 213-217, 222, 240-244, 247-249, 252, 257, 263, 264
障害支援区分　　263
障害者虐待防止法　　83
障害者権利委員会　　80
障害者権利条約　　ii, 16, 39, 80, 261
障害者総合支援法　　17, 19, 20, 93, 211, 249, 256, 257, 261, 262, 264
常勤換算方式　　262
情緒的ケア　　v, 29, 30, 40, 68-70, 73, 93, 94, 96, 175, 187-189, 192, 209, 213-216, 241-244, 247-249, 263, 264
情緒の巻き込まれ　　34, 187
情報的ケア　　v, 29-31, 68, 70, 94-96, 188, 213, 215, 216, 241-244, 247, 248, 263, 264
初期介入　　138, 143, 146, 147, 159, 220, 235
女性差別撤廃条約　　ii, 3, 15
自立訓練事業　　264
自立生活運動　　18, 70, 71, 107, 257
ステークホルダー　　28, 30, 97, 100, 161, 162, 164, 165, 233, 241, 264-266
ストーリーライン　　iv, 147, 166, 171, 173, 178, 180, 183, 185, 189, 192, 196, 197, 200, 203, 205, 206, 208, 221, 226, 229, 233, 235, 236, 237, 239, 241
ストレスコーピングモデル　　ii, 33-35, 89
生活技術　　52, 54

生活障害　　ii, 29, 30, 47, 48, 52-54, 65,
　　70, 94, 140, 209, 218, 259, 263
生活のしづらさ　　45, 52, 54, 96, 112
生活のしづらさ調査　　42, 45, 46
政策主体　　262
省　察　　227, 228, 230-232, 245, 246, 262
生殖家族　　iv, 27, 28, 91, 109, 168, 177,
　　193, 197, 205-208, 211
精神医療審査会　　7, 37, 38
精神衛生審議会　　44
精神衛生法　　1, 37, 38, 40, 41, 43-45, 80
精神障害にも対応した地域包括ケアシステ
　　ム　　258
精神保健医療福祉の改革ビジョン　　50
精神保健福祉士　　1, 27, 60, 61, 159, 168,
　　193, 262
精神保健福祉資料　　19, 49
精神保健福祉センター　　1, 149-151,
　　270
精神保健福祉法　　i, 2, 6, 7, 32, 37-
　　39, 45, 80, 249, 251, 256
精神保健法　　1, 2, 37, 38, 41, 80
生存権　　13, 16, 104
性別役割分業　　5, 71
世界保健機構　　48
全国精神障害者家族会連合会　　7, 42
全国精神保健福祉連合会　　46
全身性障害　　i, iii, iv, 25, 26, 29, 30, 70,
　　97, 98, 100, 102-106, 108, 109, 111, 112,
　　117, 134, 139, 157, 158, 160-164, 175,
　　192, 211, 212, 216, 218-220, 236, 237,
　　240, 266
選択的コーディング　　226, 227
総括所見　　80
早期介入　　256

相互規定的関係　　39, 40, 42
相互承認　　5, 265
相談支援　　18, 28, 204, 223, 257, 260-263,
　　267
ソーシャル・インクルージョン　　i
ソーシャル・エクスクルージョン　　i
ソーシャルサポート　　75, 76, 209
ソーシャルワーカー　　iv, vi, vii, 1, 26,
　　29, 30, 85, 97, 100, 102, 105, 112, 119,
　　137, 138, 143, 145, 146, 151, 157-165,
　　212, 218-220, 233, 270, 271
措置解除者引取義務　　6, 38

た　行

大規模調査　　ii, iii, 7, 8, 11, 29, 30, 42,
　　46-48, 70, 89-92, 96, 210, 254, 264
代諾権　　ii, 17, 38, 40, 251
脱家族　　18, 27, 70-72, 73, 97, 98, 104,
　　109, 162, 168, 177, 189, 193, 246, 257
脱家族化　　i, iii, 4, 14, 70-73, 97, 98,
　　100, 108, 136, 154, 192, 208, 226, 234,
　　236, 237, 239, 240
脱家族状況の形成　　103, 104
脱施設　　10, 18, 70, 71, 257
ダルク　　149, 150, 158
地域移行　　i, 18-20, 51, 65, 116, 117,
　　257, 261
地域家族会　　42, 44, 183, 184
地域活動支援センター　　254, 261, 264
地域相談　　20, 21, 257, 261
力関係　　103, 104, 106-111, 151, 163, 210
知的障害　　i, iii, iv, 25, 26, 29, 30, 46,
　　97, 98, 100, 102, 112-120, 123-125, 128
　　-130, 132-137, 139, 157, 158, 160-164,
　　175, 192, 212, 217-220, 238-240, 248,

257, 266
定位家族　　iv, 2, 25, 27, 34, 73, 83, 91, 92, 97, 103, 107, 109, 113, 123, 133, 155, 168, 172, 179, 182, 184, 190, 192, 193, 195-198, 200-202, 204, 205, 207-211, 238, 245, 264, 266
敵意　　34
同意入院　　37, 38
統合失調症　　i-vi, 1-3, 7-9, 13, 14, 16, 17, 21, 24-36, 40, 42, 45-49, 51-53, 55-66, 70, 73-76, 78-80, 83, 84, 89-94, 96-98, 103, 139, 140, 160, 164-179, 183-186, 188-196, 200, 208, 209, 211-220, 222-224, 229-231, 233-235, 238-241, 245, 248-261, 263-267
統合失調症長期転帰　　48, 65
ドミナント・ストーリー　　vi, 76, 89, 90, 116, 119, 129, 133, 245, 263, 264

な 行

7040問題　　2, 119
奈良県精神障害者家族会連合会　　7, 46
ナラノン　　148, 150, 151, 240
ニーズ調査　　ii, 8, 29, 30, 32, 40, 42, 47, 270
日額制　　263
日常生活自立支援事業　　193, 259
日本ケアラー連盟　　265
ニューロングステイ　　65
能力障害　　48, 52, 53, 55, 64, 140

は 行

パターナリズム的義務　　37-39
8050問題　　2, 52, 84
半構造化インタビュー　　27, 28, 119, 124,
169, 177, 194, 224
伴走者的支援　　133
ピア　　iii, iv, 26, 100, 102-105, 112, 119, 133, 137, 138, 143, 145, 146, 150, 151, 154-160, 163, 164, 172-174, 176, 185-192, 212-218, 220, 235, 243-245, 247-250, 254
批判的コメント　　34
普及啓発　　258
福祉の市場化　　262
福祉の含み資産　　6
不適切なケアを強制されない権利　　78-80, 253
分析焦点者　　166, 222-225, 262, iv
平均世帯人員　　21, 22, 266
ヘルパー　　59, 69, 172, 174, 181, 182, 184, 185, 188, 198, 199, 201, 202, 204, 205, 207-210, 213, 215, 232, 238-239, 240, 247
包括型地域生活支援プログラム　　10, 259
報酬単価　　261-263
訪問介護　　259
訪問看護　　88, 89, 140, 175, 181, 182, 188, 190, 191, 193, 198, 199, 204, 205, 207-210, 213, 215, 216, 232, 239, 240, 247, 257, 259
ホームヘルプ　　80, 88, 90, 140, 190, 191, 193, 209, 210, 257, 259
保護義務者　　36-38, 40, 41, 90
保護拘束　　37, 38
保護者　　6, 15, 17, 36-41, 90
ポリスパワー的義務　　16, 36-39

索　引　291

ま 行

マクロソーシャルワーク　　v, 30, 257, 260
マクロレベル　　36, 64, 253
ミクロレベル　　36, 64, 65, 90, 238, 243, 244, 253
未治療期間　　139, 157, 175, 217
みんなねっと　　17, 46, 261
みんなねっと精神保健医療福祉への提言　　17, 261
無償介護　　82, 88, 265
メゾソーシャルワーク　　v, 30, 257, 258, 263
メゾレベル　　36, 238, 243, 253, 260
メタスタディ　　99–102
メタデータ分析　　i, iii, 26, 100–103, 105, 106, 108, 109, 111–113, 119, 123–125, 130, 131, 133–135, 137, 138, 142, 144, 145, 147, 151, 152, 156, 157, 159, 162
メタ統合　　iii, 98–102, 105, 111, 113, 119, 137, 138, 143, 157–159
メンタルヘルス教育　　258, 259

や 行

薬物依存症　　i, iii, iv, 25, 26, 29, 30, 97, 98, 100, 102, 138–149, 151–153, 155–164, 175, 192, 212, 217–220, 233–235, 237–240, 249, 266
ヤングケアラー　　87, 98, 265

ら 行

ライシャワー事件　　ii, 43, 45, 47
ライフコース理論　　ii, v, 3, 21, 24, 25, 129, 136, 252, 253, 261
ライフステージ　　20, 118, 257
レスパイト　　78, 82
労働権　　3, 13, 15
老年期　　24, 116, 252
630調査　　19, 49–51
ロングタームケア　　66, 81

英語索引

ACT　　vi, 82, 85, 87, 88
ADL　　61, 62, 104, 105
AOT　　10, 256, 259
BFP　　124–127, 131–133, 166, 170–174, 178–185, 189–191, 195–204, 206–208
Carers　　vi, 82, 85, 87, 88
Carers as co-clients　　77, 249, 252
Carers as co-workers　　77, 252
Carers as resources　　76, 77, 252
Carers UK　　84, 85
DUP　　139, 175
EE　　ii, 32–36, 89, 187, 211
EFP　　124–128, 131–134, 165, 166, 170–176, 178–185, 189–192, 195–205, 207, 208, 211, 240
EI　　256
GDP　　263
IADL　　ii, iii, 29, 30, 48, 57, 59, 61–64, 89, 93, 94, 96, 259
ICD10　　140
ICF　　ii, iii, 29, 30, 48, 52, 55–57, 60, 61, 64, 89, 94–96
ICIDH　　ii, iii, 29, 30, 48, 52, 55, 56, 60, 64, 89, 94–96
ILO　　15
ILO156号条約　　ii, 15, 16

K6日本語版　　13
KJ法　　98, 142, 143, 147, 153, 161, 171, 196
Meta-Data-Analysis　　101, 102
M-GTA　　iv, 28, 29, 98, 103, 104, 108, 161, 166, 222-225, 247
MHSW　　iv, 1, 2, 26, 28-31, 157, 165, 166, 177, 179, 180, 193-195, 199, 201, 207, 208, 212, 218, 219, 221-226, 230-247, 249-252, 258, 261-263, 266
OPP　　124-126, 131-133, 165, 166, 170-175, 178-184, 189-191, 195-207, 233-237

PACT　　9, 259, 261
SD　　124, 125, 165, 166, 170-176, 178-185, 189-191, 195-208, 233-240, 247
SG　　124, 125, 165, 166, 170-175, 178-185, 189-191, 195-209, 233-237, 239, 240, 247
Superseded carer　　77, 78, 249
TEM　　27, 29, 98, 120, 124, 125, 130, 131, 161, 165, 166, 169-173, 178-180, 182-185, 189, 190, 192, 195-198, 200, 202-212, 214, 217, 241, 247
WHO　　48, 52, 55, 65, 81, 140

■著者紹介

塩満　卓（しおみつ　たかし）
佛教大学社会福祉学部教授

略歴：
1985年 日本福祉大学社会福祉学部卒業。2010年 日本福祉大学社会福祉学研究科博士前期課程修了。2024年 論文博士（社会福祉学：日本福祉大学大学院）取得。
医療法人蒼風会児玉病院にて精神科ソーシャルワーカー（PSW）、奈良県の保健所及び精神保健福祉センターにて精神保健福祉相談員として勤務する。2006年より佛教大学福祉教育開発センターにて実習指導講師、2016年より佛教大学社会福祉学部講師、2021年より准教授、2024年より教授。

主要業績（書籍）：
『現代社会と精神保健福祉』（共著、ミネルヴァ書房、2024年）
『精神保健福祉の原理』（共著、弘文堂、2022年）
『障害者福祉』（共著、弘文堂、2021年）
『隔離・収容政策と優生思想の現在』（共著、批評社、2020年）

Horitsu Bunka Sha

社会福祉研究叢書 5

ケアの脱家族化
―― 統合失調症者と親双方の自律を支援するソーシャルワーク

2025年3月17日　初版第1刷発行

著　者　　塩満　卓
発行者　　畑　　光
発行所　　株式会社　法律文化社
〒603-8053　京都市北区上賀茂岩ヶ垣内町71
電話 075(791)7131　FAX 075(721)8400
customer@hou-bun.co.jp
https://www.hou-bun.com/

印刷／製本：西濃印刷㈱
装幀：仁井谷伴子

ISBN978-4-589-04386-3

Ⓒ2025 Takashi Shiomitsu Printed in Japan
乱丁など不良本がありましたら、ご連絡下さい。送料小社負担にてお取り替えいたします。
本書についてのご意見・ご感想は、小社ウェブサイト、トップページの「読者カード」にてお聞かせ下さい。

JCOPY　〈出版者著作権管理機構　委託出版物〉
本書の無断複写は著作権法上での例外を除き禁じられています。複写される場合は、そのつど事前に、出版者著作権管理機構（電話 03-5244-5088、FAX 03-5244-5089、e-mail: info@jcopy.or.jp）の許諾を得て下さい。

社会福祉研究叢書

A5判・上製・カバー巻

現在そしてこれからの国民生活の向上を図るため，さらなる拡充が求められる社会福祉。その要請に応えるべく社会の変化を捉えながら進展（学際化・個別化）する社会福祉学の最先端の研究成果を紹介する。

竹本与志人著
1 認知症のある人への経済支援
——介護支援専門員への期待　　　　206頁・4950円

吉田仁美著
2 障害者ジェンダー統計の可能性
——実態の可視化と課題の実証的解明をめざして　　280頁・5940円

小沼聖治著
3 ソーシャルアクション・モデルの形成過程
——精神保健福祉士の実践を可視化する　　　208頁・4400円

金 成垣・金 圓景・呉 世雄編著
4 現代韓国の福祉事情
——キャッチアップか、新しい挑戦か　　　320頁・6270円

塩満 卓著
5 ケアの脱家族化
——統合失調症者と親双方の自律を支援するソーシャルワーク　　306頁・6380円

——法律文化社——

表示価格は消費税10％を含んだ価格です